Prof. Dr. Christoph Rueger
Die musikalische Hausapotheke

Prof. Dr. Christoph Rueger

Die musikalische Hausapotheke
für jedwede
Lebens- und Stimmungslage
von A bis Z

Vorgestellt von
Thilo Koch

Ariston Verlag · Genf / München

Die Deutsche Bibliothek – CIP-Einheitsaufnahme

> RUEGER, CHRISTOPH:
> Die musikalische Hausapotheke für jedwede
> Lebens- und Stimmungslage von A bis Z /
> Christoph Rueger. – 4. Aufl. – Genf;
> München: Ariston Verlag, 1992
> ISBN 3-7205-1665-2

© Copyright 1991 by Ariston Verlag, Genf

Alle Rechte, insbesondere des – auch auszugsweisen – Nachdrucks, der
phono- und photomechanischen Reproduktion, Photokopie,
Mikroverfilmung sowie der Übersetzung und jeglicher anderen
Aufzeichnung und Wiedergabe durch bestehende und künftige Medien,
vorbehalten.

Gestaltung des Schutzumschlags:
Atelier Höpfner-Thoma, GraphicDesign BDG, München

Gesamtherstellung: Ueberreuter Buchproduktion,
Korneuburg bei Wien

Erstauflage: September 1991
Vierte Auflage: März 1992
Printed in Austria 1992

ISBN 3-7205-1665-2

Inhalt

VORWORT VON THILO KOCH	7
EINFÜHRUNG DES AUTORS	9
ABSCHIED	13
ÄLTERWERDEN	19
AGGRESSION	26
ANGST	36
ANTRIEBSSCHWÄCHE	41
AUFSTEHEN – TAGESBEGINN	53
EINSAMKEIT	59
ENTSPANNUNG – BESINNUNG – MEDITATION	68
ENTTÄUSCHUNG UND FRUSTRATION	80
ERINNERUNG UND NOSTALGIE	87
ERMATTUNG	94
FREIHEITSDRANG UND FERNWEH	97
GEDÄCHTNIS- UND KONZENTRATIONSSCHWÄCHE	103
GLAUBE	110
HEITERKEIT	116
HOFFNUNG	122
KONTAKTHEMMUNG	127
KRANKHEIT – KRANKSEIN – ABHÄNGIGKEIT	130
LIEBESKUMMER	143
LUSTLOSIGKEIT	154
MELANCHOLIE	156
MIDLIFE-CRISIS UND NEUBEGINN	161
SCHLAFSTÖRUNGEN UND EINSCHLAFHILFEN	165
SEHNSUCHT UND HEIMWEH	172
STREIT	177

TOD 184
UNAUSGEGLICHENHEIT 190
UNGEDULD 198
UNSICHERHEIT – INNERE SOUVERÄNITÄT 202
VERLIEBT SEIN – UND BLEIBEN 208
VERZWEIFLUNG – DEPRESSION 214
ZUFRIEDENHEIT 221

ANHANG:
KOMPONISTEN- UND WERKVERZEICHNIS MIT DISKOGRAPHIE 225

Vorwort

Impromptu à la Christoph

»Himmel und Erde können vergehn, aber die Musica, aber die Musica, aber die Musica bleibet bestehn ...«

Diesen Kanon, den wir alle schon gesungen und gehört haben, könnte CHRISTOPH RUEGER erfunden haben – wenn es nicht vor ihm der Volksmund getan hätte.

Mein Freund Christoph Rueger ist ein Vollblutmusiker. Die 52 weißen und 36 schwarzen Tasten des Klaviers sind nichts als die Fortsetzung seiner Arme und Hände mit anderen Mitteln. Wenn wir miteinander sprechen, wundere ich mich immer, daß er dabei tatsächlich nur redet und nicht singt. Aber ich bin sicher: Er denkt in Noten.

Sein ganzes Wesen ist Musik. Er hat Moll-Tage und Dur-Tage. Ich kenne Augenblicke mit ihm, die sind ein einziges Tirili, andere raunen vom Orkus wie Tristans Tod. Manchmal lebt er allegro, manchmal andante, zumeist allerdings vivace.

Der Autor dieser *»Musikalischen Hausapotheke«* weiß, wovon er spricht. Allein schon dadurch unterscheidet er sich wohltuend von anderen Verfassern kluger Bücher. Musik ist für Christoph Rueger nur ein Synonym für Leben. Musik ist für ihn auch Medizin. Trösterin Musik? Gewiß, man frage den Musikapotheker Professor Rueger nach dem jeweils geeigneten Mittelchen, man blättere in diesem Buch.

»Musik wird oft nicht schön empfunden, weil sie stets mit Geräusch verbunden.« WILHELM BUSCH ahnte voraus, daß es dereinst unser Zeitalter der akustischen Umweltverschmutzung geben würde. Darf eigentlich Musik heißen, was da rund um die Uhr an Gekreisch und Gewummere über tausend Radiowellen, Millionen von Schallplatten und Tonbänder auf unsere Ohren abgeschossen wird?

Christoph Rueger, der gebürtige Sachse, wuchs als Leipziger »Thomaner« auf. Die Kunst der Fuge wurde ihm zur zweiten Natur. Ich könnte mir den Barockmenschen Christoph Rueger ganz artig unter der Allongeperücke und im goldbetreßten Frack eines königlichen Kapellmeisters vorstellen.

Dennoch ist unser Autor natürlich ein moderner Mensch, auch als Musiker und Musikpädagoge. Er kann hinreißend GERSHWIN spielen, vom Blatt und improvisierend. Zu später Stunde ist er ein Jazzer, an dem OSCAR PETERSON seine Freude hätte. Er gehört sogar zu dem knappen Dutzend Menschen, die wissen, was die Zwölftonmusik will und warum sie eine musikalische Sackgasse ist.

In meiner Haus- und Reiseapotheke, was finde ich da? Etwas zur Linderung des Schmerzes, zur Beruhigung des Gemüts, zur Stärkung des Rhythmus meines Herzens, ein Pflästerchen und die Pillen gegen sauren Magen, weitergehend solche für den guten Abgang... Ich halte ein, wir wollen es genauer nicht wissen.

Christoph Ruegers Hausapotheke bietet Arznei an für die Seele. Wer darin kramt, findet etwas für jede Stimmung und Verstimmung. Und er wird schnell merken, daß unser Apotheker einer der seltenen Medizinmänner ist, die ihre Zaubermittel am eigenen Leibe, an der eigenen Seele ausprobiert haben.

Gesteh' ich's nur am Ende dieses kleinen Prologs: Wäre selbst recht gern ein Musiker geworden. Unter allen Künsten ist die Ars musica doch die wundervollste – sie reicht ganz weit hinauf und ganz tief hinunter. Alle Bücher Christoph Ruegers verkünden das. Dieses neue von ihm ist ein Impromptu von hinreißender Beredsamkeit.

Himmel und Erde können vergehn...

THILO KOCH

Einführung

»Licht senden in die Tiefe des menschlichen Herzens –
des Künstlers Beruf.«
Robert Schumann

Meine Damen und Herren – liebe Musikfreunde!

»*Musica animae levamen*« – die Musik ist ein Heilmittel für die Seele – steht auf manchen italienischen Renaissance-Spinetten. Ich nehme dieses Zitat ganz wörtlich und werde für alltägliche Beschwerden geeignete Musik empfehlen. Natürlich wird dieses Vorgehen auf den ersten Blick subjektiv wirken, und bis zu einem gewissen Grade soll und muß es das auch. Denn Musik ist dank ihrer, wie es MENDELSSOHN ausdrückt, »vieldeutigen Konkretheit« eine höchst intime, persönliche Angelegenheit und kann nur von Herz zu Herz, von Mensch zu Mensch wirken. Andererseits setzt Reden über Musik ein gewisses Einverständnis, eine verwandte Geisteshaltung voraus.

An dieser Stelle darf ich vorgreifen: Ein Grundübel unserer hochentwickelten Gesellschaft ist die Einsamkeit. Wer Musik liebt und in sein Leben einbezieht, ist nie allein. Er befindet sich in der besten Gesellschaft – in der Gemeinschaft sensibler, empfänglicher, liebesfähiger und damit liebenswerter Menschen.

Ich habe Ihnen eine »*Musikalische Hausapotheke*« versprochen und keine ambulante Klinik, geschweige denn ein Krankenhaus zur stationären Behandlung. Klinische Fälle seien ebenso ausgeklammert wie rein körperliche Beschwerden, die ohnehin in so vielen Fällen seelisch bedingt sind! Dafür habe ich mir erlaubt, in die Stichwörter, die zumeist kritische Verfassungen oder zur Lösung drängende Zustände betreffen, auch einige »Hausmittel« aufzunehmen, ebenso wie sich ja in einer Hausapotheke auch Honig, Fenchel und ähnliches befinden.

Bei der Auswahl und Erläuterung der Musiken bediene ich mich vorwiegend zweier Verfahren. Das erste ist das sogenannte *Iso*prinzip, eine Methode der Musiktherapie, nach der zur Linderung bestimmter Leiden nicht gegensätzliche, sondern haltungsverwandte Musik anzuwenden ist; von ihr aus kann man dann allmählich zum gewünschten Gegenpol überleiten. Das zweite ist eine Art *Analogie*verfahren, das durchaus naheliegt, aber bisher noch kaum genutzt wurde. Musik entsteht ja aus bestimmten Situationen heraus, und die psychologischen Befindlichkeiten der Komponisten, von denen wir heute dank der Musikgeschichtsforschung einiges wissen, sind dabei durchaus von Belang. Es wird also, wo immer möglich, versucht werden, für die betreffenden Stichwörter Analogsituationen in der Biographie einzelner Komponisten herauszuarbeiten und passende Werke aus ihrem Schaffen auszuwählen. Dabei handelt es sich zuweilen um kurze Stücke, die vielleicht nur knapp fünf Minuten dauern. Denn ich hielt es für wichtig, nicht nur ausladende Orchesterpartituren aufzunehmen, sondern auch die sogenannten klassischen Evergreens, deren Popularität ein Beweis für ihre Lebensfähigkeit ist, und ebenso den reichen Schatz des deutschsprachigen Kunstliedes - vom Bonner BEETHOVEN über den Wiener SCHUBERT, den Zwickauer SCHUMANN, den Hamburger BRAHMS bis zum Steiermärker WOLF und zum Münchner STRAUSS.

Die angegebenen Musiken werden Sie meist von Tonträgern hören, auf denen auch andere Werke und weitere Sätze eingespielt sind, die Sie bei dieser Gelegenheit gleich mit kennenlernen können. Und es ist auch meine geheime Absicht, Sie durch kleine Appetithappen zu eigenständiger Pirsch im Reich der Musik zu verleiten ...

Vielleicht sind Sie in der glücklichen Lage, selbst zu musizieren. Dann haben Sie den optimalen Zugang zu den Schätzen der Tonkunst. Aber es geht auch anders. Sicher besuchen Sie öfter Konzerte, und das ist wichtig. Denn Musizieren ist eine kommunikative Angelegenheit und sollte eigentlich immer »frisch zubereitet« oder, um im kulinarischen Bild zu bleiben, »am Tisch« gekocht werden. Aber bei unserem Thema, für die Belange unserer »*Musikalischen Hausapotheke*«, sind wir auf Tonträger angewiesen, so daß wir hier der Technik direkt dankbar sein dürfen, die neben manch fragwürdiger oder gar bedrohlicher Erfindung auch Möglichkeiten geschaffen hat, von der frühere Generationen nicht zu träumen wagten. Die Tontechnik macht es uns jedenfalls möglich, uns mit einem

Einführung

Werk solange zu beschäftigen, bis wir es verinnerlicht, zu unserem inneren Hörbesitz gemacht haben.
Musik hat einen direkten Zugang zum Reich des Unterbewußtseins. Wir sollten also bemüht sein, bewußt mit ihr umzugehen. Für unsere seelische Hygiene ist hier das Beste gerade gut genug, denn ungefragt müssen wir heute ohnehin ausreichend Kost ohne Nährwert »schlucken«, darunter – man kann sich der Berieselung kaum mehr erwehren – jenes pseudomusikalische Spülicht, das uns zu unbedenklichem Einkauf, beschwingtem Verzehr – kurz, zum gedanken- und sorglosen Konsum animieren soll. Vom passiven Rauchen redet jeder, doch es gibt noch keine Liga gegen akustische Nötigung.

Damit keine Unklarheit aufkommt: Ich schätze harmonisch interessante Unterhaltungsmusik und vitalen, raffinierten Jazz und unterscheide nur zwischen guter und schlechter Musik. Die Grenze geht querbeet, es gibt durchaus langweilige Klassik und durchaus spannende Unterhaltungsmusik. Wenn ich mich trotzdem auf den »klassischen« Sektor konzentriere, dann deshalb, weil dessen Werke in der Regel ein hohes geistig-seelisches Potential und enorme Ordnungskräfte besitzen und dadurch zeitlos geworden sind. So eignen sie sich besonders dazu, unser Innenleben aufzuräumen, unsere seelische Energie zu stärken und unser Gefühl zu vertiefen.

Herzlich willkommen also in unserer kleinen »Musotheke« und bei der »*éducation sentimentale*« – Ihr

CHRISTOPH RUEGER

Abschied

»Wohin ich geh'?
Ich geh', ich wandre in die Berge ...«
Hans Bethge (Übers. chin. Lyrik) / Gustav Mahler: »Das Lied von der Erde«

Abschied ist eine janusköpfige Angelegenheit. Denn selbst der Abschied »für immer« ist für die meisten Menschen nur eine Unterbrechung – ob sie nun einer Religion anhängen, an die Reinkarnation glauben oder ganz einfach das Gefühl haben, mit dem Tod könne nicht alles vorbei sein. Und die Alltagssprache hat mit der Formel »Auf Wiedersehen«, die es ja nicht nur im Deutschen gibt, schon den Trost und die Vorfreude aufs nächste Mal mit drin.

Dialektisch gesehen kann Abschied sogar eine Chance sein, etwa für Partner, die sich (vorübergehend) trennen. Aus der Entfernung können beide ihre Beziehung neu erleben, neu werten, neu sichten. Zeitweiliger Verlust schafft Klarheit und bietet die Voraussetzung für Neubeginn. Freilich, der andere nimmt immer ein Stück Leben mit. Doch wer nicht geht, kann nicht wiederkommen. Abschied schafft eines der kostbarsten Besitztümer des Menschen: Erinnerungen. Und im Zustand der Trennung werden Sie besonders empfänglich sein gerade für die Wunderwelt der Musik. Denn wie dort, so sind Raum und Zeit nun in Ihrem Geist aufgehoben. Haben Sie nicht eine gemeinsame Lieblingsmusik? Oder sich bei einer bestimmten Musik kennengelernt?

Es gibt in der Musik den heiteren und den tragischen Abschied, wobei der zweite Aspekt überwiegt. Doch beginnen wir mit dem heiteren.

Es war in der bodenständigen Sippe der »Bachs« schon ein absoluter Sonderfall, wenn da einer ins Ausland ging – und gar noch zu einem König, der für seine Kriegsunternehmungen berühmt-berüchtigt war. Auf die Abreise seines geliebten Bruders schrieb der halbwüchsige JOHANN SEBASTIAN BACH ein *Capriccio* für Klavier – eine kurzweilige

Abfolge von diversen anschaulich umgesetzten Gemütsverfassungen. Bruder Jakob ging zum Schwedenkönig Karl XII. und zog mit ihm bis nach Istanbul. Die thüringischen Vettern und Basen werden ihn wohl als Paradiesvogel angestaunt haben.

In der *Abschiedssinfonie* von JOSEPH HAYDN wird dem Fürsten klargemacht, daß selbst Orchestermusiker Menschen sind und mal Urlaub brauchen. Das Ganze wird sinnfällig vorgeführt: im Finale verflüchtigt sich der Klangkörper, bis der Partitur sozusagen die Luft oder genauer: das Personal ausgeht, zwei einsame Geiger ihre Noten zusammenpacken und das Licht auspusten ... Fürst Esterhazy begriff und gab Haydn frei.

Unter den 32 Klaviersonaten LUDWIG VAN BEETHOVENS gibt es eine dreiteilige, die nach ihrem Eingangssatz *Les Adieux* heißt. Hier werden gleich auch die nächsten Stadien mitgeliefert: nach dem Abschied die Sehnsucht und endlich das Wiedersehen. Das Werk von 1810 widmete der Komponist seinem Schüler, Erzherzog Rudolph, den die Kriegsereignisse jener Zeit häufig von Wien abwesend sein ließen. Der Abschied, wie zwischen Männern üblich, geht gleichsam mit kräftigem Händedruck und frohgemutem Nachwinken vonstatten, und die »Abwesenheit« verursacht keinen allzu tiefen Schmerz. Das heiter-festliche Finale macht dann den einstigen Abschied vollends vergessen.

Doch mehr als für die heitere Verbrämung interessierten sich die Komponisten für die dunkleren Aspekte des Abschiednehmens.

Daß Goethes »*König in Thule*« allein vier namhafte Komponisten inspiriert hat, verwundert nicht. Es sind dies JOHANN FRIEDRICH REICHARDT, FRANZ SCHUBERT, CARL FRIEDRICH ZELTER und FRANZ LISZT. Die früheste Vertonung als ebenmäßig gefügtes, beruhigend gleichmäßiges Strophenlied stammt von Zelter. Er geht weniger von der Ballade und dem dramatischen Geschehen aus als vielmehr von dem inneren Frieden, den der trauernde König empfindet in Erwartung seines eigenen Todes, der ihn wieder mit seiner Geliebten vereinen wird. Das Symbol ihrer Zusammengehörigkeit, der goldene Becher, den sie ihm sterbend gab, wird mit ihm untergehen.

Er sah ihn stürzen, trinken
und sinken tief ins Meer.
Die Augen täten ihm sinken;
trank nie einen Tropfen mehr.

In verwandter Stimmung, doch noch stärker nach innen gewandt, dichtete Heinrich Heine »*Der Tod, das ist die kühle Nacht*« (siehe auch Kapitel »Tod«). In seinem Lied von 1884 beschwört JOHANNES BRAHMS nach diesem Gedicht zwei Welten: die wohlige, verlöschende Stimmung des Ermatteten und die jubelnde, blut- und glutvolle Stimme der Nachtigall als der Stimme des Lebens, der Liebe.

> Der Tod, das ist die kühle Nacht,
> das Leben ist der schwüle Tag.
> Es dunkelt schon, mich schläfert,
> der Tag hat mich müd gemacht.
>
> Über mein Bett erhebt sich ein Baum ...
> drin singt die junge Nachtigall;
> sie singt von lauter Liebe,
> ich hör es, ich hör es sogar im Traum.

Auf ein reiches, erfülltes Leben, urgesund an Leib und Seele – was bei einem Komponisten, noch dazu von so expansivem Naturell, die Ausnahme ist – konnte RICHARD STRAUSS zurückblicken. Im Alter sehen die Menschen, wie ihre vertraute Umwelt allmählich versinkt. Das wehmütig-schmerzliche Gefühl, übriggeblieben zu sein, ist gewissermaßen der Preis für die Gnade eines »biblischen« Alters (einige Gesundheit vorausgesetzt). Strauss war diese Gnade beschieden. Mit 81 schrieb er seine *Metamorphosen für 23 Streicher* – mitten in der Agonie des zweiten Weltkrieges, als seine großen Wirkungsstätten zerbombt und verbrannt waren: die Opernhäuser von Dresden, Berlin und Wien.

Stefan Zweig, sein Librettist für *Die schweigsame Frau*, hatte sich drei Jahre zuvor im Exil das Leben genommen. Der Komponist sieht seinen Freundeskreis schwinden, sein Zeitalter untergehen. Daß in der Partitur die Klage um die Kriegswunden mitschwingt, geht nicht nur aus der Überschrift einer Skizze »Trauer um München« hervor, sondern auch aus einem allen Hörern wohlvertrauten Zitat, dem Beginn des Trauermarsches aus Beethovens *Eroica* ... Abschied von einem Zeitalter, Spätherbst eines Lebens, Abendrot einer Kultur – Strauss hat hier geradezu programmatisch Beethoven, Wagner und seine eigene neoklassizistische, altersweise Klangsprache zusammengefaßt: ein Resümee, wie es ein begnadeter Künstler rückblickend abgeben darf, aus der Fülle heraus, als reife Abschiedsgabe.

Noch in seinem letzten Lebensjahr hatte sich Tschaikowsky um den jungen SERGEJ RACHMANINOW und dessen Karriere gekümmert. Schon bald ist der junge Mann, der sein Licht, wie es damals hieß, »an drei Enden angezündet« hatte (als brillanter Pianist, vielseitiger Komponist und gefragter Dirigent) höchst selbständig. Doch mit 45 Jahren sieht er sich durch die Oktoberrevolution gezwungen, alles im Stich zu lassen und nochmal von vorn anzufangen. 1931 lebte er schon fast 15 Jahre in den Vereinigten Staaten, in deren Alltag er sich überaus erfolgreich integrieren konnte; seine Heimat, die er 1917 über Nacht fluchtartig verlassen mußte, hat er nie wiedergesehen. In diesem Jahr schuf Rachmaninow die ergreifenden *Variationen auf ein Thema von Corelli*: eine Musik, matt und weise, sehnsuchtsvoll und verzichtend, verklingend, verlöschend. Das Thema stammt übrigens gar nicht von Corelli, der Komponist hatte es bei ihm nur gefunden; in Wahrheit handelt es sich um iberische Folklore, um ein Volkslied mit dem Titel *»La Folia«*, das seiner wohligen Schwermut wegen von vielen Komponisten aufgegriffen und abgewandelt worden ist. Trotz der unverkennbaren Abschiedsstimmung des Werkes bleiben dem Komponisten noch zwölf Jahre ...

»Helle Verzweiflung«, »lichte Trauer« – diese auf den ersten Blick absurden Formulierungen erhalten einen klingenden Sinn in der erschütterndsten Abschiedsklage der Ballettbühne: *Romeo und Julia* von SERGEJ PROKOFJEW. In der 2. Suite finden sich die beiden Sätze »Romeo und Julia vor der Trennung«, wo schon schneidender Schmerz anklingt, und »Romeo am Grabe Julias«; Romeo kommt zu spät und findet nur noch die vermeintlich tote Geliebte vor.

Es gibt auch einen Abschied von außen, von Überflüssigem, von Unwesentlichem, von Lärm und Getriebe. Das meint Friedrich Rückert mit seinem Gedicht: *»Ich bin der Welt abhanden gekommen«*, das GUSTAV MAHLER 1905 vertonte. Da heißt es zuletzt:

Ich bin gestorben dem Weltgetümmel
und ruh in einem stillen Gebiet!
Ich leb allein in meinem Himmel,
in meinem Lieben, in meinem Lied.

Abschied 15

In verwandter Stimmung, doch noch stärker nach innen gewandt, dichtete Heinrich Heine »*Der Tod, das ist die kühle Nacht*« (siehe auch Kapitel »Tod«). In seinem Lied von 1884 beschwört JOHANNES BRAHMS nach diesem Gedicht zwei Welten: die wohlige, verlöschende Stimmung des Ermatteten und die jubelnde, blut- und glutvolle Stimme der Nachtigall als der Stimme des Lebens, der Liebe.

Der Tod, das ist die kühle Nacht,
das Leben ist der schwüle Tag.
Es dunkelt schon, mich schläfert,
der Tag hat mich müd gemacht.

Über mein Bett erhebt sich ein Baum ...
drin singt die junge Nachtigall;
sie singt von lauter Liebe,
ich hör es, ich hör es sogar im Traum.

Auf ein reiches, erfülltes Leben, urgesund an Leib und Seele – was bei einem Komponisten, noch dazu von so expansivem Naturell, die Ausnahme ist – konnte RICHARD STRAUSS zurückblicken. Im Alter sehen die Menschen, wie ihre vertraute Umwelt allmählich versinkt. Das wehmütig-schmerzliche Gefühl, übriggeblieben zu sein, ist gewissermaßen der Preis für die Gnade eines »biblischen« Alters (einige Gesundheit vorausgesetzt). Strauss war diese Gnade beschieden. Mit 81 schrieb er seine *Metamorphosen für 23 Streicher* – mitten in der Agonie des zweiten Weltkrieges, als seine großen Wirkungsstätten zerbombt und verbrannt waren: die Opernhäuser von Dresden, Berlin und Wien.

Stefan Zweig, sein Librettist für *Die schweigsame Frau*, hatte sich drei Jahre zuvor im Exil das Leben genommen. Der Komponist sieht seinen Freundeskreis schwinden, sein Zeitalter untergehen. Daß in der Partitur die Klage um die Kriegswunden mitschwingt, geht nicht nur aus der Überschrift einer Skizze »Trauer um München« hervor, sondern auch aus einem allen Hörern wohlvertrauten Zitat, dem Beginn des Trauermarsches aus Beethovens *Eroica* ... Abschied von einem Zeitalter, Spätherbst eines Lebens, Abendrot einer Kultur – Strauss hat hier geradezu programmatisch Beethoven, Wagner und seine eigene neoklassizistische, altersweise Klangsprache zusammengefaßt: ein Resümee, wie es ein begnadeter Künstler rückblickend abgeben darf, aus der Fülle heraus, als reife Abschiedsgabe.

Noch in seinem letzten Lebensjahr hatte sich Tschaikowsky um den jungen SERGEJ RACHMANINOW und dessen Karriere gekümmert. Schon bald ist der junge Mann, der sein Licht, wie es damals hieß, »an drei Enden angezündet« hatte (als brillanter Pianist, vielseitiger Komponist und gefragter Dirigent) höchst selbständig. Doch mit 45 Jahren sieht er sich durch die Oktoberrevolution gezwungen, alles im Stich zu lassen und nochmal von vorn anzufangen. 1931 lebte er schon fast 15 Jahre in den Vereinigten Staaten, in deren Alltag er sich überaus erfolgreich integrieren konnte; seine Heimat, die er 1917 über Nacht fluchtartig verlassen mußte, hat er nie wiedergesehen. In diesem Jahr schuf Rachmaninow die ergreifenden *Variationen auf ein Thema von Corelli*: eine Musik, matt und weise, sehnsuchtsvoll und verzichtend, verklingend, verlöschend. Das Thema stammt übrigens gar nicht von Corelli, der Komponist hatte es bei ihm nur gefunden; in Wahrheit handelt es sich um iberische Folklore, um ein Volkslied mit dem Titel »*La Folia*«, das seiner wohligen Schwermut wegen von vielen Komponisten aufgegriffen und abgewandelt worden ist. Trotz der unverkennbaren Abschiedsstimmung des Werkes bleiben dem Komponisten noch zwölf Jahre ...

»Helle Verzweiflung«, »lichte Trauer« – diese auf den ersten Blick absurden Formulierungen erhalten einen klingenden Sinn in der erschütterndsten Abschiedsklage der Ballettbühne: *Romeo und Julia* von SERGEJ PROKOFJEW. In der 2. Suite finden sich die beiden Sätze »Romeo und Julia vor der Trennung«, wo schon schneidender Schmerz anklingt, und »Romeo am Grabe Julias«; Romeo kommt zu spät und findet nur noch die vermeintlich tote Geliebte vor.

Es gibt auch einen Abschied von außen, von Überflüssigem, von Unwesentlichem, von Lärm und Getriebe. Das meint Friedrich Rückert mit seinem Gedicht: »*Ich bin der Welt abhanden gekommen*«, das GUSTAV MAHLER 1905 vertonte. Da heißt es zuletzt:

Ich bin gestorben dem Weltgetümmel
und ruh in einem stillen Gebiet!
Ich leb allein in meinem Himmel,
in meinem Lieben, in meinem Lied.

Abschied

Kein anderer Sinfoniker hat sich so eingehend mit den Schattenthemen von Abschied und Tod beschäftigt wie Mahler. In seiner *Vierten Sinfonie* spielt »Gevatter Hein« auf – »in gemächlicher Bewegung, ohne Hast« (übrigens auf einer höher gestimmten Violine, die einen besonders fahlen, unwirklichen Klang gibt). Aber der Tod tritt hier nicht drohend, als Feind des Lebens, sondern als Erlöser und Freund auf. Bemerkenswert ist der sinfonische Kontext dieses Satzes: vorausgehend ein ausnehmend heiteres Allegro, nachfolgend ein stilles, inniges Adagio. Der Tod also eingebettet zwischen heiterer Gelassenheit und Ruhe; in philosophischer Abgeklärtheit wird Gevatter Hein als Freund betrachtet, der zur ewigen Ruhe geleitet.

In Mahlers *Neunter Sinfonie* symbolisiert der Kopfsatz die dramatische Auseinandersetzung, während der 4. Satz nach Bruno Walter ein »ruhevolles Lebewohl« darstellt: »Tragik ohne Bitterkeit, ein einzigartiges Schweben zwischen Abschiedswehmut und Ahnung des himmlischen Lichts ... eine Atmosphäre höchster Verklärtheit.«

Den Höhepunkt dieser Mahler-Galerie zum Thema Abschied, ob vom geliebten Menschen, ob vom Leben, markiert der letzte Satz seiner epochemachenden (oder besser: eine Epoche abschließenden) vokalsinfonischen Partitur *Das Lied von der Erde* auf chinesische Lyrik, die Hans Bethge in einer damals sehr verbreiteten Anthologie übersetzt hat. »*Abschied*« gibt vollendet die Stimmung eines irdischen Lebewohl für immer wieder.

> Die Sonne scheidet hinter dem Gebirge,
> in alle Täler steigt der Abend nieder
> mit seinen Schatten, die voll Kühlung sind ...
> Die Erde atmet voll Ruh' und Schlaf,
> alle Sehnsucht will nun träumen.
> Die müden Menschen gehn heimwärts,
> um im Schlaf vergessnes Glück
> und Jugend neu zu lernen ...
> Die Welt schläft ein ...
> Wohin ich geh'? Ich geh', ich wandre in die Berge,
> ich suche Ruhe für mein einsam Herz!
> Ich wandle nach der Heimat, meiner Stätte.
> Ich werde niemals in die Ferne schweifen.

Still ist mein Herz und harret seiner Stunde.
Die liebe Erde allüberall
blüht auf im Lenz und grünt aufs neu,
allüberall und ewig blauen licht die Fernen ...
ewig ... ewig ...
ewig ... ewig ...

Vierzehnmal kehrt dieses tröstlich beschwörende »ewig« wieder, das den unablässigen Kreislauf des Stirb und Werde umschreibt. Auch die »Stunde«, die der Einsame gelassen erwartet, ist kein Ende, ist ein Wieder-Einmünden in den großen, großartigen, großartig einfachen Kreislauf des Seins ...

Älterwerden

»Mein Altersheim für ehemalige Musiker
in Mailand.«
Der alte Verdi auf die Frage nach seinem besten Werk

»Als ich mit zwölf Jahren zum erstenmal auftrat, sagten die
Leute: Wie ungewöhnlich für sein Alter! Heute sagen sie
dasselbe.«
Der 82jährige Pianist Wilhelm Backhaus

Wir leben heute in einer Zeit, in der das Alter nicht als Krönung eines erfüllten Lebens, sondern eher als Makel betrachtet wird. Es gibt eine Theorie, nach der die Dekadenz einer Gesellschaft an der Vernachlässigung ihrer alten und einer unverhältnismäßigen Nachsicht gegenüber ihren jungen Mitgliedern ablesbar ist. Demnach sind wir auf Talfahrt, obwohl die meisten unserer Politiker nicht zu den Jüngsten gehören. Älteren Menschen muß erst wieder der Platz und der Rang verschafft werden, der ihnen zukommt – aufgrund ihrer Verdienste um die Gesellschaft und aufgrund ihrer Lebenserfahrung. In anderen Kulturkreisen ist die Achtung vor Würde und Weisheit nie aufgekündigt worden.

Die äußere Wertschätzung des Alters ist nur der gerechte Ausgleich für die inneren Komplikationen, die das Älterwerden mit sich bringt. Plötzlich muß man mit der Zeit haushalten, denn man sieht, wie der Sand durch die Sanduhr rinnt. Da bietet sich die Musik förmlich an. Sie ermöglicht, das Altern als Reifen zu erkennen und dankbar anzunehmen. Bedenken Sie, wie relativ der Zeitbegriff gerade bei Komponisten war. MOZART hat mit 35 Jahren die Gedankengänge eines alten, auf den Tod vorbereiteten Menschen gestaltet, und das sogar in heiterer, gelassener Form, etwa im *Klarinettenquintett* und *-konzert*.

Heutzutage hat Weisheit an Wertschätzung verloren. In trivialer Verherrlichung der Illustriertenideale »jung-reich-gesund-schön« wird mit der ewigen Jugend und damit zugleich mit der ewigen Unreife kokettiert. Schade, denn mit den »Jahresringen« um die Seele wachsen auch die Erfahrungen, die professionelle Meisterschaft und nicht zuletzt auch die Fähigkeit des Menschen, das Leben intensiver und tiefer zu empfinden! Also lasse man sich weder das Alter miesmachen noch den Weg zu Reife und (ohnehin immer nur relativer) Weisheit. »Ich hatte mir das Alter immer reizend und viel reizender als die früheren Lebensepochen gedacht, und nun, da ich dahin gelangt bin, finde ich meine Erwartungen fast übertroffen«, schrieb Wilhelm von Humboldt 1824 im Alter von 57 Jahren. Und Alfred Döblin gesteht sogar: »Das Alter ist etwas Herrliches ... Ich bin neugierig auf jedes kommende Jahr.«

Ich glaube, daß es eine Frage des intellektuellen wie philosophischen Formats ist, ob jemand vor seinem eigenen Jahrgang ausreißt oder ob er ihn annimmt und vielleicht sogar mit Befriedigung auf die neuesten Errungenschaften seines Charakters und seiner Persönlichkeit blickt. Ein bißchen stolz darf man schon sein, wenn man sein Lebensschiff durch Jahrzehnte manövriert und vor Havarien bewahrt oder solche heil überstanden hat – mit Schrammen, aber immerhin durchgekommen! Was ist denn Leben anderes als ein leidenschaftlicher Abtausch von Höhen und Tiefen ...

Den allmählichen Weg zur Besonnenheit demonstrieren auch viele Komponisten in ihrem Schaffen. Die meisten haben als Wunderkinder und Verfasser diverser »Jugendsünden« angefangen. Dann beginnt die Auseinandersetzung mit sich und der Umwelt, graben sich Furchen in ihre Züge, kommen Dissonanzen und konfliktreiche Passagen in ihre Werke. Wiederum später wird experimentiert, manche tun es bis zuletzt – wie Igor Strawinsky; andere haben ihren Stil schon Mitte ihrer Zwanziger gefunden – wie Carl Orff.

Dann kommt (im günstigen Falle) äußerer Erfolg; manch einer gründet eine bürgerliche Existenz, einige wenige auch eine Familie. Die meisten wechseln häufig die Partner und verschließen sich durch ihre zwangsläufige und meist auch zwanghafte Egozentrik vor Partner und Umgebung. (Die bekanntesten Ausnahmen sind hier Bach, Verdi, Grieg, Puccini und R. Strauss). Und wenn sie das Leben dann endlich gebeutelt hat, sie schwere Schläge einstecken mußten – unter dem Aspekt der Persönlichkeitsentwicklung muß man freilich sagen: einstecken *durften* –, kann es zum Phänomen des Altersstils kommen, der in den meisten Fällen eine Verklärung, eine Summe des Vorangegangenen darstellt und in einigen wenigen Fällen sogar einen völligen Neuansatz bedeutet: wie etwa bei Beethoven, Liszt, Verdi, Strawinsky.

Alt geworden sind die wenigsten Komponisten. Und das hat einleuchtende Gründe: Raubbau durch Überarbeitung (Mozart) oder Exzesse (Mussorgski), dürftige bis elende Lebensbedingungen (Schubert), nicht oder nur schmerzhaft funktionierende Beziehungen oder gar totale Einsamkeit (Beethoven, Tschaikowsky). Freilich heißt das nicht, daß diese Faktoren Voraussetzungen für das künstlerische Schaffen wären. Sie müssen aber auch kein Hindernis sein. Doch haben auch die Frühvollendeten großartige, reife Werke von erstaunlicher, rätselhafter Weisheit geschrieben.

Allen voran WOLFGANG AMADEUS MOZART mit seinen drei letzten Sinfonien, speziell der großen *g-moll* und der *Jupiter-Sinfonie*, den späten Konzerten, mit den Opern *Così fan tutte* als Hymnus auf die Urkraft Eros' und *Die Zauberflöte* als Rückkehr zu erhabener Schlichtheit und schließlich mit dem *Requiem* von geradezu romantischer Wucht und lichtvoller Zartheit.

Oder FRANZ SCHUBERT mit dem vollblütigen Bekenntnis zum Leben in seiner *Achten Sinfonie* und mit seiner überragenden *B-dur-Klaviersonate*, einem wahren Kompendium des menschlichen Gefühls, dessen Skala von innig bis verzweifelt, von unbeschwert bis verklärt reicht.

FRÉDÉRIC CHOPIN in der schon halb entrückten, wohligen Wehmut seiner letzten *Nocturnes, Mazurken* und *Walzer*.

Bemerkenswerterweise sind fast alle Komponisten – sofern ihnen ein (allerdings kaum »biblisches«) Alter vergönnt war – zuletzt zu einer doppelgesichtigen Klangsprache gelangt: einerseits extreme Verdichtung und Verknappung auf das Wesentliche sowie ungeschönte Dramatik, andererseits eine späte Klassizität und Einfachheit höheren Grades, die sowohl letzte Meisterschaft als auch menschliche Bescheidenheit zum Ausdruck bringt.

So wählt LUDWIG VAN BEETHOVEN als Thema für den 2. Satz seiner letzten *Sonate für Klavier Nr. 32* eine unglaublich schlichte, volksliedhafte und doch (oder gerade deshalb) anrührende Weise. Und das nach einem leidenschaftlich zerklüfteten Eingangssatz, der zudem noch mit der ehrwürdig-komplizierten Form einer Fuge (!) arbeitet. Oder das zum Volkslied gewordene »*Freude, schöner Götterfunken*« als Krönung seiner hier kampfdurchtobten, da nach innen blickenden *Neunten Sinfonie* ...

Das betont konservative Lebenswerk von JOHANNES BRAHMS klingt aus mit Klavierminiaturen von knappster Diktion *(Stücke für Klavier op. 118* und *op. 119)*, mit dem einfachen Bauprinzip der altertümlichen Chaconne im Finale seiner *Vierten Sinfonie*, dem innig-herben *Deutschen Requiem* und den *Vier ernsten Gesängen*.

Das haltungsverwandte Spätschaffen JOHANN SEBASTIAN BACHS ist schmucklos. Höchste Abstraktion bedingt in seiner *Kunst der Fuge* und dem *Musikalischen Opfer*, daß diese Musik zumindest für Kenner (deren es seinerzeit viel mehr gab als heute) gar nicht mehr konkret zu klingen braucht – sie teilt sich schon durch das Notenbild mit.

Besonders packend wirken auf uns Alterswerke, die ungeahnt zu Abschiedsgaben wurden.

So bei ANTON BRUCKNER die *Neunte Sinfonie*, die er in seinem ganz persönlichen Glauben und Weltbild *»Dem lieben Gott«* gewidmet hat und die zu den erhabensten Schöpfungen der Tonkunst gehört.

Über die Altersmusik des vitalen Münchners Richard Strauss ist im Kapitel »Abschied« zu lesen.

Hier sei die Rede von dessen zwanzig Jahre jüngerem russischen Zunftgenossen, einem Überlebenskünstler, der eine nicht minder beachtliche Vita und ein noch breiter gefächertes Oeuvre vorweisen kann – IGOR STRAWINSKY. »Igor der Große«, wie ihn der Ballettimpresario Serge Djagilew nannte, war jener Proteus der Musikgeschichte, jener Picasso der Musik, für den die Schubladen und Stil-Etiketten der Kritiker nicht ausreichten, der seine Anhänger immer wieder vor den Kopf stieß, wenn er sie – seiner Zeit vorauseilend – angeblich im Stich ließ, kaum daß man sich auf ihn eingeschworen hatte. Exilierter Russe, naturalisierter Franzose und endlich immigrierter Amerikaner, blieb er doch sein Leben lang Slawe ... Nach ausladenden Partituren voller Klangrausch *(Feuervogel)* ging es über die harten, teils archaischen, teils folkloristischen Rhythmen seiner weltbekannten Ballette *(Sacre du printemps, Petruschka, Les Noces)* über die süße Neoklassik *(Pulcinella)* und später gar Neo-Romantik *(Persephone, Orpheus;* heute am ehesten der architektonischen Postmoderne vergleichbar) dann folgerichtig zu abstrakten Techniken, konkret zu Zwölftonreihe und Serie (das allerdings erst nach dem Tod seines Rivalen Schönberg; man wohnte in Hollywood nur fünfzehn Kilometer voneinander entfernt, ignorierte sich aber völlig). Nun verschwand freilich auch die Sinnlichkeit aus seiner Klangsprache. Und Strawinsky selbst spricht von einer Musik, die nur noch aus Knochen bestehe! Generell kann man von Igor Strawinsky sagen, daß sein imposantes, vielgesichtiges Lebenswerk, darunter auch ein erstaunliches reifes Altersschaffen, ungeahnte Kraftreserven und Impulse für Musikpsychologie und -therapie bereithält! Man höre sich ein in seine *Psalmensinfonie*.

Den beglückend beunruhigenden Umstand, daß auch ein weise gewordenes Herz von Verwirrungen nicht unbedingt gefeit ist, beweist LEOŠ JANÁČEK, neben Smetana und Dvořák der dritte große Musiker seines Landes. Noch als Siebzigjähriger entzündete und wärmte er sich an der Liebe seiner vierzig Jahre jüngeren Freundin Kamilla und ließ sich von ihr inspirieren. Die *Sinfonietta* zeugt davon, wie der Meister, der sich schon »jenseits von Gut und Böse« wähnte, plötzlich frische Lebenskraft aus einer neuen Liebe schöpfte, die mit elementarer Gewalt über ihn hereingebrochen war ...

Aus demselben heftigen Gefühl heraus entstand das *2. Streichquartett* mit dem Titel *»Intime Briefe«*, ein unerhört leidenschaftliches Werk, das man beim Hören niemals einem Greis zuschreiben würde.

Mit knapp sechzig Jahren, 1923, hatte JEAN SIBELIUS ein heiteres, ausgewogenes Werk von beginnender Altersweisheit vorgelegt, die *Sechste Sinfonie*. Nach Ausgang des ersten Weltkrieges, der ja von den Zeitgenossen als noch nicht dagewesene Erschütterung eines ganzen Kontinents empfunden wurde, kann sie als typisches Zeitgeist-Dokument gelten – weg vom Plüsch der Vorkriegszeit, hin zu Licht und Transparenz (dieselbe Motivation liegt ja auch Strawinskys Neoklassizismus zugrunde). Doch unmittelbar danach läßt Sibelius eine *Siebente Sinfonie* folgen, die gewissermaßen das dialektische Gegenstück, die Ergänzung der vorhergehenden Partitur verkörpert – die dunklen Seiten seiner Psyche, vermischt mit majestätischen Reminiszenzen an die nordische Landschaft und Mentalität.

Ein imposantes Altersbild und -schaffen zeigt GIUSEPPE VERDI – geradezu schon Symbol für Würde und Güte der späten Jahre. Man nehme nur sein Testament, mit dem er über den Tod hinaus noch für verarmte Zunftgenossen und ihre Familien sorgte.

Da ist die Trias seiner späten großen Opern: *Aida* als Drama einer verbotenen Leidenschaft, *Othello* als Tragödie von Stolz und Leidenschaft, die stärker sind als die Liebe, und *Falstaff* schließlich als alles überstrahlende Heiterkeit des Lebens ... So verabschiedet sich der Meister von Sant'Agata mit einem Lächeln.

Verdi vermag uns auch schon vor Strawinsky zu zeigen, daß Neugier auf das Leben, die Menschen und die Kunst, Experimentierfreude und Unternehmungsgeist die beste Prophylaxe gegen Verkalkung sind und gleichbedeutend mit geistiger Frische – im Verein mit relativer Gesundheit und Freude am Leben die einzig legitime Art von ewiger Jugend. Denn als er Sechzig wurde, überraschte er die Landsleute mit einem Opus, dessen Gattung man damals gemeinhin den Deutschen und Österreichern überlassen hatte – mit seinem ersten und einzigen *Streichquartett*. Ein frisches, junges Werk – und singulär in Verdis Schaffen wie auch in der italienischen Musik.

Doch noch als Achtzigjähriger schrieb er ein kirchenmusikalisches Werk von seltsamer Knappheit und Eindringlichkeit: Die *Quattro pezzi sacri* – »Vier geistliche Stücke« für Chor unterschiedlicher Besetzung und teilweiser Orchesterbegleitung, entstanden noch nach *Falstaff*! Das »*Ave Maria*« und die »*Laudi alla vergine Maria*« – »Lobpreisungen der Jungfrau Maria« (nach Dante) – sind für vierstimmigen gemischten beziehungsweise Frauenchor a cappella bestimmt, das vierstimmige »*Stabat mater*« und das doppelchörige »*Te Deum*« werden vom Orchester begleitet. Eigentümlicherweise verbirgt sich hinter den zutiefst ernsthaften und eindrucksvollen Sätzen zugleich ein kompositorisches Experiment des nimmermüden Meisters: Ein italienischer Verlag hatte eine recht komplizierte Tonreihe, die »Scala enigmatica«, vorgegeben und mehrere Komponisten aufgefordert, sie zu bearbeiten. Der alte Verdi nahm die Herausforderung an ...

Zu den überragenden Liedschöpfungen FRANZ SCHUBERTS gehört *Auf dem Wasser zu singen* nach einem Text des dichtenden Grafen Stolberg. Eine betörende Wirkung geht von dem wiegenden 6/8-Takt mit seiner eigentümlich stereotypen Sechzehntel-Figur aus, deren auffälliges Merkmal die schiebenden Tonwiederholungen sind – die sich kräuselnde Wasserfläche, Spiel der Lichtreflexe. Der Text deutet Wasser als Zeit, Zeit als Lebenszeit, und die Musik hüllt die Worte in vollendete Harmonie und Schönheit.

Älterwerden

Ach, auf der Freude sanft schimmernden Wellen
gleitet die Seele dahin wie der Kahn ...
Ach, es entschwindet mit tauigem Flügel
mir auf den wiegenden Wellen die Zeit.

Morgen entschwindet mit schimmerndem Flügel
wieder wie gestern und heute die Zeit,
bis ich auf höherem, strahlendem Flügel
selber entschwinde der wechselnden Zeit.

Aggression

»Ich war bösartig wie ein Kettenhund.«
Hector Berlioz während des römischen Karnevals

Unsere Zeit fordert viel von uns. Das Zusammenleben unterschiedlichster Personen auf teilweise engstem Raum verlangt von jedem Rücksichtnahme und Toleranz. Aber das ist nicht genug. Man muß oft aus dem Zwang der Situation oder Position heraus vieles schlucken oder einstecken – Ungerechtigkeit, Lieblosigkeit, Kälte oder Nachlässigkeit –, ohne daß man im Augenblick gebührend darauf reagieren dürfte.

Aggressionen machen sich Luft, in allen Bereichen des menschlichen Zusammenlebens – im Straßenverkehr, in der Partnerschaft, beim Sex, in der Erziehung, in der Diskussion, bei Meinungsverschiedenheiten. Wenn man davon ausgeht, daß Aggressionen nach außen gekehrte Depressionen sind, können wir uns hier entweder für eine Oberflächen- oder eine Wurzelbehandlung entscheiden.

Ich behaupte, daß sich erlittene Repression gut über Aggression ableiten, entladen läßt. Bei vorbehaltloser Selbstbeobachtung werden wir feststellen, daß wir hier einem geheimen Prinzip von der »Erhaltung des Bösen« folgen, wie es das auch umgekehrt (und Gott sei Dank weitaus effektiver) für das Gute gibt – sonst würde die Menschheit nicht mehr existieren. Unrecht, das man uns zugefügt, wird von uns in rabiatem Umgang mit der Umwelt abgebaut, neutralisiert, verarbeitet: Wir fahren, reagieren, reden entsprechend schroff, bis der Frust vorbei ist. Um diesem unerfreulichen Mechanismus zu entgehen, kann man die Musik als eine Art Blitzableiter benutzen.

Die Generallinie ist einfach: Sie hören zuerst kinetische (bewegungsorientierte, rhythmische), ja aggressive Musik wie Strawinskys *Sacre du printemps*, gehen dann mit Motorik à la Bach zur gegenteiligen Stimmung über und lassen sich schließlich von den sanften Klängen etwa eines

César Franck verwöhnen und - versöhnen. Das heißt in der Terminologie der Kapitel unserer Hausapotheke: Sie stellen jeweils drei Musiken für *Aggression - Antrieb - Entspannung* zusammen.

Man braucht seine Klänge aber nicht unbedingt aus mehreren Quellen zu speisen, sondern kann sich der folgenden, dramaturgisch einleuchtenden Methode bedienen. Sinfonien und Konzerte sind meist nach einem bestimmten Tempo- und Stimmungsschema aufgebaut: Die Außensätze stehen in raschem Zeitmaß, der Kopfsatz ist gewöhnlich der dramatische, der Schlußsatz der tänzerische. Allerdings verlagerte sich seit dem »späten« Mozart das dramaturgische Gewicht zunehmend auf den Finalsatz. So bietet sich für Abfangen und anschließenden Abbau von Aggressionen die Koppelung eines dramatisch geschärften ersten und eines lösenden langsamen (zweiten) Satzes an.

Es gibt darüber hinaus noch eine ideale Kopplung gegensätzlicher Klangstücke. Allgemein bekannt ist das Satzpaar »Präludium und Fuge«. Die Form »Präludium« wäre zu neutral als Aggressionsentsprechung, aber es gibt auch sehr energische, fast perkussive Tokkaten (*toccare* = hacken) mit anschließender Fuge. Hier können Sie erst einmal Ihre Wut austoben, wohingegen Sie dann die Fuge allmählich zu Ordnung und Selbstdisziplin führt.

Bekanntes und ideales Beispiel: die *Tokkata und Fuge d-moll* von JOHANN SEBASTIAN BACH. Ebenso können Sie seine direkt aufregende *Chromatische Fantasie und Fuge* zu Rate ziehen ...

In jedem Falle: Reagieren Sie erst einmal Ihren Frust mit rhythmischer Musik ab. Das ist noch der beste Auftakt. Standardbeispiel: der Angestellte, der im Büro jeden Rüffel kommentarlos einsteckt, Tag für Tag, Jahr für Jahr, und zu Hause dann den Stellvertretermechanismus in Bewegung setzt, den man aus dem Sprichwort vom Esel und dem Sack kennt. Der im Beruf unterjochte, zu stetem Wohlverhalten genötigte Mann läßt endlich seinen aufgestauten Aggressionen die Zügel schießen. Wenn er nur, statt Frau, Kinder und Katze zu tyrannisieren, zur Musik greifen würde! Zu aggressiven Partituren, bei denen er sich körperlich austoben kann. Hacken Sie sozusagen Holz - bei den Klängen und Rhythmen der entsprechenden Musik!

Legen Sie jenes skandalumwitterte Ballett von IGOR STRAWINSKY auf, das als Apotheose der Urgewalt Rhythmus gelten darf, *Le sacre du printemps*. Das Frühlingsritual aus dem heidnischen Rußland hat den Komponisten zu einer Musik von archaischer Herbheit und Wildheit inspiriert. Die Uraufführung 1913 in Paris wurde zu *dem* Skandal der Musikgeschichte. Während des großen Opfertanzes, wo das junge Mädchen der Erneuerung der Natur dargebracht wird, hatten sich im Saal zwei Parteien gebildet, die lauthals Vorschläge für den weiteren Verlauf des Abends machten und handgreiflich gegeneinander vorgingen. Der Lärm erreichte einen solchen Pegel, daß die Tänzer das Orchester nicht mehr hörten (was bei *Sacre* etwas heißen will) und der Ballettmeister aus den Seitengassen den Takt auf die Bühne schreien mußte. Um die Massen zu beruhigen, schaltete der Impresario der »Ballets russes«, der elegante Serge Djagilew, das Saallicht an und aus.

Ein Ohren- und Augenzeuge berichtet: »Ich saß in einer Loge..., hinter mir ein junger Mann. Die ungeheure Erregung, die sich seiner dank der unwiderstehlichen Wirkung der Musik bemächtigt hatte, äußerte sich darin, daß er anfing, mir mit seinen Fäusten rhythmisch den Kopf zu bearbeiten. Eine Zeitlang habe ich die Schläge überhaupt nicht bemerkt. Als ich sie dann spürte, drehte ich mich um. Seine Entschuldigung war aufrichtig. Wir waren beide außer uns geraten.«

Es gibt eine Fülle aggressiver, brutaler, offensiver Musik – unter anderem prächtige Kampf- und Schlachten-Szenen, bei der Sie Ihre Wut richtig ausleben, sich bestens austoben können – stampfen Sie, dirigieren Sie!

Hervorragend eignet sich die geharnischte Ouvertüre zu *Das Mädchen von Pskow* von NIKOLAI RIMSKI-KORSAKOW, wo das Reiterheer Iwans des Schrecklichen auf die unbotmäßige Stadt vorrückt. Sie hören das Getrappel, die unheilvollen Fanfaren ... Der Komponist war der jüngste der »Russischen Fünf«, jener national engagierten Gruppe Petersburger Musiker (außer ihm noch Balakirew, Borodin, Mussorgski und Cui), die sich besonders auch für die Geschichte ihres Landes interessierten. Und da letztere von Grausamkeit gezeichnet ist, gibt es hier reichlich Stoff für militante Klänge.

Bis auf Rimski-Korsakow waren die Petersburger »Fünf« sämtlich Amateure. ALEXANDER BORODIN etwa war Dr. med. und Professor der Chemie! Zum Komponieren kam der völlig Überlastete, der – zudem noch hoffnungsloser Philanthrop – niemandem etwas abschlagen konnte, nach eigenen Worten eigentlich nur, wenn er krank war. Zu den begreiflich wenigen Werken aus seiner Feder, die aber sämtlich internationale »Renner« wurden, gehört seine einzige Oper, *Fürst Igor*, die vom Kampf der Russen gegen die räuberischen Polowezen handelt. Die *Polowezer Tänze*, ungemein rassige Musik, verbinden auf unnachahmliche Weise asiatische Wildheit und exotische Erotik.

Wenn wir schon bei den »Fünf« sind, darf ihr genialster Vertreter nicht fehlen, der leider aber auch die tragischste Gestalt unter ihnen war: MODEST MUSSORGSKI. Er war so nationalistisch eingestellt, daß er sich einer altertümlichen Sprechweise bediente und den Kosmopoliten Tschaikowsky verachtete (was allerdings auf Gegenseitigkeit beruhte). Sein Grabstein ist im altrussischen Stil gearbeitet, und die Vorlage für *»Die Hütte der Baba Yaga«* aus seinem packenden, vielschichtigen Klavierzyklus *Bilder einer Ausstellung* ist eine Art Schwarzwälder Uhr à la russe, im selben Stil entworfen wie der Grabstein des Komponisten. Das Gehäuse – eine Hütte auf Hühnerbeinen – knüpft an das Märchen von der Hexe des russischen Waldes an. Baba Yaga wohnt in einem solchen Haus und reitet ansonsten auf einem Mörser durch die Lüfte. Während der Entwurf des befreundeten Architekten und Graphikers Hartmann, auf dessen Tod die *Bilder* komponiert wurden, sich im Rahmen eines harmlosen Produkt-Designs hält, entfesselt Mussorgski einen infernalischen Stampftanz und im Mittelteil ein unheilvolles, bedrohliches Klanggemälde (schaurig ruft der Tritonus, das Teufelsintervall – *diabolus in musica*).

Derselbe Komponist schuf ein Stück urrussische Programmusik von packender Anschaulichkeit mit seinem Orchesterbild *Eine Nacht auf dem Kahlen Berge* (im russischen Originaltitel steht »Johannisnacht« – es handelt sich also um ein heidnisches Ritual, einen Hexensabbat mit allem Drum und Dran). Mussorgski beendete die verwegene Partitur in der Johannisnacht 1867, sieben Jahre vor den *Bildern einer Ausstellung*. Zum Schluß müssen die infernalischen Gesellen weichen, denn der Tag bricht an: »Auf dem Höhepunkt der Orgie erklingt das Glöcklein einer fernen Dorfkirche. Und ist es noch so klein, seine Macht ist ungeheuer – die Geister stieben auseinander.«

Die russische Musik ist reich an Märschen. Und wenn es um aggressive Märsche geht, da muß die *Neunte Klaviersonate*, die sogenannte *»Schwarze Messe«*, von ALEXANDER SKRJABIN genannt werden. Hier sammeln sich die Heerscharen des gefallenen Lichtengels Luzifer und ziehen gegen ein imaginäres Heiligtum aus, um es zu besudeln – eine Vorstellung im Geiste des Malers Hieronymus Bosch, die der russische Komponist hier beschwört und zu Klang werden läßt: Das sanfte, weibliche Thema nimmt zuletzt die Gestalt des satanischen Marsches an.

Geeignet zum Abreagieren sind auch einige Partituren des bedeutendsten russischen Meisters des 20. Jahrhunderts neben Strawinsky – SERGEJ PROKOFJEW, der mit dem wenig Älteren den Sinn für Bewegung und Bühne gemeinsam hat. Aus dem Exil 1934 in seine Heimat zurückgekehrt – das Heimweh war stärker als die Verachtung für die Kulturbolschewisten und die Furcht vor Stalins Diktatur –, erwarb sich Prokofjew eine bewußt verständlich gehaltene Klangsprache, die dennoch (im Unterschied zur Musik der komponierenden Kreaturen des Zentralkomitees der KPdSU) nichts an Substanz und Tiefgang preisgab. Das ist schon etwas Besonderes – zur selben Zeit flüchteten Schönberg und seine Schule in die Zwölftonmusik. Prokofjew ging den entgegengesetzten Weg: Durch meisterliche Vereinfachung erreichte er eine neue Ausdruckskunst. Aus seinem Ballett *Romeo und Julia* empfehle ich für aggressiv gestimmte Hörer den kurzen, haßgetränkten »*Tanz der Ritter*«, dessen gezacktes, schroffes, herrisches Anfangsthema an schimmernde Ritterrüstungen erinnert. Tückisch wirkt die sinnliche Eleganz des Mittelteils.

Vom selben Komponisten, der übrigens einer der ersten und der wohl genialste Filmmusikschöpfer war, sei erwähnt das Orchesterbild *»Die Schlacht auf dem Eissee«* aus seiner Kantate *Alexander Newski*. (Es handelt sich um jenen russischen Großfürsten und Heerführer, der 1240 die Schweden an der Newa schlug, woher er seinen Beinamen hatte, und zwei Jahre später die Kreuzritter. Nach ihm ist das große Petersburger Männerkloster benannt, auf dessen Friedhof die meisten russischen Komponisten beigesetzt sind, unter anderem die Petersburger »Fünf« und Tschaikowsky.)

Prokofjew verfolgte aufmerksam die Karriere seines Landsmannes Strawinsky. Er hatte *Sacre du printemps* gehört, allerdings – wie er behauptete – nicht verstanden (schon damals hegte er gegen den Älteren eine latente Rivalität), und wollte nun seinerseits für Djagilew ein ähnliches Ballett schreiben. Das kam zwar nicht zustande, aber es existiert die Musik, die in ihrer Sprengkraft und archaischen Schönheit *Sacre* nicht nachsteht: *Ala et Lolly,* die *Skythische Suite,* gleichsam die sinfonische Schwester des Strawinsky-Balletts. (Die Skythen waren ein Stamm, der lange vor der Christianisierung auf dem russischem Territorium siedelte; bekannt war ihre Goldschmiedekunst.) Zwar löste die Suite keinen Skan-

Aggression

dal mehr aus, bürgerte sich aber doch bald schon im Konzertsaal ein. Da gibt es einen brutalen »*Tanz der heidnischen Dämonen*« und abschließend »*Lollys Kampf und Sonnenaufgang*«. (Wer genau zuhört, wird feststellen, wo sich die besten Hollywood-Komponisten der letzten Jahrzehnte bei ihren Kampfmusiken bedient haben.) Hier hat man sogar die Möglichkeit, wie schon in Mussorgskis *Nacht auf dem Kahlen Berge* (die ja verklärt endet), wieder aus der Aggression herauszufinden, während Sie bei *Sacre* das gigantische Menschenopfer-Ritual hinnehmen müssen.

Eine sinfonische Partitur, geboren aus Furcht, Haß und Hoffnung, ist die *Leningrader Sinfonie* von DIMITRI SCHOSTAKOWITSCH. Es gibt von Alfred Kubin, dem nach Goya überzeugendsten Maler von Alpträumen, eine Zeichnung: »Der Krieg«. Ein gesichtsloser Hüne – das messerartige Visier eines Helmes verdeckt seine Züge – mit Elefantenfüßen fällt, alles niedertrampelnd, über eine anrückende Armee her ... Die gnadenlose, unmenschliche Automatik einer Schlacht »neuen« Stils wird hier packend umgesetzt. Ganz ähnlich vertont Schostakowitsch das erbarmungslose Näherrücken des faschistischen Feindes. Man muß direkt aufpassen, nicht mit in den primitiv-wirkungsvollen Refrain der eroberungslüsternen Regimenter einzustimmen: Dorf nach Dorf wird im Sturm genommen ...

Gut ausleben können Sie Ihre – zumeist frustgeborenen – Aggressionen auch bei einem rassigen »*Säbeltanz*« aus der Ballettmusik zu *Gajaneh* von ARAM CHATSCHATURJAN. Bei der (unerträglich propagandistischen und trivialen) Balletthandlung geht es um eine Art folkloristische Show, so daß uns der Hintergrund nicht interessieren muß. Großartig, wie die Fetzen fliegen und die Klingen durch die Luft sausen.

Ohne Schwerter, aber dennoch mit wuchtigen Schlägen – jetzt allerdings auf die Tastatur – geht es zu in der weltbekannten *Tokkata* desselben Verfassers, einem atemberaubenden Bravourstück mit halsbrecherischen Kaskaden und Tonwiederholungen (es klingt übrigens viel schwerer, als es ist!), ebenfalls mit dem besonderen Reiz exotischer Harmonien und Melodieführung.

Wir haben uns beim Stichwort »Aggression« auf die Russen kapriziert. Da fehlt freilich noch der internationalste von ihnen.

In unserem Kontext passen die kampfdurchtobten sinfonischen Sätze von PJOTR ILJITSCH TSCHAIKOWSKY, allen voran die grandiose, durch die Schlußhymne auch aggressionslösende *Ouvertüre 1812*, wo der Kampf der russischen Armee gegen den Invasor Napoleon ohrenfällig geschildert wird. Denselben Zweck erfüllen die Kopfsätze seiner drei letzten Sinfonien, die sämtlich als *Schicksalssinfonien* bezeichnet werden und die Konflikte des freien Individuums gegen eine fatale Macht, das Schicksal oder Verhängnis, schildern.

Einen siegreichen Geschwindmarsch mit grimmiger Entschlossenheit gibt es in der erschütterndsten »Seelenbeichte« der Musikgeschichte, wie sie ihr Komponist selbst nennt – in Tschaikowskys *Sechster Sinfonie*. Das »Hineinschlüpfen« in die Brutalität und den »élan terrible« dieser Musik erzeugt zwangsläufig auch eine Entschlußkraft auf gehobenem Niveau: Die Wut legt sich, und übrig bleibt die Souveränität – Sie sind zu überlegenem Handeln fähig, Sie sind überlegen. (Diese Wirkung ist übrigens dynamischen, apotheotisch endenden Finalsätzen allgemein eigen; während solcher Schlußsteigerungen kann es geschehen, daß der Hörer eine ungeahnte Entschlußkraft verspürt und vor seinem geistigen Auge strahlende Zukunftsvisionen aufsteigen. Diese Momente gehören zu den seelischen Höhenflügen, zu den erhebendsten Ereignissen unseres Lebens.)

Dieser Orchestermarsch ist eine grimmige Triumphmusik, die alles niedertritt, was ihr im Wege steht, und noch dazu im Marschierenden jene verhängnisvolle Hochstimmung erzeugt, die schon ganze Armeen verhext hat. Interessant das Anfangsintervall der Quarte. Was ist mit der aufspringenden Auftaktquarte nicht alles eingeleitet worden: von der Marseillaise über die Internationale bis zur sowjetischen Nationalhymne … Und hier erscheint sie gleich viermal – dreimal springt sie auf Quinte beziehungsweise Grundton, einmal dann als aufgeschichtete Doppelquarte bis zum *a*, was dem ganzen einen handfesten diatonischen (nicht etwa schmachtend oder gefühlvoll chromatischen) Dissonanzcharakter verleiht … Ein genialer Einfall!

Es *müssen* natürlich keine Russen sein! Nehmen Sie *den* (Wahl-) Wiener Meister in seiner vergeblichen Bemühung um Auffindung der Haushaltsreserve. Bei seinem chaotischen Lebens- und Arbeitsstil kam das Geld ebenso unregelmäßig herein, wie er es unübersichtlich ausgab. Da zählte dann manchmal sogar ein Groschen.

Und den sucht LUDWIG VAN BEETHOVEN – in einem Zustand, der ihn in unserem Zusammenhang zitierbar macht. Seine *»Wut über den verlorenen Groschen«* im *Rondo a capriccio* reiht – wenn auch im Scherz – alles auf,

Aggression

was eine gute Musik zum Aggressionsabbau braucht: harte, hämmernde Tonwiederholungen, gezackte, ungleichmäßige Rhythmen, (teilweise) dissonante Akkordschläge.

Der trotzig Entschlossene, der Rebell, der dem Schicksal »in den Rachen greift«, ist zwar nicht der ganze, wohl aber mindestens der halbe Beethoven. Und genau dieser kommt vorzugsweise in den Finalsätzen seiner großen Sonaten zum Vorschein, deren Energie nicht selten direkt aggressiv wirken kann. Hier sind sowohl die sogenannte *Mondscheinsonate* als auch die *Appassionata* zu nennen. Letztere hatte sogar den Berufsrevolutionär Lenin so tief gepackt, daß er sie zum Maßstab dessen erhob, was Menschen zu schaffen vermögen!

Weniger heftig geht es zu im Scherzo von ANTON BRUCKNERS *Achter Sinfonie*, in dem angeblich der »deutsche Michel« abgebildet wird. Was wir hören, ist eine trotzige, fast möchte man sagen: bockige Derbheit. Warum nicht – wenn's hilft, kann man ruhig auch mal mit dem Schuh auf den Tisch klopfen (derlei kam ja in der höchsten Diplomatie vor).

Wem düstere Sujets helfen, dem seien als die wohl blutigste Geschichte aus dem Konzertsaal die Sinfonischen Dichtungen von ANTONÍN DVOŘÁK empfohlen. Da wimmelt es nur so von Monstern (*Der Wassermann*) oder lebensbedrohenden Halbwesen (*Die Mittagshexe*). Und hinter dem lieblichen Titel *Die Waldtaube* verbirgt sich gar Gatten- und Selbstmord (eine klassische Falle für Vogelfreunde!).

Als expressionistisch-harte Aggressionsmusik empfehlen sich die Suiten aus BÉLA BARTÓKS nicht weniger grausigen Balletten *Der holzgeschnitzte Prinz* und *Der wunderbare Mandarin*. Sie sind geradezu prädestiniert für das Ausleben angestauter Wut.

Sollten sich – was vorkommen kann – in einer Partnerschaft Aggressionen aufspeichern, dann ist es oft besser, Sie hören sich erstmal frei vom größten Unmut, bevor es ans Verhandeln geht. Da sind Sie gut beraten mit den beiden letzten Sätzen aus der *Fantastischen Sinfonie* von HECTOR BERLIOZ: Es ist nicht zu glauben, was einem abgewiesenen Komponisten alles einfällt, was er seiner Geliebten im Drogenrausch zur Strafe antun möchte, nur weil sie ihn nicht erhört hat ... (Näheres dazu unter dem Stichwort »Liebeskummer«).

In der *Fünften Sinfonie* von GUSTAV MAHLER vertieft im 1. Satz ein Trauermarsch erst einmal die düstere Stimmung, bevor dann im Allegro ein wildes, aggressives Treiben einsetzt... Diese Sinfonie enthält das spätestens durch Fellinis Verfilmung von Thomas Manns Novelle »Tod in Venedig« weltbekannt gewordene Adagietto.

ARTHUR HONEGGER schrieb seine *Dritte*, die *Liturgische Sinfonie* unter dem Eindruck der Verwüstungen des zweiten Weltkrieges. Im 1. Satz stellt er auf packende Weise die Gewalt dar, die über die Länder herfiel – einer Bestie gleich; man vermeint das Kriegsmonster Alfred Kubins zu sehen, wie es mit einem höllischen Elan über Städte und Divisionen steigt und sie mit seinen Elefantenfüßen zermalmt.

Stampfende, blinde Brutalität beherrscht auch das astrologische Klangbild, das der 1874 geborene, schwedischstämmige Engländer GUSTAV HOLST in seiner imposanten, vielgespielten Himmelssuite *Die Planeten* vom Mars entwirft. Dieser erdähnlichste unter den Planeten führt dort den Reigen an, seltsamerweise verleiht ihm der – als Mensch übersensible – Komponist die Züge einer mechanisierten Unbarmherzigkeit (wie er vielleicht in dieser Suite auch nicht grundlos die Erde ausgespart hat). Wenn man Science-fiction-Streifen aus Hollywood sieht, vernimmt man durchaus verwandte Klänge. Holst war den Filmkomponisten eine willkommene Fundgrube. (Näheres zu diesem Zyklus noch im Kapitel »Entspannung – Meditation«.)

Aggressionslösend wirkt auch eine aus gesicherter Position aufgerollte »Privatschlacht« aus der Feder von RICHARD STRAUSS. In *»Des Helden Widersacher«* aus seiner Programmsinfonie *Ein Heldenleben* werden die Gegner lächerlich gemacht – etwa so, wie Wagner mit den Meistersingern verfuhr, die er mit quäkenden Instrumenten und zwergiger Gesinnung ausstattete – und natürlich nach allen Regeln der Kunst und des Kontrapunkts zur Strecke gebracht. In wilhelminischer Pose und bajuwarischem Saft steht der »Held«, nicht ohne gutmütige Selbstironie ob dieser Überhebung (er finde sich und sein Leben nicht minder interessant als das Napoleons, meinte der Komponist).

Womit wir einen wesentlichen Punkt gestreift haben: die Komik. Das Lachen vermag einen Gegner ebenso zu entwaffnen wie das eigene Ich zu entspannen (siehe hierzu auch das Kapitel »Heiterkeit«).

Auch in der Liedliteratur gibt es für Aggression und Aggressionslösung geeignete Beispiele. So ROBERT SCHUMANNS hochdramatische Vertonung einer Heine-Ballade – *Belsazar*. Der babylonische Herrscher höhnt

Jehova, entweiht die heiligen Becher, an der Wand erscheint das berühmte Menetekel, und zuletzt heißt es:

> Belsazar ward aber in selbiger Nacht
> von seinen Knechten umgebracht.

Der Feuerreiter von HUGO WOLF ist eine atemberaubende Musikalisierung der Mörike-Ballade vom »Roten Hahn«. Die elementare Wut des Feuers verschlingt alles. Und endlich spricht der Dichter über dem Gerippe des Feuerteufels:

> Ruhe wohl, ruhe wohl
> drunten in der Mühle.

Die Ballade *Die junge Nonne* von FRANZ SCHUBERT schildert den furchtbaren inneren Konflikt einer liebenden Nonne nach Jacob Nicolaus von Craigher. Ihrer aufgewühlten Verfassung entsprechen draußen ein heftiges Gewitter und in der Klavierbegleitung das drohende Tremolo im tiefen Register. Hinzu kommen geheimnisvolle Glockentöne und ein quasi liturgisches Thema, das schließlich in ein mystisch verzücktes »Halleluja« mündet. So endet das wild bewegte Lied in dem erflehten Seelenfrieden, freilich auch im Verzicht. In diesem Zusammenhang sei erwähnt, daß unter den 60 Bearbeitungen Schubertscher Lieder durch Franz Liszt sich auch »Die junge Nonne« befindet, die der Romantiker mit seinem ausgeprägten Gespür für Dramatik sogar für Orchester einrichtete. Seine Definition des Wiener Meisters: »In dem kurzen Spielraum eines Liedes macht er uns zu Zuschauern rascher, aber tödlicher Konflikte.«

Während des Hörens werden sich ganz von selbst die Ursachen für Ihre aggressive Verfassung relativieren. Der Volksmund hat schon recht, wenn er verdichtete Erfahrung in gute Ratschläge packt: »Alles halb so schlimm« und »erst mal drüber schlafen«, »bis 13 zählen« oder »ein Paternoster beten, bevor ...«

Oder ganz einfach: die passende Musik hören. Hinterher wird man weitersehen, und das sogar buchstäblich: *weiter sehen* und tiefer blicken.

Angst

»Der Untergang ist nahe
oder der Anfang eines neuen Lebens ...
Mir ist genauso, als würde ich Armer
von Sinnen kommen.«
*Robert Schumann 1837,
17 Jahre vor seiner Einweisung in die Nervenklinik*

Wir können sie weder leugnen noch verdrängen, Ängste gehören heute zum Lebensgefühl eines jeden von uns, eingestanden oder uneingestanden. Und das war früher nicht anders: Angst vor den Mächten der Finsternis, dem Dunkel der Nacht und des Waldes, vor der physischen Gewalt von Soldaten und Räubern, vor grausamen Feudalherren, vor der Inquisition oder drakonischen Rechtsmitteln, vor dem Jüngsten Gericht und dem ewigen Höllenfeuer ...

Heutzutage reicht die Skala von der Angst vor Bindung, Alter, Versagen, physischer Gewalt oder Schmerz, Krankheit, Verlust und Tod bis hin zur Angst um den Fortbestand der Menschheit und unseres Planeten, der durch Kriege und Umweltkatastrophen gefährdet ist.

Angst sitzt dem Menschen so tief, daß man sie längst als probates Mittel zur Manipulation, zur Erpressung und Lenkung von Menschen zielgerichtet einsetzt. Doch wenn das in negativer Richtung möglich ist, dann wird man umgekehrt mit der Angst auch positiv, ja effektiv umgehen können. Ein gutes Beispiel hierfür ist das Lampenfieber.

Keinem Künstler ist das Lampenfieber fremd. Und es besteht kein Zweifel daran, daß es – weil mit rationalen Mitteln nur bedingt bekämpfbar – in die Skala der Ängste gehört. Doch wehe, es bleibt aus! Dann gibt es weder das notwendige Feuer noch den erhofften Adrenalin-Ausstoß. Dann gibt es nicht jenes wundersame plötzliche Muntersein: Husten, Schnupfen, jegliche Beschwerden und Schmerzen sind vergessen; alles gilt nur noch der einzigen Anstrengung, der Bühne. Der Künstler weiß um diese Zusammenhänge und arbeitet bewußt mit dem Lampenfieber. Und so ließe sich vielleicht auch mit anderen Ängsten umgehen.

Übertriebenes Lampenfieber ließ Tschaikowsky jahrzehntelang keinen Taktstock anrühren und nie als Konzertpianist auftreten: Er befürchtete allen Ernstes, der Kopf könne ihm von den Schultern fallen. Angst hatte er auch vor der ihm angetrauten Frau, die er aus seiner Veranlagung heraus körperlich ablehnte, die ihn aber um so heftiger umwarb und damit zum Selbstmordversuch trieb.

Auch wenn es nicht mehr üblich ist, sich zu seiner Angst zu bekennen: Der Mensch, der keine Angst hat, muß noch geschaffen werden. Geboren werden kann er nicht, höchstens im Märchen. Und selbst den erwischt es schließlich noch – er lernt das Gruseln. Ebenso, wie vielen Jungen noch immer weisgemacht wird, daß ein Indianer nicht weine, so werden Ängste aller Art verdrängt und höchstens beim Psychiater oder beim Pfarrer heimlich eingestanden oder in umgewandelter Form über Aggression an Abhängigen ausgelassen. Besser gesteht man sich seine Ängste ein, denn so kann man seine innere Haltung verändern und zu einer neuen Sicherheit gelangen. Es gibt in der Musikgeschichte genügend Beispiele, wo Komponisten unter Angstzuständen, unter Bedrängnis gelitten haben.

Da ist die Existenzangst, die Mozart seine Wiener Jahre hindurch begleitete, als er sich auf das damals kühne Wagnis einließ, seine und seiner Familie Existenz als freischaffender Musiker zu finanzieren. Oder denken Sie an die vom Faschismus ins Exil getriebenen Musiker, die in der Fremde noch einmal von vorn anfangen mußten, oder an die russischen Komponisten, die vom Bolschewismus aus ihrer Heimat verjagt wurden und wie Strawinsky und Rachmaninow zu »Fliegenden Holländern« des 20. Jahrhunderts wurden.

Die meisten Ängste sind uneingestanden und wirken aus dem Unbewußten. Überaus verbreitet ist heute *Bindungsangst*. Beziehungsarmut ist ein typischer Ausdruck unserer gesellschaftlichen Vereinzelung und Individualisierung mit narzißtischer, egozentrischer Ausrichtung und gipfelt in der kuriosen Modeform der »Dinkie-Partnerschaft« (*double income, no kids*). Im Klartext kann das heißen: Verzicht auf Verantwortung. Wer so mit doppelter Rückversicherung eine Partnerschaft führt, wird freilich immer wieder mit Verlustängsten zu tun haben.

Zukunftsangst ist heute angesichts der Naturzerstörung wenig verwunderlich. Doch schon immer gab es Zeiten, die den Nachgeborenen als apokalyptisch erschienen, und Luthers Wort: »Und wenn ich wüßte, daß morgen die Welt unterginge, so würde ich heute noch ein Apfelbäumchen pflanzen« ist auch heute noch Ausdruck der Hoffnung, in der wir mit diesen Ängsten weiterleben.

Von beunruhigender Aktualität ist die *Existenzangst*. Die Arbeit wird knapp, das Geld keineswegs, aber die Verteilung desselben nach dem althergebrachten (zum Beispiel von den Indianern abgelehnten) Leistungsprinzip erscheint zunehmend ungerecht. Nicht wer etwas leisten *kann*, wird entlohnt, sondern wer per Zufall oder Beziehung die Gelegenheit erhält, seine Leistung überhaupt erst einmal vorzuführen.

Krankheitsängste haben heute eine traurige Verbreitung gefunden und werden als allzeit dankbare Themen von den Medien hochgeputscht. Seit in Europa – Gott sei Dank – kaum mehr Kriege geführt werden, grassiert das Geschäft mit der Gesundheit. Das ist ein Spiel mit tiefverwurzelten Ängsten um Leib und Leben. Lassen Sie sich nichts weismachen und sich nicht terrorisieren. Fragen Sie die eigenen Großeltern, ob sie all die Pillen und Diätjoghurts gebraucht hätten ...

Versagensängste können angesichts des beinharten Wettbewerbs in der Arbeitswelt, vor allem um die Arbeit selbst, völlig verständlich sein. Unter solchen Umständen ist es geradezu gesetzmäßig, wenn Menschen in panikartige Zustände geraten und ihre Selbstsicherheit, ihr Selbstvertrauen verlieren. Wenn alles von einer Karte abhängt, muß man schon ein Yogi sein, um seine Ruhe zu bewahren. In der westlichen Zivilisation hat sich das undurchdringliche Pokerface bewährt: inneren Gleichmut vorzutäuschen. Doch dieses von Fernost abgeschaute Prinzip bleibt äußerlich, denn der Streß wird nicht bewältigt, da keine innere Gelassenheit dahintersteht. Und der Preis für dieses Pokerface ist innerer Streß in Potenz ...

Apropos Potenz: Die sexuelle Leistungskraft ist eine klassische Manifestation für Versagensängste. Wird uns nicht ständig klar- oder genauer: weisgemacht, wie Frau und Mann von Welt sich in der Liebe, im Bett zu verhalten und was sie da zu leisten haben? Macht man sich aber solche von den Medien suggerierte Normen zu eigen, kann das leicht zu Versagensängsten und damit zu tatsächlichem Versagen führen.

Musik der Angst gibt es genug, denn Musik ist wie keine andere Kunst geeignet, unser Unterbewußtsein zu beleuchten, zu aktivieren. Ein großartiges Angstgemälde entwirft PJOTR ILJITSCH TSCHAIKOWSKY in seiner Orchesterfantasie *Francesca da Rimini* nach Dantes »Inferno«; es war der furchtbare, alles mit sich reißende Höllensturm, der ihn bei der Lektüre auf einer Rückreise von Bayreuth nach Rußland gepackt hatte. Speziell konnte er die düsteren Illustrationen von Gustave Doré nicht mehr vergessen.

Goethes Sujet von den »Geistern, die ich rief« erhielt kurz vor Jahrhundertausgang bei PAUL DUKAS als Orchesterscherzo *Der Zauberlehrling* ein hinreißendes Klanggewand: Mit dem Wasser, das der unbefugt Befohlene unentwegt heranschleppt, wächst zugleich auch die Angst vor der unausweichlichen Katastrophe.

Dem Einakter *Der Mantel (Il tabarro)* von GIACOMO PUCCINI liegt – wie für die veristischen Opern typisch – eine authentische, hier eine Dreiecksgeschichte zugrunde. Sie findet ihr blutiges Ende unter dem weiten Umhang des betrogenen Kapitäns, dessen untreue junge Frau dort auf die Leiche ihres Liebhabers stößt. Wie in guten, vertrauten Zeiten lockt sie der Ehemann: »Komm unter meinen Mantel!« Was sie nicht ahnt, verrät die unheilvolle Musik: Sie nimmt die grausige Entdeckung voraus.

Ein bei uns wenig bekanntes Werk ist *Herzog Blaubarts Burg* des Ungarn BÉLA BARTÓK, eine expressionistische Oper in einem Akt mit nur zwei Gesangsrollen. Die schöne Judith hat ihre Eltern verlassen und ist Blaubart gefolgt. Obwohl er sie warnt und zurückzuhalten versucht, will sie das Geheimnis der sieben Türen erkunden. Hinter jeder wartet ein neues Grauen auf sie, in der siebten Kammer sind es schließlich die toten Frauen des Blaubart, prächtig geschmückt, und diese letzte Tür wird sich nun auch hinter Judith schließen. Bartóks Partitur, die sein Landsmann Zoltan Kodály als »musikalischen Geysir von sechzig Minuten Dauer« umschrieb, bietet Freunden herber Klangkost auch ohne szenische Umsetzung ein unvergeßliches, atemberaubendes Erlebnis.

Eine wahre Apotheose des Grauens ist ARNOLD SCHÖNBERGS expressionistischer Einakter *Erwartung*, wo der Komponist eine alptraumartige Klangwelt beschwört. Eine Frau irrt von dumpfer Vorahnung befallen durch den Garten ihrer Villa und findet endlich ihren Geliebten: viehisch umgebracht, bis zur Unkenntlichkeit entstellt. Die Musik kann besser als Worte und selbst Bilder (wobei Schönberg selbst malte und sich speziell auf Traumbilder und Schreckensvisionen verstand) das polyphone Emotionsgeflecht wiedergeben, das der Angst zugrunde liegt.

Heraufkriechendes Grauen beherrscht die Todesszene der *Lulu* in ALBAN BERGS gleichnamiger Oper, kurz vor ihrer Ermordung durch Jack the Ripper, wo eine Generalpause den Atem stocken, das Blut gefrieren läßt, bevor dann in einer Art instrumentalem Urschrei der Totalakkord aller zwölf Töne der chromatischen Leiter, verteilt auf den gesamten Tonumfang des Orchesters, über den Hörer hereinbricht.

In der *Leningrader Sinfonie* von DMITRI SCHOSTAKOWITSCH ist es das unerbittliche Anrücken feindlicher Divisionen, das teuflische Mahlen und Klirren einer alles überrollenden Kampfmaschinerie, vor der es kein Entrinnen gibt und die uns zu zermalmen droht.

Einige dieser Partituren münden zuletzt in Selbstbehauptung oder Versöhnung, und so sollte es auch beim Hörer sein, der sich erst gern mit der brütenden, lähmenden Stimmung, der aufsteigenden Beklemmung, dem Alptraum identifizieren wird, um dann andererseits aber auch am Sieg über das Grauen und den Nachtmahr teilzuhaben. Wenn diese dramaturgische Entwicklung nicht im Verlaufe eines einzigen Werkes stattfindet, dann können Sie Ihre Musik auch selbst zusammenstellen und dem düsteren Auftakt glättende, tröstende, ausgleichende Musik (siehe »Entspannung« und »Unausgeglichenheit«) oder/und helle, kräftigende Klänge folgen lassen (siehe »Antriebsschwäche« und »Unsicherheit – innere Souveränität«).

Hier noch einmal die drei Schritte: Wenn man sich in diese Schreckenswelt einhört, sie wach und aufmerksam wahrnimmt, wird sich möglicherweise auch die eigene Angst relativieren. Hat man doch in das Uhrwerk des Grauens geblickt! Sodann stabilisiere man seine Innenwelt durch gegensätzliche Klänge und stärke schließlich das eigene *Ich* mit Musik, die zu Selbstsicherheit und Tatkraft führen kann. Hier ist dann »objektive« Musik angezeigt, die weder von den eigenen Nöten des betreffenden Komponisten inspiriert wurde, noch auf diese hinweisen will: Musik aus einer unprätentiösen, natürlichen, unpathetischen Bescheidenheit heraus. Denn nur wer hoch hinaufsteigt, kann tief fallen.

Antriebsschwäche

»Hätt ich tausend Arme zu rühren!
Könnt ich brausend die Räder führen!
Könnt ich wehen durch alle Haine!
Könnt ich drehen alle Steine!«
Wilhelm Müller/Franz Schubert: »Feierabend«

Stimulation ist heute üblich. Quer durch die Altersgruppen geht der Griff zu Mitteln, die wenigstens für den Augenblick in Hochstimmung bringen: Die Jüngeren versetzen sich vielleicht eine »Dröhnung«, die Älteren greifen zu Alkohol. Wir haben es da mit der Musik beträchtlich einfacher: sie ist weder gefährlich noch kostspielig. Wir brauchen nur die Energie, die der Musik innewohnt, in unser Unterbewußtsein überzuleiten und dabei mit unserem Bewußtsein nachzuhelfen.

Man kann nicht immer in Hochform sein. Wenn die Batterie leer ist, ist es selbstverständlich, sich anschleppen zu lassen. Und wenn Sie sich mal geistig oder seelisch »anschleppen« lassen müssen, ist das weder ein Zeichen für Schwäche noch ein Anlaß, sich zu genieren. Ja, es kann – und hier endet das Bild aus dem Straßenverkehr – sogar genußreich sein. Denn Sie wählen, genießerisch, mit dem dezenten Stolz des Kenners, die gewünschte LP oder CD aus, lehnen sich zurück, machen es sich bequem oder gehen an eine leichte, von selbst laufende Arbeit. Die Impulse der Musik sind jetzt die Stromstöße, die Ihrer inneren Batterie wieder auf die Sprünge helfen können!

Die Musik in ihrem klassischen Verständnis besteht aus Melodik, Harmonik und Rhythmus. Die Harmonik ist die jüngste dieser drei Komponenten. Wenn wir uns vorstellen, daß Musik im Prinzip ebenso notiert wird wie gesprochene Rede, dann ist die Melodik die horizontale Ebene, die Harmonik, die sich etwa in der Mehrstimmigkeit aus der Gleichzeitigkeit, dem Zusammenklingen mehrerer Melodien ergibt, die vertikale Ebene. Und der Rhythmus sorgt für die jeweilige Anordnung der Töne in der ablaufenden Zeit.

Wenn es um Antrieb geht, dann werden wir aus den horizontalen Komponenten Rhythmus und Tempo bevorzugen. Bei der von uns benötigten Musik gibt es keine gefühls- und ausdrucksvollen Temposchwankungen, kein Chopinsches Rubato, denn da ist Motorik gefragt. Ob Sie nun nach einer mehr oder weniger erholsamen Nacht morgens langsam »anlaufen« oder nach einem anstrengenden Tag daheim erst einmal wieder allmählich auf Touren kommen müssen: In beiden Fällen empfehlen sich sinfonische Satzpaare.

Sie beginnen mit dem langsamen, dem Mittelsatz etwa eines Klavierkonzertes, lassen Ihre Müdigkeit abklingen und sich dann vom Finale reaktivieren, mitreißen. Wenn Sie auf die langsame Vorbereitung verzichten können oder müssen, weil vielleicht die Zeit fehlt, steht Ihnen auch eine Vielzahl einzelner Stücke zur Verfügung von drei bis zwanzig Minuten – von SKRJABINS donnernder *Klavieretüde op. 8 Nr. 12 dis-moll* bis zu HONEGGERS Lokomotivenhymne *Pacific 231*.

Ich möchte an den Anfang meiner Musikempfehlungen eine Form stellen, die sich durch die Klavierliteratur von Bach bis Chatschaturjan zieht und die für unser Thema besonders geeignet ist: die *Tokkaten* (von toccata – zerhackt), die sämtlich Musterbeispiele für Motorik sind und gleichsam programmatisch mit kleingliedrigen, präzisen rhythmischen Einheiten arbeiten. Für Antriebbedürftige also regelrechte Vitaminschübe!

Beginnen wir bei JOHANN SEBASTIAN BACH. Zu seinen populärsten Orgelkompositionen gehört das Satzpaar *Tokkata und Fuge d-moll*. Nach der bizarren Fantastik der Tokkata wirkt die vierstimmige Fuge ordnend und organisierend; ein idealer zweiteiliger Auftakt für jegliche Arbeit!

Weniger bekannt ist, daß es von Bach auch mehrere *Tokkaten für Cembalo* gibt, die klanglich weniger ausladend sind, dafür aber auch schon dem mittleren Klavierspieler erreichbar. Sie können als wertvolle Ergänzung des bekannten Orgelwerkes dienen.

Auch in seiner Vita spielt die Stadt Leipzig eine Schlüsselrolle: ROBERT SCHUMANN. Mit der strahlenden *C-dur-Tokkata* greift er diese Form wieder auf. Begonnen hatte er sie noch in Heidelberg, beendet dann 1833 in Leipzig. Anhand dieses von Optimismus geprägten hochvirtuosen

Stückes führte Clara, die er damals schon kennengelernt hatte, später gern das Frühwerk ihres Mannes vor.

Ein Jahrhundert später entstand die *es-moll-Tokkata* des Armeniers ARAM CHATSCHATURJAN. Der aus Tiflis gebürtige Komponist ist ein Meister der orientalischen Exotik. Die Außenabschnitte des überaus temperamentvollen Stückes mit ihren rasenden Tonwiederholungen umrahmen wirkungsvoll eine rhapsodisch-schwärmerischen Mittelepisode.

Noch vor der russischen Revolution, 1912, schrieb der damals mit Vorliebe seine Hörer schockierende SERGEJ PROKOFJEW seine *d-moll-Tokkata op. 11*, die stellenweise geradezu alptraumartige Assoziationen auslöst und einen ebenso hohen pianistischen Einsatz fordert wie sie Wirkung zeigt: Maschinen- oder Robotermusik vom Feinsten.

Zehn Jahre später war Härte sogar Mode; man hatte sich gerade vom Plüsch der Jahrhundertwende befreit, trug »neue Sachlichkeit« und Bubikopf und ging mit dem Klavier, einst Salon-Vehikel romantischer Gefühlsergüsse, betont schroff, ja brutal um.

PAUL HINDEMITH bezeichnete das Instrument in seiner *Klaviersuite 1922* als »eine interessante Art Schlagzeug«.

Ganz genauso läßt es BÉLA BARTÓK in seinem *Allegro barbaro* traktieren. Trotzdem fällt die tokkatenähnliche Komposition des Ungarn weit sinnlicher aus als Hindemiths Suite.

Aber auch außerhalb der Klaviertokkaten gibt es jede Menge antriebs- und energiespendende Musik. Die erwähnte Motorik ist dem Gesamtschaffen des großen JOHANN SEBASTIAN BACH überhaupt eigen. Der 1. Satz seines *Violinkonzerts E-dur* wird getragen von freudiger Bewegung – das Kopfmotiv des Dur-Dreiklangs ist so recht ein positives, optimistisches Statement. Und die vielfachen Abwandlungen des Themas werden ineinander verwoben mit Hilfe des durchlaufenden motorischen Bandes. Die übrigen Sätze fügen dem noch inniges, tiefes Gefühl, das ins Melancholische spielt, und überschäumende Lebensfreude hinzu.

Ebenfalls von den »klaren Verhältnissen« des Tonika-Dreiklangs geprägt ist das Kopfmotiv vom 1. Satz des *5. Brandenburgischen Konzerts* – hier noch mit zusätzlicher Wiederholung der Bestandtöne. Der ununterbrochene rhythmische Schrittmacher überträgt sich auf Ihren inneren Puls. Hören Sie doch gleich noch in den besinnlichen langsamen Satz hinein, wo sich zwischen den drei Solisten an Cembalo, Flöte und Violine ein kanonisches Gespräch entspinnt. Das Finale bringt dann wieder jene heitere Rhetorik zurück, jetzt mit ansteckender Spielfreude gepaart.

Bei den Bachschen Konzerten darf natürlich der Hinweis auf das *Italienische Konzert* nicht fehlen, ein brillantes, schwungvolles Werk (und frühes Beispiel einer vorklassischen Klaviersonate), mit dem Bach seine Stilstudien nach den damals modernen italienischen Meistern krönend abschloß, von denen er zwanzig Jahre zuvor noch in Weimar ganze Konzerte für Orgel übertragen hatte. Deutlich zu hören ist die Gegenüberstellung von Solist und Orchester, im Notentext durch »forte« und »piano« angezeigt, was ursprünglich die Anweisung für Manualwechsel auf dem Cembalo darstellte.

Beträchtlich früher als dieses ebenso vitale wie elegante Werk schuf Bach seine einzigartige *Chromatische Fantasie und Fuge d-moll*, ein frühes Beispiel für den »Sturm und Drang« in der deutschen Klaviermusik. Die Fantasie muß auf die Zeitgenossen ob ihrer harmonischen Verwegenheit geradezu provokant gewirkt haben – man bedenke, daß gerade erst die wohltemperierte Stimmung von Saiten und Pfeifen die Nutzung aller heute verfügbaren Tonarten ermöglicht hatte. So bestaunte man damals speziell den improvisierenden Bach: »Dann waren ... alle 24 Tonarten sein; er machte mit ihnen, was er wollte!« Die ausgedehnte Fuge ist, obwohl nur dreistimmig, ein Kompendium der Satzkunst und darüber hinaus ein höchst temperamentvolles Stück Musik. Das Ganze ist ein zweiteiliges Kraftpaket für den aufnahmebereiten Hörer.

Vulkanischer Ausbruch da, titanische Kraftfülle hier: Die längste seiner Klaviersonaten (Nr. 29), die *Sonate für das Hammerklavier* hat LUDWIG VAN BEETHOVEN eigens mit dem Zusatz *Große* versehen. Schon die wuchtigen Akkordschläge des Anfangs, die fünf Oktaven überspannen, signalisieren die im Grunde genommen sinfonischen Dimensionen dieser Klavierschöpfung. Dem kolossalen Kopfsatz läßt der Komponist hier zwei Mittelsätze folgen: Das Scherzo scheint auf Brahms, das berückende Adagio sostenuto gar auf Chopin vorauszuweisen! Doch mit dem gigantischen Finale übertrifft Beethoven dann noch den Anfangssatz. Man kommt bei diesem Werk um Superlative nicht herum! Und als wolle er seine Traditionslinien bekennen, krönt er den zweiteiligen Schlußsatz mit einer Fuge auf ein Thema im Bachschen Geist, aber auf völlig eigene, Beethovensche Weise durchgeführt.

Gleich zwei Sätze kommen in der *Ersten Sinfonie* desselben Kompo-

Antriebsschwäche

nisten als typische Antriebsmusiken in Frage. Das Scherzo arbeitet mit einem ganz simplen Motiv, der steigenden Tonleiter (über anderthalb Oktaven!), die gleichzeitig (man unterschätze nicht die psychologische Wirkung von klangräumlichen Vorgängen!) ein Aufwärtsstreben, eine zunehmende Hochstimmung, kurz: optimistische Verfassung auslöst. Auch das Finale leitet sein Hauptthema von diesem schlichten Motiv ab. Sie können sich kaum einen besseren Energiespender aussuchen als dieses Satzpaar.

Auch Beethovens *Zweite Sinfonie* hat einen relevanten Satz, das Finale. Hier kommt noch ein eröffnendes Willensmotiv hinzu – mit einen Riesensprung setzt es über anderthalb Oktaven. Der Umstand, daß dieses lebensfrohe, ja überschäumende Werk aus der finstersten Zeit in Beethovens Biographie stammt, belegt die häufige Asynchronität zwischen Leben und Schaffen (häufig haben sich die Komponisten von ihren aktuellen Problemen auch »freigeschrieben«). 1802 trug er sich sogar mit Selbstmordgedanken, das «Heiligenstädter Testament» stammt vom Oktober jenes Jahres. »Bedenket nur, daß seit sechs Jahren ein heilloser Zustand mich befallen ... in der Hoffnung, gebessert zu werden, betrogen ... mit einem feurigen, lebhaften Temperamente geboren ... so nehme ich denn Abschied ...« Nach diesem erschütternden Dokument brachte Beethoven dann seine *Zweite* zu Papier; richtig gehört hat er sie schon nicht mehr.

Genau zehn Jahre später beendete er die *Siebente*. Wenn Wagner hier von einer »Apotheose des Tanzes« spricht, so beweist sich diese Charakteristik vor allem im 1. Satz: Einer ausgedehnten langsamen Einleitung folgt ein mitreißendes Vivace auf schwingendem 6/8-Grund, dessen punktierte Rhythmen einen besonderen Effekt von Leichtigkeit erzeugen. Da dieser Rhythmus durchgeht, gewinnt der gesamte Satz etwas Beschwingtes: tänzerische Motorik!

Auch klassizistische Eleganz ist mit Schwung und Verve durchaus vereinbar. Einen schönen Beweis liefert das Finale von FELIX MENDELSSOHN BARTHOLDYS *Violinkonzert e-moll*. Wenn nicht die elementare Wucht zum Anpacken großer Vorhaben gefragt ist, sondern heiteres Brio, gepaart mit unbeschwertem Frohsinn – »frohgemut« heißt das schöne deutsche Wort –, dann ist dies die rechte Musik dafür.

Vom gleichen Schlag ist der heitere Kehraus in WOLFGANG AMADEUS MOZARTS *Violinkonzert G-dur Nr. 3*. In verspielt leichtfüßigem 3/8-Takt führt der Komponist mit seiner überschäumenden Klangfantasie eine Fülle musikalischer Gedanken vor – einer schöner als der andere –, ohne aber den Hörer zu strapazieren oder gar zu überfordern. Hier wird zugleich die Vielfalt des Lebens und der Lebenswahrnehmung demonstriert.

Edler romantischer Schwung beseelt den Schlußsatz von ROBERT SCHUMANNS *a-moll-Klavierkonzert*, der (als harmonische Schluß-Aufhellung) in der Tonartvariante A-dur steht. Kräftige Akzente setzen die Hornmotive und die klaren Dreiklänge des ersten Themas. Pikant wirkt die Rhythmisierung des Seitengedankens mit seinen überraschenden Synkopen. Optimistisch endet der Satz und mit ihm eines der schönsten Klavierkonzerte überhaupt.

Es ist ganz natürlich, daß gerade Konzerte in ihren Finalsätzen besonders energie- und schwungbetont sind. Pikante ungarische Einfärbung hat das temperamentvolle Finale des *2. Klavierkonzerts* von JOHANNES BRAHMS. In diesem Rondo schlagen sich einmal mehr die magyarischen Motive (gewöhnlich pseudofolkloristisch) nieder, die der Komponist seit seiner Begegnung mit dem Geiger Reményj und seinen eigenen Ungarnreisen nicht mehr losließen und die sich nicht zuletzt in den *Ungarischen Tänzen* für Klavier zu vier Händen manifestierten. Eine Einfärbung, die etwa dem orientalischen Akzent der »Petersburger Fünf« (beispielsweise Borodin) entspricht. Ähnlich verhält es sich mit dem Finale von Brahms' *Violinkonzert*. Das feurige Hauptthema mit den bekannten Doppelgriffen (anfangs nur Terzen) wird dann im Höhepunkt des Satzes verknappt – eine atemberaubende Stelle, die einen emotionalen Stau verursacht, wie man ihn im Konzertsaal nur selten erlebt. Mit dieser Musik im Herzen, im Ohr oder auch auf den Lippen spüren Sie plötzlich frische Kräfte.

Russische Musik signalisiert als Erkennungsmerkmale rhythmische Vitalität und melodisch-harmonische Gefühlsintensität. Ihr Stammvater, MICHAIL GLINKA, komponierte zwei Opern, die zugleich den Beginn der russischen Nationaloper markierten. Die Ouvertüre zur zweiten, *Ruslan und Ludmilla*, nach einem Märchenstoff von Alexander Puschkin, ist reinster Champagner, die ideale »Befeuerung« vor jeglichen Aktionen oder Entschlüssen!

Glinka war das Idol seines inzwischen weitaus bekannteren Landsmannes PJOTR ILJITSCH TSCHAIKOWSKY. Unter dessen sieben Sinfonien

Antriebsschwäche 47

(die *Manfred-Sinfonie* mitgezählt) gehört die *Zweite* zu den weniger gespielten. Der Komponist schrieb sie vorwiegend auf dem Landgut seiner Schwester in Kamenka, einem Dorf nahe Kiew. Aufgrund der hier verwendeten Volkslieder wird sie auch die *Ukrainische* genannt. Hinreißend das Finale mit einer Variationsreihe auf das Lied »*Der Kranich*« - rassiges, handfestes Temperament, musikalische Vollwertkost.

Vielleicht muß man gelegentlich einmal tief deprimiert sein, um das Glück wieder in seiner blendenden Fülle spüren zu können. So erging es dem Komponisten, als er nach der Katastrophe seiner Alibi-Heirat in ein tagelanges Koma gestürzt war und dann ins Ausland floh - nur fort! Großzügige Unterstützung durch seine platonische Freundin Nadeshda von Meck ermöglichte ihm erst einmal ein Jahr Urlaub vom Dienst am Moskauer Konservatorium. Jetzt atmet er wieder durch - das Leben kann doch noch schön sein! Die südländische Natur verwöhnt ihn, er schreibt sein jubelndes *Violinkonzert*, von dem Eduard Hanslick (jener geistreiche, wenngleich subjektive Brahms-Apologet und Wagner-Hasser) schreibt, es erinnere ihn an »Bilder, die man stinken sehe« ...

Hanslick zum Trotz möchte ich Ihnen diese vollblütige Musik dennoch ans Herz legen - es ist ja nicht das erste Mal, daß Menschen mit unterschiedlicher Gefühlslage einander nicht begreifen können. Wenn Sie eine Antenne oder ein Herz für Tschaikowsky haben, kommen Sie an diesem vehementen Konzert ohnehin nicht vorbei. Die gewünschte Energie erhalten Sie aus dem Kopfsatz mit dem willensbetonten ersten und dem leidenschaftlich drängenden zweiten Thema.

Neben der Motorik ist es die Folklore, die vielen Werken der Tonkunst ihren besonderen Schwung verleiht, auf den es uns ja in diesem Zusammenhang ankommt. Und wo Folklore ist, da geht es oft sehr farbenreich zu. Wenn Sie sich für diese Art Musik entscheiden (siehe auch die Kapitel »Entspannung ... Meditation« und »Fernweh«), können Sie jede Woche Ihre Antriebsmusik wechseln und kommen mühelos über das ganze Jahr, ohne sich zu langweilen - mit immer neuen Klangkolorits!

Die Russen hatten - nicht zuletzt aus klimatischen Gründen - schon immer ein spezielles Faible für den Süden, den sie nach Möglichkeit und Maßgabe ihrer Finanzen denn auch alljährlich aufsuchten. Bei NIKOLAI RIMSKI-KORSAKOW kommt noch hinzu, daß er als Marineoffizier lange genug zur See gefahren war. Sein *Capriccio espagnol* versprüht in den letzten drei Sätzen – Alborado, Zigeunerszene, Fandango – schönstes spanisches Temperament im entsprechenden Klanggewand.

Aber schließlich gibt es ja schon seit den Zaren einen »russischen Orient«, von dem man sich inspirieren lassen konnte, und als Fenster zum Osten galt seit jeher der Kaukasus. Aus Armenien stammt der bereits erwähnte ARAM CHATSCHATURJAN. Vom ihm sei hier neben der *Tokkata* das *Violinkonzert* empfohlen, ein ebenso rassiges wie populäres Werk. Der Kopfsatz ist eine gelungene Kombination aus Motorik und kaukasischer Folklore. Wenn Sie sich bei den vorderorientalischen Melodiewendungen und damit verbundenen pikanten Harmonien wohl fühlen, hören Sie doch auch noch das elegante Andante, einen leicht exotisch eingefärbten Walzer à la Tschaikowsky und vorzügliche Bewegungsmusik; die kräftige Komponente, jetzt europäischer als im Kopfsatz, liefert dann das Finale.

SERGEJ RACHMANINOW, nach Amerika emigriert, stand unfreiwillig bei etlichen Filmmusiken aus Hollywood stilistisch Pate. Noch in Rußland hatte er nach dem Mißerfolg seiner *Ersten Sinfonie* eine schwere seelische Krise durchgemacht. Die Behandlung durch den Moskauer Psychotherapeuten Nikolai Dahl vermittelte ihm wieder Lebensmut und Schaffenskraft. Aus Dank widmete der Komponist diesem Arzt das aus neuem Schwung entstandene, längst zum Weltbesitz gewordene *2. Klavierkonzert*. Dem antriebsbedürftigen Hörer sei der Einstieg in den Mittelsatz empfohlen, damit er sich dann von der Verve und den weitausschwingenden Themen des Finales mitreißen lassen kann.

»Energie durch Musik« – dieses Kapitel wäre unvollständig ohne Verweis auf zwei *Klavierkonzerte* von SERGEJ PROKOFJEW. Das einsätzige *Erste* in Des-dur war die geniale Examensarbeit des Konservatoriumsstudenten, die er selbst uraufführte: jugendlicher Elan schlechthin!

Eine harmonisch härtere »Gangart« schlägt der Komponist dann im Finale seines *3. Klavierkonzerts* an. Geschrieben in den expressionistischen Auslandsjahren – begonnen unmittelbar nach der *Klassischen Sinfonie* 1917 und uraufgeführt Ende 1921 in Chicago –, stellt es den Solisten vor ebenso schwierige wie dankbare Aufgaben. Und wiederum beschränkt sich der Schlußsatz nicht auf Motorik (die Maschine galt bei den jungen russischen Künstlern als Synonym für jeglichen Fortschritt), sondern entfaltet eine breite Gefühlsskala.

Das 19. Jahrhundert steht musikhistorisch unter dem Zeichen der erwachenden Nationalkulturen. Vor allem die in der habsburgischen Doppelmonarchie zusammengefaßten Völker begannen, nun auch ihre musikalische Eigenständigkeit zu suchen und mit Stolz und Engagement ihren Beitrag für das europäische Konzert zu leisten. Und da die Neuankömmlinge in der Regel mit frischen Kräften ausgestattet waren und den Kopf voll von Melodien und Rhythmen ihrer heimischen Folklore hatten, konnte man sicher sein, daß es hier zu neuartigen und temperamentvollen Verbindungen mit dem klassischen Kompositionshandwerk der »alten« Musikländer kommen würde. Die Großen hatten diese Chance sofort begriffen; bekannt ist etwa das begeisterte Lob des alten Liszt für die »Russischen Fünf« oder der Jubel Brahms' über die Naturbegabung ANTONÍN DVOŘÁKS: »Der Kerl hat mehr Ideen als wir alle!« Die sogenannte *Pastorale* des böhmischen Komponisten, die als fünfte entstandene und wegen der Druckausgabe fälschlich als dritte geführte *Sinfonie in F-dur* hat als Finale einen leidenschaftlich beschwingten Satz.

Wenn schon Antrieb von Dvořák, dann muß auch vom Scherzo der *Sechsten Sinfonie D-dur* gesprochen werden (mitunter fälschlich, wiederum wegen des Drucks, als Nr. 1 gezählt) – ein wirbelnder Furiant!

Es wäre geradezu sträflich, in diesem Zusammenhang das rassige Finale Allegro con fuoco seiner *Neunten Sinfonie »Aus der Neuen Welt«* unerwähnt zu lassen; mit dieser teils von Heimatklängen, teils von indianischen Weisen inspirierten Partitur schlug der Böhme noch vor Gershwin eine sinfonische Brücke zwischen Europa und Nordamerika; daß sogar etwas vom Drive des frühen Jazz in den Schlußsatz eingedrungen ist, kann bei einem Erzmusikanten wie Dvořák, der mit offenen Ohren durch seine Zeit ging, kaum überraschen ...

Entgegen gewissen Vorurteilen gibt es auch im Norden Temperament, das dann wiederum Energie erzeugen kann. Das romantisch beschwingte *a-moll-Klavierkonzert* des in Leipzig ausgebildeten EDVARD GRIEG nutzt im Finale norwegische Volkstanzrhythmen in plastischer Formulierung; ein liedhaftes Seitenthema führt den Satz zu einem triumphalen Abschluß.

Auch moderne Klänge wie die des ersten ungarischen Komponisten, der überhaupt erst klarstellte, daß ungarische Musik nicht mit Zigeunermusik identisch ist, vertragen sich hervorragend mit dem motorischen Element. So prägt Motorik den 2. Satz Allegro von BÉLA BARTÓKS *Musik für Saiteninstrumente, Schlagzeug und Celesta*. Gerade mit dem nachfolgenden mystischen Adagio und dem abschließenden spielfreudigen Allegro molto gibt es eine äußerst anregende und gleichzeitig vertiefende Kombination: Antrieb durch Motorik, Meditation und Kräftesammlung durch rätselhafte Streiflichter aus dem Unterbewußten, Befreiung und Aktivierung durch die Fröhlichkeit und Natürlichkeit der Volksmusik.

Es gibt natürlich auch regelrechte Produktions- oder Industriemusik, die ganz konkrete Arbeitsabläufe demonstriert, an die man sich nur noch »anzukoppeln« braucht. Allen voran das frenetische Hohelied auf eine Schnellzuglokomotive vom Typ *Pacific 231* von ARTHUR HONEGGER.

Nicht nur die russischen Komponisten, sondern auch die Pariser Avantgarde schwärmte für den Triumph der neuen Technik. Ravel liebte ebenso wie Rachmaninow schnelle Autos, SATIE (*Parade*) setzte ebenso wie der Amerikaner ANTHEIL (*Ballet mécanique*) Flugzeugmotoren und Schreibmaschinen als Orchesterinstrumente ein. Honegger begnügte sich allerdings mit dem konventionellen Instrumentarium, um das allmähliche In-Fahrt-Kommen des imposanten Kolosses zu schildern, der die endlosen Güterzüge von der Atlantik- zur Pazifikküste der Vereinigten Staaten zieht. Und wenn er seine Spitzengeschwindigkeit erreicht hat, ertönt eine Art Bach-Choral – als Apotheose auf eine Technik, die dem Menschen Segen bringt.

Was seit Bach die Motorik der klassischen Musik (im weitesten Sinne) ist, ist im Jazz der Drive. Schon die ersten Kontakte europäischer Komponisten mit dem afro-amerikanischen Jazz wirkten sich ungemein befruchtend aus. Da ist als einer der ersten nach Debussy der wieselflinke IGOR STRAWINSKY mit seiner *Geschichte vom Soldaten* und schon bald mit dem witzigen, nonchalanten *Ragtime* zu nennen. Später schrieb der inzwischen in die USA Emigrierte unter anderem das *Ebony Concerto*, eine rassige Partitur für den legendären Paul Whiteman, der sich geradezu missionarisch dem »sinfonischen Jazz« verschrieben und GERSHWIN den Auftrag gegeben hatte, die *Rhapsody in Blue* zu komponieren.

Derweil waren aber auch andere dem Import aus Übersee verfallen. Doppelt merkt sich bekanntlich besser – in der Musikgeschichte haben uns einige Komponisten den Gefallen getan, im selben runden Jahr zur Welt zu kommen. Bach und Händel 1685, Schumann und Chopin 1810,

Antriebsschwäche 51

Verdi und Wagner 1813. 1900 wurden geboren KURT WEILL und ERNST KRENEK. Beide waren sie hochseriös und konventionell ausgebildet – bei Schreker, Humperdinck und Busoni –, was sie nicht hinderte, für ihre revolutionierenden Bühnenstücke *Die Dreigroschenoper* und *Jonny spielt auf* auch Saxophon und Schlagzeug einzusetzen. Kurt Weills raffiniert-provokante Songs auf Texte von Bertolt Brecht haben sich als selbständig lebensfähig erwiesen, ja einige sind zum Höchsten aufgerückt, was eine Melodie heute in der lebendigen Musizierszene werden kann: zum Ohrwurm, den die Leute nachpfeifen, und zum »Standard«, über den die Jazzmusiker improvisieren. Den unverwüstlichen *»Mackie-Messer-Song«* und die anderen tragenden Melodien hören Sie am vergnüglichsten in der *Kleinen Dreigroschenmusik* – als eine Art saloppes Brainstorming, wie man es heute nennt, zur *»Suite für Orchester«* zusammengestellt.

Wenn wir Energie aus »salonfähigem« Jazz beziehen, dann gehört natürlich das mitreißende (leider einzige) *Klavierkonzert in F-dur* von GEORGE GERSHWIN ins Programm. Im Ragtime-Rhythmus steht das Hauptthema des Kopfsatzes, das lyrische zweite Thema lebt aus den für Gershwin typischen Synkopen. Das hämmernde Rondothema des fulminanten Finales würde ebensogut in die Tokkaten-Galerie von oben passen; es treibt dermaßen an, daß man sich dieser Dynamik gar nicht mehr entziehen kann, und ein melodiöses Seitenthema hat direkt Rachmaninowsche Weite des Atems.

Es gibt Lieder, die ihre musikalischen Motive direkt aus »industrieller Motorik« beziehen, so von JOHANNES BRAHMS *»Der Schmied«* auf einen Text von Uhland:

Ich hör meinen Schatz,
den Hammer er schwinget,
das rauschet, das klinget,
das dringt in die Weite,
wie Glockengeläute,
durch Gassen und Platz.

Dazu das wuchtige Niedersausen des Schmiedehammers, aber alles getragen von einer elementaren Freude an Kraft und Nützlichkeit.

Ähnliches erwartet uns, allerdings ohne das Lodern der Flammen, in FRANZ SCHUBERTS Zyklus *Die schöne Müllerin*. Da heißt es im 5. Lied, *»Am Feierabend«*

> Hätt ich tausend Arme zu rühren!
> Könnt ich brausend die Räder führen!
> Könnt ich wehen durch alle Haine!
> Könnt ich drehen alle Steine!

Interessant zu hören, wie der Komponist das mächtige Räderwerk, das die Mühlsteine knirschend bewegt, sinnfällig macht: mit »rundlaufenden« Dreiklangsbrechungen in trotzigem Moll und durchgehendem Sechzehntel-Band im 6/8-Takt. Unterstützt wird dieser unablässige »Kreisel« durch jambisch rhythmisierte Achtel-Tupfen, die dem imposanten Treiben noch zusätzlichen Schwung geben. Und warum dieser Wunsch des verliebten Müllergesellen?

> ... Daß die schöne Müllerin
> merkte meinen treuen Sinn ...

Wenn das kein Antrieb ist!

Aufstehen – Tagesbeginn

»Die Liebe ist das leuchtende Frührot
jedes Herzens.«
Franz Liszt: Vorwort zu »Les Préludes«

Suchen Sie für den Morgen, fürs allmähliche Munterwerden, nochmalige Sammeln und endliche Aufspringen, für die tausend Verrichtungen vor dem Aufbruch (zum Dienst, zur Arbeit, Schule, in Uni oder Büro) geeignete Musik? Musik, die für alle diese Belange etwas bietet, ohne aufdringlich zu sein und ohne genaues Zuhören zu verlangen, die Ihnen aber dennoch Ordnung, Antrieb und vielleicht noch ein bißchen Besinnung bietet? Die gibt es in Hülle und Fülle – sozusagen »Klassik zum Frühstück« oder »Klassisch Aufstehen«, wie in Berlin zwei der meistgehörten Live-Sendungen mit klassischer Musik heißen.

Warum sich das Unumgängliche nicht musikalisch versüßen und erträglicher machen? Zweieinhalb Jahrhunderte europäische Musikgeschichte bieten eine so breite Palette, daß für Sie bestimmt etwas Passendes dabei ist. Es ist ja sekundär, *warum* man munter wird – Hauptsache, es geschieht mit guten Gefühlen und einer erfreulichen Aussicht.

Ein gutes Entree ist schon das halbe Programm, und der erste Eindruck ist immer entscheidend: der, den man auf sich selbst macht, genau wie der, den man sich von einem neuen Tag verschafft. Auftakt des Tages, Auftakt einer Beziehung, Auftakt einer Aktivität – alles braucht Schwung, und für diesen Schwung ist weitgehend gesorgt. Am Morgen verfügen wir über die Kraft, die der Organismus, einem Akkumulator gleich, über Nacht aufgeladen hat. Dafür gibt es Analogien. Als Verliebte etwa bekommen wir von der Natur soviel neue Kraft, daß wir oft unser ganzes Leben über den Haufen werfen und glatt die Welt aus den Angeln heben könnten. Der Bühnenkünstler kennt einen ähnlichen Effekt beim Hinaustreten ins blendende Scheinwerferlicht: Im Vollgefühl eines runden Lampenfiebers teilt ihm der Körper plötzlich regelrechte Aufputschmittel in Form von Adrenalinschüben zu.

Soviel zur Schlüsselbedeutung des Auftaktes. Wir beschäftigen uns hier natürlich nur mit dem Tagesbeginn (verwiesen sei auch auf die Kapitel »Midlife-crisis und Neubeginn« sowie »Antriebsschwäche«). Das positive Anpacken eines neuen Tages schließt besinnliche Momente keineswegs aus, sondern kann sie durchaus gebrauchen. Nichts geht beispielsweise über ein leichtes, zwangloses Überdenken des Bevorstehenden, noch ehe man sich erhebt. Niemals würde ich zu morgendlichen Roßkuren per Musik raten, niemals zu hektischer, dröhnender, brutaler Musik, auch nicht zu direkter Antriebsmusik und schon gar nicht zu den unter »Aggression« empfohlenen Klängen. Am Morgen sollten wir freundlich mit uns und der Umwelt umgehen, heiter und beschwingt. Wem das manchmal schwerfallen sollte, weil der betreffende Tag vielleicht nicht nur Erfreuliches bereithält, der sollte einmal nachdenken, wofür er dankbar sein kann und worüber er wirklich froh sein darf. Das mag Gesundheit sein, Zuneigung, Vorfreude – und wenn es »nur« die Freude auf den Feierabend ist, denn dann ist der Tag schließlich überstanden.

Ideal eignet sich für einen lockeren, leichtbeschwingten Tagesbeginn Kammermusik barocker Meister – Sonaten und Concerti für mannigfache Besetzungen. Allen voran aus der Feder des unerschöpflichen ANTONIO VIVALDI, der immerhin zu den größten indirekten Lehrmeistern des jungen Bach gehörte. »Il prete rosso«, der Priester mit dem roten Haarschopf, war ein großartiger Geiger und verdiente sich seinen Unterhalt vorwiegend durch die musische Betreuung des berühmten venezianischen Waisenhauses Pietà. Das hatte neben seiner existentiellen Bedeutung auch noch einen charmanten Nebenaspekt: Es handelte sich um ein Waisenhaus für Mädchen, das auch ein (für seine Qualität bekanntes) Orchester unterhielt. Für dieses anmutige Ensemble schuf Vivaldi die meisten seiner insgesamt rund 400 Konzerte, damals noch als *Concerti* bestechend kurz und von keinem romantischem Gefühlsüberschwang belastet, so daß sie durchaus auch als Hintergrundmusik (im guten Sinne) fungieren können.

Gewöhnlich sind es drei Sätze, deren Beschaffenheit sich bestens mit der angedeuteten Dreiheit des morgendlichen Musikbedarfs deckt: fröhliches Munterwerden, kurze Besinnung, Antrieb zum Aufstehen und zu diversen Aktivitäten. Das italienische Concerto – ein ideales Dreigestirn!

Der schönste Wecker ist natürlich die Zärtlichkeit eines geliebten Menschen. Von FRANZ SCHUBERT gibt es zwei berühmte *Ständchen*. Das eine ist eine Serenade – *»Leise flehen meine Lieder«* aus dem *Schwanengesang Nr. 4* –, das andere könnte als Auftakt zum Tage verstanden werden, hätte der Sänger nicht auch hier durchaus eigennützige Motive. Denn zuletzt heißt es in dem *Ständchen D 889* »Horch, die Lerch' im Ätherblau«, (die erste Strophe aus Shakespeares »Cymbeline«, die anderen von Reil), nachdem die Wunder der schwindenden Nacht geschildert wurden:

Und wenn dich alles das nicht weckt,
so werde durch den Ton
der Minne zärtlich aufgeneckt!
O dann erwachst du schon!
Wie oft sie dich ans Fenster trieb,
das weiß ich, drum steh auf,
und habe deinen Sänger lieb,
du süße Maid, steh auf!

Der leicht hüpfende Reiter-Rhythmus deutet auf die Fortsetzung der Anfangszeile:

Und Phöbus, neu erweckt,
tränkt seine Rosse mit dem Tau ...

Wem zu einem erfrischenden Morgenspaziergang Zeit, Lust oder Gelegenheit fehlt, der kann sich musikalisch auf den Weg machen: mit HUGO WOLFS *Fußreise* nach Eduard Mörike, beschwingt durch einen lustigen Spazier-Rhythmus:

Am frischgeschnittnen Wanderstab,
wenn ich in der Frühe
so durch die Wälder ziehe ...
so fühlt auch mein alter, lieber
Adam Herbst- und Frühlingsfieber ...

Wenn Zeit genug ist, geht's sogar aufs Land. *»Ging heut morgen übers Feld«* – mit der Melodie des fröhlichsten seiner *Lieder eines fahrenden*

Gesellen eröffnet GUSTAV MAHLER seine *Erste Sinfonie*: Neubeginn, Auftakt des Tages nach dem Kräftesammeln der Nacht, Erneuerung der Natur. Und später singt im erwähnten Lied noch der «lust'ge Fink».

Vogelstimmen ganz anderer Art, exotisch bis mystisch, können wir als Eröffnungsmusik des werdenden Tages bei OLIVER MESSIAEN hören – in *Le réveil des oiseaux* für Klavier und Orchester. Nebenbei stellt diese Partitur eine der geistreichsten, ausgeklügeltsten Kompositionen überhaupt dar, denn die zahllosen Vogelstimmen werden ausschließlich mit dem üblichen Instrumentarium des Sinfonieorchesters erzeugt und nicht etwa, wie in Respighis *Pinien von Rom*, über eine Schallplatte eingespielt.

Das Erwachen der Welt aus dem unerschaffenen, pränatalen Dämmerzustand hat ein Ballett zum Gegenstand, das drei Jahrzehnte vor Messiaens Vogelpartitur entstand: *La création du monde* von DARIUS MILHAUD. 1923 hatte der französische Komponist auf einer USA-Reise erste Berührungen mit dem Jazz gehabt und seine Eindrücke sogleich umgesetzt. Die rassige Ballettsuite bringt nach der Ouvertüre noch fünf Sätze – schildernd das Urchaos, das Aufkeimen von Leben in Flora und Fauna, die Geburt des Menschen, die Liebe des ersten Paares sowie ihr Erleben des ersten Frühlings.

Ein großartiges »*Lever du jour*« – »Morgengrauen« – eröffnet die *2. Orchestersuite* nach dem Ballett *Daphnis und Chloe* von MAURICE RAVEL. So feinnervig und differenziert hat kein anderer das Erwachen des Tages in Klänge umgesetzt – Lichtwirkungen, Vogelstimmen, Klangfarben wie dem Spektrum nachgeschaffen – und schließlich das imperiale Aufsteigen des Feuerballs am Horizont. Nicht zuletzt dieses grandiosen Eingangssatzes wegen ist die zweite Suite populärer als die erste.

Der große Erneuerer der westeuropäischen Musik, CLAUDE DEBUSSY, hat uns ebenfalls einen hinreißenden Sonnenaufgang hinterlassen – den 1. Satz seiner sinfonischen Skizzen *La mer* mit der Überschrift »*Vom Morgengrauen bis zum Mittag auf dem Meere*«: ein imposantes und trotz aller Majestät des Elementes doch fein gearbeitetes Klanggewebe.

Debussy hat ihn hoch geschätzt, als kühnen Neuerer der Klangsprache: MODEST MUSSORGSKI. Aus seiner unvollendeten Oper *Die Chowanschtschina* stammt das Orchestervorspiel »*Sonnenaufgang über der Moskwa*«, eine grandiose, friedvoll beginnende und kraftvoll endende Hymne auf das Licht; nicht fehlen darf das majestätisch schwingende orthodoxe Glockengeläut.

Aufstehen – Tagesbeginn

Eine überaus populäre, wenngleich recht knapp formulierte *Morgenstimmung* atmet nordischen Geist und die leicht schwermütige Weite der Fjordlandschaften, war aber kurioserweise als Bühnenmusik für einen in Afrika spielenden Akt bestimmt. EDVARD GRIEG schuf auf Bitten von Henrik Ibsen insgesamt 24 Nummern zu dessen Drama *Peer Gynt*; die acht erfolgreichen hat er in zwei Suiten zusammengefaßt, deren erste mit jener *Morgenstimmung* beginnt. Anschaulich und zu Herzen gehend schildert die Musik das allmähliche Aufkeimen des Lichtes, das Aufsteigen des Sonnenballes. Aus der zarten Flötenmelodie wird ein Jubelgesang der Lebensfreude.

Aber auch in einer Großstadt beginnt jeden Morgen ein neuer Tag, und Gott seit Dank gibt es ja durchaus so etwas wie »Urban-Romantik«. Nehmen Sie nur das geradezu verzauberte Bild Ihrer Stadt (und sei es eine Millionen-Metropole), wenn mal die Straßen menschenleer sind. Diesen Glücksfall gibt es eigentlich nur noch bei Fernsehübertragungen von Länderspielen, an Heiligabend, jeden Sonntagmorgen oder sonst täglich gegen halb fünf in der Frühe. Wer für diese rare Stimmung empfänglich ist, greife zur *London Symphony* des wohl bedeutendsten britischen Instrumentalkomponisten um die Jahrhundertwende – VAUGHAN WILLIAMS. Die Themsestadt erwacht unter den Klängen der Glocken von Westminster. Die unüberhörbaren impressionistischen Elemente verweisen auf Debussy.

Oder erwachen Sie lieber in Rom? Eine poetische Mischung aus antikem Zauber und morgendlicher Stadtlandschaft führt uns OTTORINO RESPIGHI mit seinem »*Tritonsbrunnen*«, dem 2. Satz der *Fontane di Roma* – »Römische Brunnen« – vor. In der frühen Stunde sind die Fabelwesen noch ganz unter sich und tummeln sich in ihrem Element. Mit zunehmendem Glanz der steigenden Sonne wird das Treiben der Tritone und Nixen dann immer ausgelassener – bis die Sonne ihre volle Helligkeit erreicht hat.

Soweit Tagesauftakt auf österreichisch, französisch, russisch, norwegisch, englisch und italienisch. Doch was ist mit den deutschen Komponisten? Waren das alle Langschläfer? Die Ehrenrettung kommt von RICHARD STRAUSS, der gleich zwei prachtvolle Morgenmusiken beisteuert. Die eine leitet seine Sinfonische Fantasie *Aus Italien* ein. Die Campagna Romana ist das Szenarium für den strahlenden Sonnenmorgen. Als man dem Komponisten vorwarf, er habe sich hier »Ansichtskartenmusik« geleistet, konterte er – ganz im Sinne Beethovens (der über seine Sechste Sinfonie sagte, »mehr Ausdruck der Empfindung als Malerei«) –: der Inhalt bestehe in den Empfindungen beim Anblick der herrlichen Naturschönheiten Roms und Neapels, nicht in der Beschreibung derselben.

Wenn *Aus Italien* seine erste bedeutende Partitur war, so erreicht das Strauss-Orchester in der dreißig Jahre später beendeten *Alpensinfonie* einen von ihm selbst nicht mehr überbotenen Höhepunkt. Zur Erzeugung der teilweise offen naturalistischen Klangeffekte tragen neben vier Wagner- und zusätzlich zwei Baßtuben noch je vier Hörner, Trompeten, Posaunen sowie Wind- und Donnermaschine und ein ganzes Streicher-Heer bei (allein 18 erste, 16 zweite Geigen). Hinter dem Podium, für Klangwirkungen aus der Ferne, stehen 12 (in Buchstaben: zwölf) Hörner bereit. Und der plastischen Wirkung wegen setzt Strauss sogar originales Herdengeläut von der Alm ein!

Wie er hier zu Beginn nach der düsteren, nur allmählich sich erhellenden Nacht das Aufkeimen des Lichtes schildert, wirkt direkt andachtsvoll, bis dann der Sonnenaufgang zu einer orgiastischen Steigerung führt. Die enormen Dimensionen und die üppige Besetzung dieser Partitur wurzeln einesteils in der Gigantomanie der wilhelminischen Ära, andererseits in der süddeutschen Kraftnatur des Komponisten selbst.

Einsamkeit

»Das Innerste der Welt ist Einsamkeit.«
Giovanni Pierluigi da Palestrina

Die Einsamkeit hat viele Gesichter. Sie ist ein Unglück, wenn sie zum Dauerzustand wird, wenn ein Mensch den Kontakt zur Umwelt verliert. Oft bedeutet sie aber auch die Chance und Gelegenheit, sich selbst und seine Situation kennenzulernen, seine Beziehungen zur Umwelt zu überdenken und vielleicht sogar erstmals zu begreifen. Einsamkeit ist eine der wenigen Gelegenheiten, mit dem Urgrund des Lebens in Kontakt zu treten, sich aus dem Würgegriff der Hast und aus der Oberflächlichkeit des Informationskultes zu befreien und nachzusinnen, zu lauschen, zu ahnen und zu hoffen.

Die Einsamkeit, richtig gesehen und als Chance bejaht, kann verhelfen zu

○ Klärung seiner selbst und der Situation, in der man sich befindet
○ Hoffnung und Zuversicht aus innerer Festigkeit
○ innerer Unabhängigkeit gegenüber einem Menschen, dem man allzusehr verhaftet ist oder den man verloren hat
○ Unabhängigkeit von Süchten und zwanghaften Bedürfnissen
○ Bewältigung von Beziehungskrisen
○ Wiederherstellung eines gestörten Selbstgefühls
○ Sinnfindung in verworrenen oder scheinbar ausweglosen Situationen
○ Fortschritten in kreativen Prozessen.

Einsamkeit kann also Chance sein zur Persönlichkeitsausprägung, Krisenbewältigung, Konzentration und Kreativität.

Wie kann nun Musik helfen, diesen Zustand der Einsamkeit erst einmal anzunehmen, zu ertragen, dann aber auch positiv einzusetzen?

Schon aus der Entstehung von Musik ist das konzentrierte Alleinsein nicht wegzudenken. Der von Visionen begleitete, von rauschhaften Zuständen belohnte Weg des Künstlers führt durch menschenleere Gefilde. Es beginnt mit der Einsamkeit des Kindes – in einer biographischen Phase, wo üblicherweise fröhliche Gemeinschaft dominieren sollte. Der künftige »Priester Apolls« muß sich frühzeitig absondern, zumindest für einen Teil des Tages, muß in inneren Dialog mit sich selbst treten, sich disziplinieren lernen und seine innere Klangwelt aufbauen – eine Arbeit, die ihm kein noch so guter, einfühlsamer Lehrer, kein noch so gelungenes Lehrwerk abnehmen kann. Des Lernens, Kennenlernens, Probierens ist da kein Ende. Und ebensowenig des Staunens, denn der wahre Künstler wird immer etwas von einem Kind behalten.

Die bewußte Beschäftigung mit der Tonkunst vermag diesen »Dialog mit sich selbst« auch beim Hörer zu entwickeln.

Wenn man von der modernen Technik, namentlich von den neuen Medien spricht, dann gehört es fast schon zum guten Ton, auf sie zu schimpfen. Tatsächlich wurde und wird auf diesem Sektor noch immer bedenken-, oft auch nur gedankenlos gesündigt. Aber man sollte nicht vergessen, daß auch die Medien mit ihren phantastischen Möglichkeiten stets nur das Werk von Menschen und Werkzeug in Menschenhand sind. Es gibt keine Medien an sich, es gibt nur schlechte Verwalter der Medien, denn ihre Wirkung ließe sich theoretisch durchaus aufs Positive beschränken. Eine wichtige Fähigkeit der Musik wird gerade durch die Massenmedien Fernhören und -sehen sowie die Klangaufzeichnung per Platte oder Band vervielfacht; ich spreche von ihrer *gemeinschaftsbildenden Funktion*.

Musik kommt zwar aus der Einsamkeit, stiftet aber – selbst in Einsamkeit ausgeübt oder aufgenommen (wie es heute, durch die Entpersönlichung der Interpretation, durch die »Klangkonserve« möglich ist) – wieder Gemeinsamkeit, ob konkret oder imaginär. Ein Beispiel.

Dieses Buch wendet sich ja an die Musik*hörer*; deshalb bleibt hier der Sonderfall der musizierenden Gemeinschaft unberücksichtigt (vom Quodlibet-Singen der Bach-Zeit über das Ensemblespiel im professionellen oder Hausmusik-Rahmen – Klavier vierhändig beziehungsweise Gesang oder Melodieinstrument mit Klavierbegleitung – bis hin zur gemeinsamen Improvisation einer Jazzband). Doch auch der Musikfreund, der seinen Aufnahmen lauscht, kann sich sagen: Ich höre und liebe diese Musik nicht allein – sondern mit mir in dieser Stadt, in diesem

Einsamkeit 61

Land, auf diesem Kontinent, auf dieser Erde gibt es Zigtausende interessanter, sensibler Menschen, die die emotionale und philosophische Botschaft dieser Klänge aufnehmen. Ich gehöre zu einer universalen Gemeinde, verstehe und spreche deren Sprache: Musik als das »Esperanto« von Menschen mit verwandter ästhetisch-seelischer Kultur.

Der einzelne Hörer steht also nicht allein. Er hat eine neue, unendlich reiche Welt betreten. Musik kennt keine Grenzen, und Sie brauchen keine Sprachen zu lernen, wenn Sie Ihre Empfangsbereitschaft für die Welt der Klänge ausbilden und vertiefen.

Wem das Leben vorübergehend eine einsame Wegstrecke beschieden hat, der sollte sie zur Selbstbesinnung nutzen und zum Ausbau seiner inneren Welt, die gar nicht reich genug werden kann. Die Bausteine liegen sozusagen »in der Luft«: Musik, mitunter geboren aus verwandten Anfechtungen und Nöten, die aber von Komponisten zu Antrieb und Herausforderung umfunktioniert wurden. Es lohnt, diese Innenwelt auszubauen. Denn es bestätigt sich immer wieder: Je reicher man durch Einsamkeit sein Inneres gestaltet hat, je weiter – um mit Rilke zu sprechen – der »Herz-Innenraum« eines Menschen ist, desto stärker wird seine Ausstrahlung, desto interessanter und anziehender wird er für seine Umgebung.

Manche Komponisten waren vom Schicksal zu existentieller Einsamkeit bestimmt, bei Bruckner, Mussorgski und Tschaikowsky kann man sogar sagen: verurteilt. Bei anderen, zum Beispiel Brahms und Ravel, handelte es sich um eine selbstgewählte Lebensform. Dennoch sind allen diesen Komponisten gerade aus der Einsamkeit immense Kräfte erwachsen. Tschaikowsky gestaltete die wohl ergreifendsten Liebesszenen der Ballettbühne, Bruckner schmolz sein unerfülltes Liebesbegehren um in eine Glaubensinbrunst, deren harmonische Mittel nahtlos an Wagners *Tristan* anschließen.

Sieger über eine besonders grausame Form von Einsamkeit – die Isolierung durch Taubheit – waren Beethoven und Smetana; beide haben nicht aufgegeben, sondern in ihrer stummen Welt grandiose Werke geschaffen. Die letzte *Klaviersonate Nr. 32 c-moll* von LUDWIG VAN BEETHOVEN kommt als Schlußstein eines imposanten Sonaten- und sinfonischen Schaffens mit nur zwei Sätzen aus. Aber diese enthalten ein ganzes Welttheater: Der äußerlich einsame, allein lebende, stocktaube

Komponist hatte einen inneren Reichtum, von dem manch hörender Zeitgenosse nur träumen konnte.

Der zerklüftete Anfang signalisiert die typisch Beethovensche Auseinandersetzung mit dem Schicksal: Auch er hadert mit ihm. Warum denn ausgerechnet ich, der ich die Menschen so liebe und beschenke, warum bin gerade ich von ihrer Gemeinschaft ausgeschlossen? Der langsamen Einleitung folgt eine aufgewühlte Fuge. Und dann kommt das Vermächtnis des Komponisten: Variationen auf ein Thema von genialer Schlichtheit, die sich allmählich fast ins Unstoffliche verflüchtigen. Ein Werk höchster Verdichtung, gewonnen aus bewältigter Einsamkeit und Verzweiflung.

Aus einem seiner produktivsten Jahre stammt die *Vierte Sinfonie* – von 1806, als gleichzeitig sein einziges Violinkonzert beendet wurde. Sie ist in gewisser Hinsicht ein Unikat, wir besitzen keine Skizzen. Entweder sind sie verlorengegangen, oder Beethoven hat die Sinfonie in einem Zuge niedergeschrieben. Auf jeden Fall überrascht der geschlossene heitere Grundton – im Unterschied zu der vorwiegend tragisch gefärbten *Dritten Sinfonie, Eroica,* oder der gigantischen *Schicksalssinfonie, der Fünften.*

Dabei war dem Komponisten spätestens seit dem »Heiligenstädter Testament« keineswegs heiter zumute: Die verhängnisvolle Ertaubung schritt voran. Der Sommer brachte dem Einsamen einen inspirierenden Aufenthalt auf dem ungarischen Land, bei Freund Brunswick, zu dessen Schwestern er ein enges Verhältnis hatte.

Wenn man jetzt im Finale der *Vierten* Anklänge an das ausgelassene Treiben einer muntern Gesellschaft auf den Wiesen der Wiener Vorstadt zu hören vermeint, wie man es von zeitgenössischen Stichen kennt – mit Ballspiel, Haschen und Picknick –, so ist das für den isolierten Beethoven längst keine Realität mehr. Hier setzt sein eigenes, inneres Leben ein, das die schöpferische Realität, die Erinnerung und künstlerische Imagination zur künstlerischen Wahrheit werden läßt. Hier manifestiert sich also im einsamen Menschen die Erinnerung an Glück und nimmt Gestalt an, so daß sie sich anderen mitteilen und bei ihnen Glücksgefühle auslösen kann. Damit entsteht ein tröstlicher Kreislauf zwischen Wirklichkeit, Gemeinschaft, Individuum und Phantasie, angetrieben vom stärksten Motor des Menschen: der Sehnsucht. Näheres dazu unter diesem Stichwort.

Einsamkeit

Ein schweres Los hatte auch PJOTR ILJITSCH TSCHAIKOWSKY zu tragen. Sein Leben war gezeichnet von den Zwängen einer intoleranten Gesellschaft und der eigenen, fast pathologischen Sensibilität, die ihn vor Menschen, besonders vor Menschenansammlungen, panisch fliehen ließ. Einsamkeit und seine Kunst aber ermöglichten ihm dank einer bewundernswerten Selbstdisziplin, den feinsten Regungen eines liebenden, hoffenden, verzweifelten Herzens nachzuspüren – was um so mehr wiegt, als ihm die leidenschaftliche Liebe zu einer Frau, wie er sie gefühlsnah und packend in Töne setzte, lebenslang versagt blieb. In seiner Einsamkeit suchte er oft und erfolgreich Trost in der Natur. Bald schon hatte er seine innere Welt so zuverlässig und organisiert ausgebaut, daß sie ihm ein maßgeschneiderter Kraft- und Inspirationsquell wurde, dem dann wiederum kein menschliches Pendant mehr standhielt.

Tschaikowskys *Erste Sinfonie »Winterträume«*, begonnen unmittelbar nach seiner Ankunft in Moskau und nach Antritt seiner Professur am dortigen Konservatorium, enthält an zweiter Stelle ein Adagio cantabile mit der programmatischen Überschrift *Düsteres Land, nebliges Land*. Mit ihr spielt der Komponist auf ein konkretes Landschaftserlebnis an: Zwei Jahre vor der Uraufführung war er mit einem vertrauten Freund in die menschenleere Gegend um den Ladogasee gefahren und wurde von der herben Schönheit der nordrussischen Natur zu jenem langsamen Satz inspiriert – einer innigen, verhalten verhangenen Hymne auf die Einsamkeit.

Ein klassisches Satzpaar, das aus der grüblerisch-elegischen Stimmung heraus in den Trubel eines Festes führt und dann in einer energischen Willensbekundung endet, verkörpern die Mittelsätze von Tschaikowskys *Vierter Sinfonie*. Er selbst hatte dazu vermerkt: »Wenn du in dir selbst keinen Grund zur Freude findest, dann gehe unter das Volk, sieh, wie es sich zu vergnügen versteht ...«

Im Spätwerk des in der Mitte seines Lebens emigrierten Russen SERGEJ RACHMANINOW findet sich die originelle *Rhapsodie über ein Thema von Paganini*, ein verkapptes Klavierkonzert. Der Komponist gab dem Choreographen Fokin, der seine Musik zu einem Ballett verwenden wollte, inhaltliche Hinweise. Paganini (personifiziert durch das Thema seiner bekanntesten, der a-moll-Caprice) geht mit den Mächten der Finsternis (das Motiv des *Dies irae* – »Tag des Zorns«) einen Pakt ein und erhält »dämonische« Virtuosität und Erfüllung in der Liebe durch ein schönes Weib (Adagio-Variation: eine der schwelgerischsten Melodien der Musikliteratur überhaupt!). Doch zuletzt holt sich der Teufel seinen Preis: die Seele des Künstlers.

Damit sind wir bei der Faust-Problematik angelangt. Der Grübler und Skeptiker Dr. Faust war einsam aufgrund seines überragenden Wissens. Mehr wissen und tiefer blicken als andere macht immer einsam.

In die Reihe der bedeutenden Faust-Musiken gehört FRANZ LISZTS dreiteilige *Faust-Sinfonie*, die zu seinen unbestrittenen Hauptwerken zählt. Der 1. Satz gilt dem suchenden Gelehrten, der aus der Einsamkeit seine Stärke bezieht, durch diese Isolation freilich auch zunehmend in Zweifel, ja Verzweiflung gerät. Ihr verdankt er letztlich seine Sehnsucht nach Weisheit und - Wärme. Noch einmal einsame Landschaften als Spiegelbild der Seele.

Der mit Liszt befreundete und fast gleichaltrige, aber erheblich früher verstorbene FELIX MENDELSSOHN BARTHOLDY bereiste Schottland. Die Eindrücke von den düsteren, verlassenen und geschichtsträchtigen Schauplätzen wirken noch lange nach: Dreizehn Jahre später beendete er seine *Dritte Sinfonie*, die er die *Schottische* nannte, - ein ernstes, nachdenkliches Werk. Ein Kernmotiv der langsamen Einleitung und des Hauptthemas vom 1. Satz arbeitet mit Quartaufsprung und Molldreiklang - ein Sehnsuchtsmotiv der Romantik, das man noch beim reifen Wagner findet. Es kehrt im Hauptgedanken des Scherzos wieder, jetzt in Dur gewandelt.

Nachdem die Liebe seines Lebens, die Liebe zu Clara Schumann, unerfüllbar bleiben mußte, hat JOHANNES BRAHMS seine Einsamkeit bewußt bejaht und später sogar gesucht - als den ihm gemäßen Arbeits- und Lebensrahmen. Wieviel Kraft ihn das gekostet haben dürfte, klingt in seiner packenden, düster entschlossenen *Tragischen Ouvertüre* an. »Frei-Aber-Einsam« - diese Devise hatte er sich schon früh zu eigen gemacht und sogar in Töne gesetzt. Als Motiv beherrscht sie etwa das Scherzo der frühen Kollektivkomposition *Sonate F-A-E* von 1853, die er zusammen mit anderen Komponisten dem befreundeten Geiger Joseph Joachim widmete.

Zu den einsamen Komponisten muß man auch CÉSAR FRANCK zählen, freilich war seine Einsamkeit ähnlich wie bei Brahms und Bruckner keine von außen aufgezwungene, sondern selbst gewählt, eine Art innerer Dialog, freilich weniger mit sich selbst (wie bei Brahms), sondern mit seinem

Einsamkeit 65

Gott (wie bei Bruckner). Dennoch bleiben Kämpfe, Versuchungen, Enttäuschungen und Sehnsüchte nicht aus. Davon scheint das Finale der großen *d-moll-Sinfonie* gezeichnet. Doch die Zuversicht, daß dieser Weg, *sein* Weg, der richtige ist, gewinnt die Oberhand und führt zu einem glanzvollen, triumphalen Schluß. Unter dem Aspekt der Einsamkeit ist die gesamte Sinfonie mit ihren ausnahmsweise nur drei Sätzen gut verständlich. Die Kämpfe und inneren Konflikte des 1. Satzes und die kontemplative Verhangenheit des Allegretto ergänzen das Bild eines Menschen, der einsam, aber nicht vereinsamt ist.

Einsamkeit als Quelle der Meditation und Weisheit gestaltet RICHARD STRAUSS in seiner Tondichtung (sehr) frei nach Nietzsche: *Also sprach Zarathustra*. Allerdings geht es hier nicht um mystische Abkehr von der Welt, um Loslösung vom Irdischen, sondern im Gegenteil um ein vollblütiges Ja zum Leben. Dieses hochinteressante Werk hat Nietzsche nach einem schweren psychosomatischen Zusammenbruch geschrieben und in der »heiligen Stunde« (Nietzsche) vollendet, als Wagner im Palazzo Vendramin zu Venedig starb.

Der dreißigjährige Religionsstifter Zarathustra geht ins Gebirge. »Hier genoß er seines Geistes und seiner Einsamkeit und wurde dessen zehn Jahre nicht müde.« Dann aber tritt er vor die Sonne: »Du großes Gestirn! Was wäre dein Glück, wenn du die nicht hättest, welchen du leuchtest ... Aber wir warteten deiner an jedem Morgen, nahmen dir deinen Überfluß ab und segneten dich dafür ... Ich bin meiner Weisheit überdrüssig ... ich bedarf der Hände, die sich ausstrecken. Ich möchte verschenken und austeilen, bis die Weisen unter den Menschen wieder einmal ihrer Torheit und die Armen wieder einmal ihres Reichtums froh geworden sind. Dazu muß ich in die Tiefe steigen, wie du des Abends tust ... Ich muß, gleich dir, untergehen ...«

Diese philosophische Dichtung wurde damals nicht verstanden; mit ihr isolierte sich Nietzsche noch mehr und wurde noch einsamer. Die Entstehungsgeschichte und den philosophischen Hintergrund der Textdichtung, auf die sich der Komponist bezieht, muß man nicht unbedingt kennen, um die Musik von Strauss auf sich wirken zu lassen. Aber wie so oft kann das Wissen um die geistigen Zusammenhänge die Aufnahme der Musik vertiefen.

In einem anderen Werk desselben Komponisten, wenngleich nach beträchtlich schwächerer Vorlage, aber nicht minder originellen Konzeption, steht am Ende ebenfalls der Gang nach innen: In der sinfonischen Tondichtung *Ein Heldenleben* beansprucht Strauss für sich, daß er sein Leben genauso interessant finden dürfe wie das eines Napoleon, und beschreibt in aller Ausführlichkeit sich selbst und sein Verhältnis zur Umwelt. (Mit 40 Minuten ist er noch bescheiden, über Napoleon I. sind ganze Bibliotheken geschrieben worden!) Nach Kampf, Liebe, Schaffen kommt zuletzt als 6. Satz *»Des Helden Weltflucht und Vollendung«*. Und im vorletzten Satz, *»Des Helden Friedenswerke«*, hält Strauss Rückschau über sein Schaffen. Man vernimmt Zitate aus Don Juan, Zarathustra, Tod und Verklärung, Don Quijote, Till Eulenspiegel und Macbeth. Zuletzt klingt sein Lied *»Traum durch die Dämmerung«* an. Dort heißt es im Original:

Ich gehe nicht schnell, ich eile nicht,
mich zieht ein weiches, samtenes Band
durch Dämmergrau in der Liebe Land ...

Mit dem Finale begibt sich Strauss dann auf den Weg nach innen. Mit sich eins sein – das ist die eigentliche Vollendung nicht nur des Künstlers, sondern der befreiten Persönlichkeit.

In seiner verkappten Neunten – die Zählung hat der abergläubische GUSTAV MAHLER im Hinblick auf Beethoven und Bruckner peinlich vermieden –, dem *Lied von der Erde*, steht an zweiter Stelle das chinesische Gedicht *»Der Einsame im Herbst«*.

Herbstnebel wallen bläulich überm See;
vom Reife bezogen stehen alle Gräser ...
Mein Herz ist müde ...
ich weine viel in meinen Einsamkeiten;
der Herbst in meinem Herzen währt zu lange.
Sonne der Liebe, willst du nie mehr scheinen,
um meine bittern Tränen mild aufzutrocknen?

Vollendet verschmelzen hier die Herbststimmung der Natur und des Herzens miteinander; doch der Frühling ist eine ewige Instanz und fragt nicht nach Jahrgängen, die »Sonne der Liebe« ist allgegenwärtig, und der Wolkenhimmel kann stündlich wieder aufreißen ...

Einsamkeit

Einsamkeit kann auch wollüstig, genußreich sein – wer kennt nicht die Sehnsucht nach Abgeschiedenheit, die als Gegenpol zur Berufshektik oder städtischen Betriebsamkeit ihren Platz in jedem Leben haben sollte. Wer nie mit sich allein, nie für sich sein kann, wird ebenso Schaden nehmen wie einer, der nur allein ist.

Das Wesen der Ermitage, des Eremitendaseins, besteht in der Einkehr in Einsamkeit.

Dieses Thema wurde um die Jahrhundertwende von Arnold Böcklin gestaltet und von MAX REGER vertont: »*Der geigende Eremit*« aus seiner *Böcklin-Suite* op. 128. Man kann auch mit seinen Gefühlen allein sein, einsam – und doch reich. Durch die kirchentonartliche Melodik und die Teilung der Streicher (zur Hälfte mit Dämpfer) erreicht der Komponist den Eindruck der Versunkenheit in inbrünstiges Gebet.

Den Schluß bilden möge der im Zivilleben durchwegs einsame und mit rührenden Anträgen bei für ihn völlig ungeeigneten jungen Damen chronisch erfolglose, geniale ANTON BRUCKNER. Doch einsam war er nur äußerlich, denn er befand sich in ständigem Zwiegespräch nicht nur mit seiner Kunst, sondern auch mit seinem Schöpfer, den er keineswegs nur, wie aus der Widmung seiner *Neunten Sinfonie* vermutet werden könnte, als »lieben Gott« empfand, sondern den er auch in aller Majestät, Unerreichbarkeit und Wucht erlebt haben muß: Man höre das *Te Deum*.

Entspannung – Besinnung – Meditation

»Die schönen weißen Wolken ziehn dahin
durchs tiefe Blau, wie schöne stille Träume;
mir ist, als ob ich längst gestorben bin
und ziehe selig mit durch ew'ge Räume.«
Hermann Allmers/Johannes Brahms: »Feldeinsamkeit«

Spannung kann produktiv sein, *Hoch*spannung erst recht, *An*spannung ist Voraussetzung zu Leistung, doch *Ent*spannung ist überhaupt erst Voraussetzung zu Anspannung. Wie ein Bogen bricht, eine Sehne reißt, wenn sie ständig unter Spannung steht, so muß ein Mensch zerbrechen, wenn er sich nie entspannt.

Manche Zeitgenossen fahren sozusagen ohne Rückspiegel Auto, stürmen ohne Rücksicht durchs Leben und lassen andere die Trümmer zusammenfegen. Das sind jene Menschen, die nie zum Nachdenken, zur Einsicht, zur Besinnung kommen. Andere lassen sich von allen möglichen, meist selbstgesetzten Terminen durchs Leben hetzen, würden ja ganz gern mal in den Rückspiegel schauen – man hat ja schließlich sogar zwei davon –, aber es fehlt die Zeit. Doch jeder hat gerade so wenig Zeit, wie er sich zugesteht. Diese Rücksichtslosigkeit geht nur so lange, wie man das mörderische Tempo halten kann. Die Folgen sind Probleme in der Familie, Krisen in der Partnerschaft, Entfremdung vom sozialen Umfeld, die Anhäufung ungelöster Probleme, die sich schließlich in psychosomatischen Beschwerden bis hin zum Infarkt äußern kann.

Dagegen hilft als elementares und wirkungsvolles Mittel die *Entspannung*, und von ihr ausgehend die *Besinnung*. Da es hierzu einer inneren Gelöstheit, Harmonie und Ordnung bedarf, kann Musik dabei sehr hilfreich sein. Mit dem Hören ordnet sich das Denken, klärt sich das Fühlen. Die metrische Gliederung der Musik überträgt sich auf das Unterbewußt-

Entspannung – Besinnung – Meditation

sein; wir räumen gewissermaßen unsere Seele auf. Und wie auf einem chaotischen Schreibtisch, den man endlich einmal ordnet, findet sich unverhofft lange Gesuchtes wieder: Beim Hören klärender Musik tauchen plötzlich vor unserem geistigen Auge Einsichten auf, die in der Alltagshektik verschüttet waren. Es gibt noch einen anderen Weg, durch Musik Entspannung zu erreichen und von den eigenen Problemen, die uns oft als »fixe Ideen« bedrohen, abzulenken: Das bewußte Verfolgen bestimmter Musik – entweder kontrapunktischer oder homophoner mit reich differenziertem Rhythmus (bis hin zum Latin Jazz) – läßt unmerklich quälende Gedanken vergessen, die man zwanghaft umkreist hat. Die Musik führt zu dem Abstand, der allein zur Lösung des betreffenden Problems führen kann. Sie lockt uns gleichsam ins Freie, und nachdem sie uns vom toten Punkt abgelenkt hat, kehren wir gekräftigt und geordnet, mit neuem Schwung und einem guten Teil Optimismus zurück – dank der Disziplin und Organisation, ohne die wahre Musik nicht möglich ist.

Komponisten schufen für Besinnung und Meditation geeignete Musiken gewöhnlich als von Natur, Erinnerung oder Erotik angeregte Einzelstücke oder als Binnen-Kontrast zwischen dynamischen Sätzen (etwa von Konzerten oder Sinfonien). Besonders gehören hierher die weniger vom Klangrausch als von innerer Logik und Konsequenz geprägten Werke der Wiener Klassik, aber auch die kontrapunktischen Partituren Bachs, Händels und der ihnen zeitgenössischen Italiener wie Vivaldi, Corelli – wenn sie nur nicht ausladend oder betont betriebsam sind. Also weder die energiegeladenen, bewegungsbetonten Ecksätze der diversen Concerti, noch die prächtigen Klangfresken von Bachs Orchestersuiten oder von Händels Wasser- und Feuerwerksmusik. Vielmehr etwa die *Triosonaten* der Bach-Händel-Epoche und die langsamen Sätze von Konzerten aller Zeiten und Komponisten – wiederum mit einer Einschränkung: Extrovertierte, hochexpressive Meister wie Mahler oder Rachmaninow seien hier nicht empfohlen. Denn wenn der Puls fliegt oder man atemlos einer unendlichen Streicherkantilene folgt, wird man angeregt, aber nicht beruhigt.

Wenn Sie freilich den Wunsch haben, nach fünf- bis zehnminütiger Entspannung gleichsam reaktiviert zu werden, empfehlen sich zum Anschluß generell Bachsche Motorik und Mozartsche Allegri. Oder Sie bedienen sich gleich von vornherein ein und desselben Werkes: Sie beginnen, um sich zu entspannen, mit dem langsamen Satz von Solokonzerten, um dann neue Entschluß- und Tatkraft aus dem nachfolgenden Finale zu beziehen.

Die langsamen Sätze bei JOHANN SEBASTIAN BACH verströmen eine Ruhe, die auch ordnende Wirkung hat. So im *5. Brandenburgischen Konzert,* wo sich ein gelassenes, weises Gespräch zwischen den drei Solisten entspinnt.

Das g-moll-Adagio des *1. Cembalokonzerts in d-moll* bezieht seine Wirkung, die beruhigend, ordnend, stärkend und beseelend zugleich ist, aus einem relativ langen, mehrfach wiederholten Baßmotiv, das an eine Passacaglia erinnert. Die nachdenkliche Stimmung eignet sich gut für Problemlösungen ohne Druck und Heftigkeit.

Vergleichbar, nur noch viel inniger und gefühlstiefer geht es zu in den Mittelsätzen der beiden großen *Violinkonzerte.* In beiden Fällen dominiert wiederum ein passacagliaähnliches, ständig wiederkehrendes Baßmotiv (wenn auch kürzer als im vorgenannten Cembalokonzert). Während das *a-moll-Konzert* eine neutrale Stimmung atmet, tendiert das »cis-moll-Adagio« des *E-dur-Konzerts* schon zu Klage und Trauer, ja hier darf man sogar von Melancholie bei Bach sprechen. Dennoch bleibt der kontemplative Charakter erhalten, eben nur unter etwas eingedunkeltem Licht. Doch wer würde unter ständiger Sonneneinstrahlung leben mögen?

Aus dem schier unüberschaubaren Instrumentalschaffen WOLFGANG AMADEUS MOZARTS möchte ich drei langsame Sätze empfehlen, die sämtlich für fünf Instrumente in unterschiedlicher Besetzung bestimmt sind: aus dem 1784 entstandenen *Es-dur-Quintett für Klavier und Bläser KV 452* das unvergeßliche Larghetto, in dem das Klavier die ausdrucksvollen Partien der Bläser sanft umspielt. Fünf Jahre später schrieb Mozart sein bekanntes *Klarinetten-Quintett KV 581,* wo wiederum ein inniges, gleichmäßig dahinfließendes Larghetto dem Blasinstrument (gleichsam als Solisten) die vier Streicher als wirkungsvollen, weichen Klanggrund gegenüberstellt. Kurz vor seinem Tod, 1791, komponierte Mozart für eine blinde Glasharmonikaspielerin ein kurios besetztes Werk: das *Quintett KV 617 für Harmonika, Flöte, Oboe, Bratsche und Cello,* dem er freilich alle Reize dieser Instrumentaltimbres abgewinnt. Es besteht nur aus den beiden Sätzen Adagio und Rondo und entfaltet

Entspannung – Besinnung – Meditation

im ersten einen wehmütigen Zwiegesang zwischen Harmonika und Flöte.

Zwischen der *heroischen* und der *Schicksalssinfonie*, der *Dritten* und *Fünften*, steht bei LUDWIG VAN BEETHOVEN mit der *Vierten Sinfonie B-dur* ein Werk von überraschender innerer Harmonie und Ausgeglichenheit, ja lichtvoller Heiterkeit. Im Es-dur-Adagio breitet sich eine friedvolle, zur Besinnung einladende Stimmung aus. Auch die schmerzlichen Einbrüche im Mittelteil können dieser Grundhaltung nichts anhaben. Den Sieg über die Bedrohung signalisiert die Flöte, wenn sie das ruhige Liedthema abgewandelt aufgreift. Der 2. Satz von Beethovens *Klavierkonzert Nr. 4 G-dur* arbeitet mit dem Kontrast zwischen der weichen Klangwelt des Soloinstruments und der teilweise harten Sprache des Orchesters. Hier läßt sich eine Auseinandersetzung beobachten, deren gemächliche Ausbreitung (Allegro moderato) zur Besinnung und Reflexion eigener Probleme und Konflikte anregen kann.

Zu den ergreifendsten Kammermusikschöpfungen Franz SCHUBERTS sein einziges *Streichquintett C-dur*, das wahrscheinlich erst im letzten Lebensjahr entstanden und schon von der Ahnung des nahen Endes gezeichnet ist. Ohne auf diesen Zusammenhang und auf das ganze Werk einzugehen, sei auf seinen 2. Satz, das Adagio, hingewiesen, in dem Schubert die Melodie den Mittelstimmen überläßt, während das 2. Violoncello den Baß pizzicato unterstützt und die 1. Violine über der Melodie gleichsam improvisiert. Der Mittelteil hält den totalen Kontrast bereit: statt E-dur f-moll, Unruhe und Hektik statt friedlicher Idylle. Doch zuletzt siegt die innere und äußere Harmonie, die für den Komponisten gerade in jenen letzten Lebensmonaten nur noch ferner Wunschtraum gewesen sein wird.

Wohltuende Ausgewogenheit des Gefühls und der Form klingt aus dem Andante des *e-moll-Violinkonzerts* von FELIX MENDELSSOHN BARTHOLDY, das neben der Ouvertüre zum *Sommernachtstraum* sein populärstes Werk geworden ist. In handfestem C-dur (das nach dem Kopfsatz besonders leuchtkräftig wirkt) entspinnt sich eine innige diatonische Melodie. Keine Probleme, keine tiefschürfenden Grübeleien, sanftes Sinnen und Blicken nach innen. Und dabei Freude an der Harmonie und Schönheit!

Nach Schumanns Tod, der für die Liebe zwischen seiner Witwe Clara und dem jungen JOHANNES BRAHMS einem lebenslangen Verdikt gleichkam, zog Brahms von Düsseldorf nach Detmold, bevor er dann nach Wien ging, wo seine Reifezeit einsetzte. In jenem Detmolder Intermezzo hat der 24jährige einen tiefgreifenden Prozeß durchgemacht. Von den beiden *Serenaden* für Orchester verrät die zweite in *A-dur op. 16* einiges von der seelischen Situation des jungen Komponisten. Die fünf Sätze überraschen durch ihre nachdenkliche Grundstimmung, die so gar nicht zu einer Serenade, einem heiteren Ständchen, passen will. Zwei Merkmale des späteren Brahms zeichnen sich bereits ab: Melancholie und eine herbe, verhaltene Zärtlichkeit. Also auch hier: Besinnung unter Wolken.

Brahms' engstem Vertrauten, dem vielseitigen ungarischen Geiger Joseph Joachim, der sich als erster Direktor des Königlichen Konservatoriums große Verdienste um das Berliner Musikleben erworben hatte, widmete ein jüngerer Freund sein einziges *Violinkonzert* – ANTONÍN DVOŘÁK. Nicht nur das Timbre der vier Hörner in der Orchesterbegleitung verleihen der Partitur ihren lyrischen Tenor. Die liedhaft-schlichte Melodie des Adagio ma non troppo geht direkt zu Herzen und lenkt den Blick nach innen.

Schöne Lichtwechsel kennzeichnen das ausgedehnte Allegretto der sogenannten *Großen d-moll-Sinfonie* von CÉSAR FRANCK: ein einzigartiger Satz innerhalb einer ebenfalls singulären Sinfonie. Der »pater seraphicus« der französischen Musikgeschichte hat im 2. Satz dieser seiner einzigen Sinfonie versucht, die beiden üblichen Binnensätze – einen langsamen und einen tänzerisch bewegten – zu kombinieren; darum das leichtbewegte Tempo und ein scherzoser Mittelteil. Die Kantilene der Außenteile wird vom Englischhorn vorgetragen. Dessen schlanker, vornehmer Ton nimmt das berühmte Largo aus Dvořáks Sinfonie *Aus der Neuen Welt* vorweg... Ein leises Schwingen zwischen Trauer und Trost. Nicht jede Wolke muß vertrieben, nicht jede Eintrübung abgewehrt werden. Dieser frei dahinströmende Satz ist gut geeignet, eine komplexe, »unaussprechliche« (und darum in Klänge gesetzte) Stimmung auszuloten und sich ihr hinzugeben.

Das Schicksal mancher »Ohrwürmer« ist geradezu spannend. Eine Melodie von SERGEJ RACHMANINOW hat sich dermaßen durchgesetzt, daß sie in unterschiedlichsten Bearbeitungen zu hören ist – besondere Popularität hat etwa eine Fassung für Streicher und Orgel erlangt. Dabei handelt es sich ursprünglich um ein Lied, allerdings eines ohne Text, mit dem entsprechenden Titel »*Vocalise*«. Der Komponist schrieb es als einziges

Entspannung – Besinnung – Meditation 73

wortloses und letztes seiner *Lieder op. 34* im Sommer 1915 und ahnte damals noch nicht, daß diese kurze, ungemein innige, dicht gearbeitete und fast suggestiv eindringliche Schöpfung einmal zu seinen bekanntesten gehören würde. Bald fertigte er selbst eine Orchesterfassung an, die er schon im Jahr darauf öffentlich dirigierte. In dem cis-moll-Stück beweist sich die Übertragbarkeit von klangräumlichen Gegebenheiten auf die Emotionen des Hörers. Der Verzicht auf Sprünge, die Beschränkung auf nur kleine Melodienschritte vermitteln Ausgeglichenheit und Geborgenheit. Die beruhigende, friedvolle Wirkung rührt ferner aus dem steten Legato. Schließlich ermöglichen uns die ineinander verschlungenen Linien, die sich zu wohlklingenden, teilweise raffiniert gewürzten Harmonien zusammenfügen, die eigene, oft widersprüchliche Vielfalt unserer Empfindungen zu ordnen und zu glätten. Unüberhörbar geht von dieser Musik Trost aus; zwar hat sich der Komponist nicht zum Inhalt der *»Vocalise«* geäußert, aber das Zitat der liturgischen Todessequenz des *Dies irae* zu Beginn legt nahe, daß er hier ein Gefühl leiser Trauer abfangen wollte. Darum eignet sich dieses Stück auch für das Kapitel »Tod«.

Ein außergewöhnliches Orchesterstück – außergewöhnlich, weil man den betreffenden Komponisten ansonsten in unseren Breiten (ungerechtfertigterweise) kaum kennt, es sich hier aber um ein weltweit gespieltes Meisterwerk handelt – ist das *Adagio für Streicher* des Amerikaners SAMUEL BARBER (1910–1981), das ursprünglich als langsamer Satz eines Streichquartetts konzipiert war. Toscanini hat es im Jahre 1938 äußerst erfolgreich aus der Taufe gehoben. Nicht nur die gemessene, gleichmäßig dahinfließende Bewegung des ausdrucksvollen Streicherchores nimmt den Hörer gefangen, sondern auch die plastische, gut zu verfolgende Linienführung der einzelnen Orchesterstimmen. Ein relativ kurzes Stück, bestens geeignet, es sich allmählich zu »verinnerlichen«, als inneren Hörvorrat zuzulegen!

Die höchste Stufe der inneren Gelöstheit ist die Meditation. Sie gewährt Versenkung in nichtsubjektive Zusammenhänge und die Möglichkeit, von Problemen abzurücken, Sorgen und Nöte zu relativieren. Nachdem wir uns bewußt gemacht haben, daß wir nicht im Mittelpunkt der Welt stehen, können wir uns aus den alltäglichen Verstrickungen und Banalitäten lösen, auf die leisen Stimmen in und um uns, ja sogar auf das »kosmische Raunen« besinnen. Diese Versenkung wird begünstigt von jeglicher objektiver Musik, Musik also, die sich einem dienenden Zweck verschrieben hat – von indischen Sitarklängen über Gregorianik und orthodoxe Kirchenmusik, von Palestrina über Schütz und Bach bis zu den französischen Klassizisten, wie Franck mit seinen kindhaft frommen Orgelwerken, oder dem späten DEBUSSY mit seinen *Danses sacrales et profanes* oder MESSIAENS *Visions de l'Amen* für zwei Klaviere.

Programmatisch geht es zu bei FRANZ LISZT, dessen dreizehn *Sinfonische Dichtungen* einen Meilenstein in der abendländischen Musikgeschichte bedeuten. Angeregt von Berlioz' *Fantastischer Sinfonie* und Beethovens *Pastorale*, inspiriert von der französischen Romantik mit ihrer Vorliebe für die Verschmelzung der Künste (Synästhesie) hat Liszt als anerkanntes Haupt der Neudeutschen Komponistenschule in seiner ersten Weimarer Zeit ein Dutzend hochinteressanter Partituren geschaffen. Diese *Sinfonischen Dichtungen* sind auf weite Strecken aufregende, ja spannende Werke mit programmatischem Inhalt. Fünf Jahre vor seinem Tod schuf Liszt als »Nachzögling« dieser Gattung die ausnahmsweise mehrsätzige Orchesterdichtung *Von der Wiege bis zum Grabe*. Hier hält ein großer, in sich widersprüchlicher und ungemein produktiver Mensch Rückblick: philosophische Kontemplation über ein reiches Leben, weise, gelassene Besinnung.

In seinem Klavierschaffen gibt es eine ganze Gruppe von religiös inspirierten, zur Meditation geeigneten Stücken. So im 3. Jahrgang seines klingenden Reisetagebuchs *Années de pèlerinage*, wo eigentlich sämtliche sieben Nummern in unseren Kontext passen. Nur daß einige von ihnen der Reflexion des Todes gelten. Lichtere Klänge halten *Angelus! Gebet an die Schutzengel* und vor allem *Die Wasserspiele der Villa d'Este* bereit. Letztere – ein wichtiges Werk für die späteren französischen Impressionisten – überhöhen die bloße Klangschilderung der Wasserkunst zum Nachsinnen über den »Brunnen des Lebens, der in das ewige Leben quillet« (Anmerkung des Komponisten in den Noten).

Über ein anderes Sammelwerk, das zugleich einen echten inhaltlichen Zyklus darstellt, setzt Liszt ein Zitat von A. Lamartine, nach dessen Gedichtzyklus *Harmonies poétiques et religieuses* – »Dichterische und religiöse Klänge« – er zehn Klangimpressionen komponiert hatte: »Diese Verse wenden sich nur an eine kleine Zahl.« In der Tat führen sie unter den Originalkompositionen Liszts ein Schattendasein und werden hierin nur noch von seinen spröden Stücken der letzten Jahre »übertroffen«.

Entspannung – Besinnung – Meditation 75

Für unsere Belange eignen sie sich vorzüglich. Bis auf einige pompöse Ausnahmen (Nummern 1, 4 und 7) ist allen eigen: innige Empfindung und sanftes Gleichmaß der Bewegung. Der Klaviersatz ist hier schlicht, da impressionistisch flimmernd; stets aber wird die Melodie mit voller Inbrunst vorgetragen.

Aus der *Vierten Sinfonie* von GUSTAV MAHLER sind es die beiden letzten Sätze, die eine paradiesische Gelassenheit und Heiterkeit ausstrahlen. Losgelöst von konkreten Assoziationen aus der natürlichen Umwelt ist hier alle Stimmung, in sich wechselhaft und bewegt, aber insgesamt von wohltuender Harmonie. Dieses Poco Adagio bringt der Komponist mit der Vision eines Friedhofs in Verbindung, wo auf einem alten Grabstein der Verstorbene abgebildet ist, wie er mit gekreuzten Armen den ewigen Schlaf schläft. Die Sinfonie schließt mit einem Text aus »Des Knaben Wunderhorn«:

... Kein weltlich Getümmel
hört man nicht im Himmel!
Lebt alles in sanftester Ruh'!

Die Tatsache, daß man hier lächeln muß, löst jede mögliche Verkrampfung angesichts des Todes – Besinnung in Heiterkeit, selbst angesichts eines dunklen Horizonts ...

Dieselbe Relativierung des eigenen Leides, der eigenen Probleme führt uns GUSTAV MAHLER in seinem epochalen *Lied von der Erde* vor. Der Eingangssatz – »*Trinklied vom Jammer der Erde*« – stammt wie die anderen Texte aus einer von Fernweh und Weltflucht geprägten Sammlung fernöstlicher Lyrik, herausgegeben und übersetzt von Hans Bethge, die seinerzeit (und nicht zufällig zur Jahrhundertwende) europäische Kulturgeschichte gemacht hat. Was ist das schon, ein Tautropfen in einem weiten Tal – wird da gefragt.

Erhaben, mystisch im buchstäblichen Sinne, wirkt die sinkende Dreiklangsbrechung in großen Werten, mit denen Mahler die entscheidende Aussage vertont: »Dunkel ist das Leben, ist der Tod«, mit der kontemplativen Anweisung »sehr ruhig«.

... das Firmament blaut ewig, und die Erde
wird lange fest stehn und aufblühn im Lenz.

Und zuvor heißt es in seltsamer östlicher Dialektik:

> Das Lied von Kummer
> soll auflachend in die Seele euch klingen.
> Wenn der Kummer naht,
> liegen wüst die Gärten der Seele ...

Dieser ausgedehnte Satz bestätigt eine alte Weisheit: Das Nachdenken über den Tod ist die höchste ordnende, ja letztlich auch leben- und sinnstiftende Stufe des menschlichen Denkens!

Häufig ist es die Naturschau, die zu innerer Klarheit verhilft. Johannes Brahms vertonte 1877 Hermann Allmers *»Feldeinsamkeit«*. Dieses Lied schließt mit den Zeilen:

> Mir ist, als ob ich längst gestorben bin
> und ziehe selig mit durch ew'ge Räume.

Meditation ist Heraustreten aus den persönlichen, ja sogar aus irdischen Dimensionen. Schon Archimedes wußte es, daß er mit kosmischen Bezügen irdische Unzulänglichkeiten bewältigen kann: »Gebt mir einen festen Punkt außerhalb der Erde, und ich werde sie euch aus den Angeln heben.« Die Musik, geboren aus kosmischen und mystischen Gedankengängen, kann uns als dieser mächtige »Hebel« zur Bewältigung seelischer Lasten dienen – man denke sinnbildlich daran, wie spielend leicht Gegenstände im Wasser werden! Reflexionen über den All-Zusammenhang, die Ur-Verwandtschaft alles Geschaffenen sind der Musik durch ihren eigenen Ursprung geradezu verwandt. Schon Pythagoras untersuchte die Analogie zwischen mathematischen und akustischen Proportionen. Ähnliches galt im Mittelalter von den Planetenbahnen und der Intervallordnung der Tonkunst.

Mehr noch, man unterschied seinerzeit drei Kategorien von Musik, deren unterste, die einzig akustisch vernehmbare, als »musica instrumentalis« bezeichnet wurde – weil sie ein Klangwerkzeug benötigt (das auch eine menschliche Stimme sein konnte, was also die Vokalmusik einschloß). Doch wichtiger erschien den Alten die »musica humana«, die Proportioniertheit und das Eingebundensein des Menschen in die All-

Ordnung. Die höchste, erhabenste musikalische Ebene jedoch nannten die Ästhetiker des Mittelalters *Musica mundana*: die lautlos tönende Weltenordnung, der harmonische Weltenlauf. »Die Sonne tönt nach alter Weise / In Brudersphären Wettgesang«, heißt es im »Prolog im Himmel« zum ersten Teil von Goethes »Faust«. Welche Kunst könnte besser die Brücke zur unsichtbaren Realität schlagen? Die Musik bringt den uralten Gedanken von der Sphärenharmonie, vom Einklang des Geschöpfes mit der Schöpfung zum Klingen.

»Wer singt, kann in den Himmel gehn«, heißt es bei Kopisch in der *Ballade op. 129,2, Der Nöck*, die CARL LOEWE 1861 vertont hat.

... komm wieder, Nöck, du singst so schön!
Wer singt, kann in den Himmel gehn!
Du wirst mit deinem Klingen
zum Paradiese dringen!

Hier hatten den Wassermann die »kleinen Leute« des Waldes zuvor verunsichert und versuchen nun, ihn zu trösten. Was auch gelingt, denn zuletzt heißt es:

Es spielt der Nöck und singt mit Macht
von Meer und Erd' und Himmelspracht.
Mit Singen kann er lachen
und selig weinen machen! –
Der Wald erbebet,
die Sonn' entschwebet ...
Er singt bis in die Sternennacht!

Eichendorffs *»Frühlingsfahrt«* stellt ungemein plastisch die Bonhommie des älteren Bruders der verwunschenen Irrfahrt des Jüngeren gegenüber, dem ROBERT SCHUMANN hier sogar gespenstische, magische Klänge beigibt:

Dem zweiten sangen und logen
die tausend Stimmen im Grund,
verlockend' Sirenen, und zogen
ihn in der buhlenden Wogen
farbig klingenden Schlund.

> Und wie er auftaucht' vom Schlunde,
> da war er müde und alt,
> sein Schifflein, das lag im Grunde,
> so still war's rings in der Runde.
> Und über die Wasser weht's kalt.

Zuletzt greift der Komponist wieder die muntere, kecke Weise des Anfangs auf – als beide Brüder frohgemut in die Welt hinauszogen, »was Recht's in der Welt« zu vollbringen.

Als zweites der sogenannten *Wesendonck-Lieder* schuf RICHARD WAGNER »*Stehe still!*« – einen Hymnus auf die Sphärenharmonie in ihrer Majestät und gewaltigen Dynamik:

> Sausendes, brausendes Rad der Zeit,
> Messer du der Ewigkeit;
> Leuchtende Sphären im weiten All,
> die ihr umringt den Weltenball;
> Urewige Schöpfung, halte doch ein,
> genug des Werdens, laß mich sein! ...

Doch dann wechselt die Stimmung, leise und eindringlich, sehnsüchtig verlangend:

> ... Die Lippe verstummt in staunendem Schweigen,
> keinen Wunsch mehr will das Inn're zeugen:
> Erkennt der Mensch des Ew'gen Spur,
> und löst dein Rätsel, heil'ge Natur!

Mörike beschwört im »*Gesang Weylas*« ein vorzeitliches Gefilde – gleichsam erste Schöpfungstage. HUGO WOLF legt dem Text breit harfende Klänge unter, die seltsam archaisch, zeitlos wirken:

> Du bist Orplid, mein Land!
> Das ferne leuchtet;
> Vom Meere dampfet dein besonnter Strand
> den Nebel, so der Götter Wange feuchtet ...

Entspannung – Besinnung – Meditation

Goethes *Grenzen der Menschheit* haben es beiden angetan – SCHUBERT und WOLF. Fast 70 Jahre trennen ihre Versionen. Text und Musik in beiden Fällen relativieren das Zentrumsdenken des Menschen. Denn, wie es zuletzt bei Goethe heißt:

Ein kleiner Ring
begrenzt unser Leben,
und viele Geschlechter
reihen sich dauernd
an ihres Daseins
unendliche Kette.

Enttäuschung und Frustration

> »... er ist dahin, der süße Glaube
> an Wesen, die mein Traum gebar,
> der rauhen Wirklichkeit zum Raube,
> was einst so schön, so göttlich war.«
> *Friedrich Schiller/Franz Liszt: »Die Ideale«*

Frustra – »vergeblich«, das steht vielen Zeitgenossen ins Gesicht geschrieben. Doch an vielen Enttäuschungen sind wir selbst schuld, weil wir unsere Erwartungen entweder zu hoch geschraubt oder nicht auf ihre Realisierbarkeit hin überprüft haben. Man hätte es vorher beherzigen sollen, das Gebet des Pfarrers Oetinger: »Herr, gib mir die Kraft, Dinge zu ändern, die ich ändern kann, gib mir die Gelassenheit, Dinge hinzunehmen, die ich nicht ändern kann, und gib mir die Fähigkeit, das eine vom andern zu unterscheiden.« (Bei Brecht taucht dieses Gebet etwas verkürzt und rein pragmatisiert wieder auf: »Keinen Gedanken verschwendet an das Unabänderliche. Dem Änderbaren aber widmet eure ganze Kraft.«)

Man hat sich also eine runde Enttäuschung eingehandelt, und warum? Weil man sich eben selbst getäuscht hatte. Jeder ist seiner Enttäuschung Schmied. Denn nicht, wer viel hat, ist reich – sondern wer wenig braucht. Nicht der ist glücklich, dessen Wünsche sämtlich in Erfüllung gehen, sondern der, der seine Wünsche klug formuliert: Man denke an das Märchen vom »Fischer und seiner Frau« ... Je älter man wird, desto klarer weiß man, daß es nichts Langweiligeres, ja Beängstigenderes geben kann als die Übersättigung, denn sie führt zur inneren Leere. Der Mensch ist nicht zum totalen Glück geboren, sondern braucht den unerfüllten Wunsch wie den Sauerstoff. Hier ist das Luther-Wort am Platze: »Wenn nicht geschieht, worum wir Gott bitten, so wird geschehen, was besser ist.«

In einer Partnerschaft ist natürlich immer der besonders enttäuscht, dessen ganzes Streben auf einen anderen Menschen zielte, um dessentwillen er sein Wesen unterdrückt oder umgestellt und sich dem anderen sozusagen geopfert hat. Dabei schwingt insgeheim die Hoffnung, ja die Erwartung mit, daß nun der Partner auf Heller und Pfennig die gewünschte Gegenleistung erbringen werde: meist in Form von Liebe, Fürsorge oder Zuwendung. Wenn diese Rechnung nicht aufgeht – wen sollte das wundern? Denn meistens hatte der Adressat dieser zweifelhaften Wohltaten sich gar keinen »doppelten Rittberger« bestellt ...

Frustration läßt sich am einfachsten und nachhaltigsten dadurch vermeiden, daß man auf alle auch nur andeutungsweise masochistischen, unterwürfig, gewaltsam und durch Selbstverleugnung erreichten Anpassungen verzichtet und wieder damit anfängt, man selbst zu sein. Da kann es dann kaum mehr geschehen, daß Sie sich zermartern, nur weil die Sonne zu ihrer Zeit untergeht und nicht dann, wenn Sie es ihr mit allen möglichen Tricks der Umschmeichelung abzulisten versuchen ... Das Gegenteil von Frust ist (heitere, weise) Gelassenheit – lassen Sie die Dinge, die Menschen, die Gefühle, die Reaktionen, ja sogar die eigenen Aktionen kommen, reif werden.

Es gibt Menschen, die agieren ständig. Und wenn sich das gewünschte Ergebnis nicht umgehend zeigt, dann ist ihnen Frustration sicher ... Aber auch ohne diese Überreaktion und bei großer philosophischer Gelassenheit ist niemand vor Enttäuschungen verschiedenster Art gefeit.

Nun ist es also passiert, und wir wollen mit Hilfe von Musik über Ärger und innere Leere hinwegkommen. Der Groll, der »Frust« muß erst einmal abgebaut werden. Und wenn Sie eine richtige Wut haben, schadet das überhaupt nichts; je extremer die Verfassungen, desto mehr geeignete Musik gibt es: Sie finden sie im Kapitel »Aggression«. Als Frustrierte befinden wir uns übrigens in bester Gesellschaft. Die wenigsten Tonkünstler waren auch *Lebens*künstler, so mancher tappte von einer Enttäuschung in die andere. Doch ihr Metier und zugleich Ihre Leidenschaft, verehrte Leserinnen und Leser, die Musik also, ist eine klassische Instanz der Tröstung. Denn nach einer Enttäuschung, wenn der Frust verraucht und der Schmerz vergangen ist, braucht man Halt und Wärme. Und das finden Musiker und Musikfreunde gleichermaßen in ihrer Kunst.

Ein Leben ohne Phasen der Enttäuschung hat wohl kein Komponist geführt. Zuerst sei von einem deutschen Meister des Jahrganges 1685 berichtet. GEORG FRIEDRICH HÄNDEL, Kraftnatur und erfolggewohnt, war in London mit seinen italienischen Opern gescheitert; den endgültigen Tiefpunkt, verbunden mit einem Bankrott seiner Abonnementsvorstellungen, brachte ihm die Bettleroper nach dem Text von John Gay, mit der Musik von John Christopher Pepusch. Händel machte eine schwere Krise durch – und setzte neu an, doch nicht mehr auf dem Gebiet der Oper, sondern als Schöpfer von Oratorien, wie er sie noch von seinen Lehrjahren in Italien her kannte. Freilich mit einem wichtigen Unterschied: Jetzt verwendet er die englische Sprache. Damit und durch die Wahl der Stoffe (die Heilsgeschichte des Volkes Israel aus dem Alten Testament) schreibt er sich in die Herzen der Engländer und wird schließlich als nationaler Heros an ehrenvollster Stelle beigesetzt, in der Westminster Abbey. Über dem letzten Oratorium, *Jephta*, ist er erblindet. Seine späten Werke haben den sterbenden Beethoven getröstet.

Eine »Frustrationsstrecke« im doppelten Sinne durchläuft der 21jährige WOLFGANG AMADEUS MOZART während und nach seiner zweiten Paris-Reise. Einst hatte er an der Seine rauschende Triumphe gefeiert, und es ist nur zu verständlich, daß sich der Komponist jetzt, da er unendlich an Meisterschaft gewonnen hatte, die kühnsten Hoffnungen macht. Zudem ist er beflügelt von einer ersten leidenschaftlichen Liebe, denn unterwegs hatte er in Mannheim zugleich mit der Künstlerboheme im Hause Weber die schöne Aloysia kennengelernt, eine begabte Sängerin. Nach seiner Rückkehr soll die Hochzeit sein.

Doch in Paris beachtet man den Komponisten kaum, die ganze Reise wird ein Fiasko. Zu allem Unglück stirbt in Paris Mozarts Mutter, die ihn begleitet hatte, und auf der Rückreise muß er in Mannheim obendrein feststellen, daß seine geliebte Aloysia längst in München ist – dank seiner Empfehlungsschreiben in guter Anstellung und obendrein in anderen Händen. Und was erwartet ihn daheim? Er, der seit Jahren hofft, irgendwo eine ehrenvolle und einträgliche Anstellung zu finden, der seinen Zunftgenossen als Virtuose haushoch überlegen und als Komponist ein ganzes Musikzeitalter voraus ist, er muß sich wieder in den verhaßten Dienst des knickerigen Salzburger Erzbischofs begeben, der ihn seine Geringschätzung spüren läßt ... Doch einem geheimen Gesetz des Ausgleichs folgend, wirft Mozart nun keineswegs nur klagende, sondern durchaus auch heitere, ja komische Passagen auf das Notenpapier.

Nach den Jahren als Wunderkind hat sich Mozart gegen äußere Fru-

Enttäuschung und Frustration 83

stration zur Wehr setzen müssen. Zwei Jahre vor seinem Tod bot er kein erfolgverwöhntes Bild. Die Finanzen zerrüttet, die Aufträge rückläufig, die Schulden immer drückender, und nach wie vor kein angemessenes Amt etwa bei Hofe. Selbst in der Ehe mit Constanze, die ihm die lebensnotwendige Wärme und Geborgenheit gab, kriselte es erheblich; nicht nur er leistete sich Seitensprünge, auch Constanze hatte unverhohlen Liebhaber ... Doch 1789 entstand das *D-dur-Klavierkonzert* Nr. 26 mit hochvirtuosen Ecksätzen und einem Mittelsatz von bezaubernder Zärtlichkeit. Nichts spürt man von der Trübseligkeit der äußeren Lebensbedingungen. Seinen Beinamen erhielt es im Jahre darauf, in Zusammenhang mit einer spektakulären Aufführung.

Als hätte es noch eines weiteres Beweises für die Geringschätzung der Zeitgenossen für den reifen (bei »späten« würde sich die Feder sträuben) Mozart bedurft: 1790 reiste der Wiener Hof nach Frankfurt, wo Leopold II. zum Kaiser gekrönt wurde, aber den Komponisten hatte man schlichtweg vergessen. Doch trotz dieser Kränkung (auf der offiziellen Delegationsliste standen Salieri und andere) gab Mozart nicht auf. Er lieh sich das Geld und reiste auf eigene Kosten – beiläufig sechs Tage –, um in Frankfurt ein Konzert zu geben. Auf dem Programm stand auch besagtes *Klavierkonzert D-dur*, das nach dieser Aufführung wie zum Hohn später den Namen *Krönungskonzert* erhielt.

Eine siegreiche Auseinandersetzung mit Enttäuschung führte auch FRANZ SCHUBERT in seiner *Vierten*, der sogenannten *Tragischen Sinfonie*. Der Neunzehnjährige hat wohl Bilanz gezogen: Was, wer war er überhaupt? Hilfslehrer, eine klägliche Existenz ... Und die Musik – was sollte er neben Beethoven überhaupt wagen ...? Aber schon nach der langsamen Einleitung hält es den jungen Meister nicht mehr bei der Trübsal, und im 2. Satz entfaltet sich der ganze Zauber seiner melancholischen Melodien. Nach dem handfesten Scherzo kehrt noch einmal die Tragik des Kopfsatzes wieder, weicht aber der Freude und Selbstsicherheit.

Die Tragödie mit der davongelaufenen Verlobten ist neben Mozart auch noch einem anderen Komponisten passiert – PJOTR ILJITSCH TSCHAIKOWSKY. Als junger Professor am Moskauer Konservatorium hatte er sich in die belgische Sängerin Désirée Artôt verliebt, verlobte sich mit ihr und plante sogar den Hochzeitstermin. Allerdings wurde die Artôt dann wohl von Nikolai Rubinstein, Freund und Chef des Komponisten, über seine begrenzte Begeisterungsfähigkeit für Frauen ins Bild gesetzt, und als sie von einer Tournee aus Warschau nach Moskau zurückkam, war sie bereits neu liiert, mit einem spanischen Bariton. Tschaikowsky, der seine homosexuelle Veranlagung damals noch nicht wahrhaben wollte, fühlte sich tief gedemütigt und im Stich gelassen. Viel von diesen Gefühlswallungen findet sich in seiner leidenschaftlichen Orchesterouvertüre nach Shakespeare *Romeo und Julia* sowie in seiner packenden Puschkin-Oper *Eugen Onegin*. Und für seine »Ersehnte«, wie Désirée auf deutsch heißt, komponierte er seine sehr populär gewordene *Klavierromanze f-moll*.

Das Leben und Schaffen eines deutschen Meisters, der als *der* Romantiker und *der* literarische Klavierkomponist neben Franz Liszt gilt, war von Enttäuschungen überschattet: ROBERT SCHUMANN. Er hat es nicht geschafft, mit ihnen fertigzuwerden, sondern ist letztlich gescheitert.

Der Hochbegabte konnte nicht Konzertpianist werden, weil er sich die Hand durch übertriebenes und falsches Üben ruiniert hatte. Er mußte jahrelang vergeblich und unter tiefer Demütigung um seine Clara kämpfen, die sich dann in der anfangs glücklichen Ehe als der vitalere Partner erwies und sich (ausgerechnet auf dem Feld seiner Niederlage) als Pianistin europäischen Ruhm erwarb. Das führte zu dem für Schumann schwer erträglichen Umstand: Man kannte *sie*, während *er* als »Gatte von Clara Schumann« quasi als Prinzgemahl figurierte.

Später führte falsche Selbsteinschätzung zu einem weiteren beruflichen Fiasko. Nicht er, sondern Niels W. Gade wurde der neue Gewandhauskapellmeister nach Mendelssohn. Doch ebenso wie sich der Umstand mit der verdorbenen Pianistenkarriere segensreich auf seine kompositorische Produktivität ausgewirkt hatte – sonst hätte er nur nebenbei geschrieben –, muß man diese Leipziger Entscheidung fast eine glückliche nennen, denn Schumann hätte sonst vielleicht schon dort seine Unfähigkeit als Orchesterleiter bemerkt und sich womöglich bereits in die Pleiße statt erheblich später in den Rhein gestürzt. Diese Desillusionierung erwartete ihn dann in Düsseldorf, wo er den Posten eines städtischen Musikdirektors antrat, ihm aber nicht gerecht werden konnte.

Doch auf Schumann warten noch andere Schicksalsschläge: Der von ihm selbstlos aufgenommene, beträchtlich jüngere und seelisch wie körperlich robuste Brahms wird Anlaß zur größten menschlichen Enttäuschung seines Lebens und zur potentiellen Bedrohung seiner Ehe. Auf den Gedanken, daß er selbst an der Zerrüttung der Beziehung zu Clara

Enttäuschung und Frustration 85

eine Teilschuld tragen könnte, kommt er nicht. Summe aus allen Faktoren: Schumann versucht sich das Leben zu nehmen und will, als es mißlingt, später selbst in eine geschlossene Anstalt eingewiesen werden.

In seiner Orchesterouvertüre *Manfred* kann er die düsteren Gedankengänge des Byronschen Helden packend nachvollziehen.

Seiner späten, resignierten Phase entstammt das durch die sanfte Traurigkeit beredte einzige *Violinkonzert*, das Joseph Joachim mit Claras Billigung der Öffentlichkeit als angebliches Symptom seiner voranschreitenden Geisteskrankheit vorenthalten hat.

Das Leben des Europäers und Starvirtuosen unter den Komponisten des 19. Jahrhunderts, ein Jahr jünger als Schumann, verlief direkt konträr. Doch blieb auch FRANZ LISZT nicht von Enttäuschungen verschont. Unter kreativem Aspekt muß man sagen: glücklicherweise. Denn ein Leben nur »in Saus und Braus«, wie er seine europäischen Triumphzüge als umjubelter Pianist selbst umschrieb, hätte schwerlich Substanz für beständige, klassische Kunstwerke geliefert. Aber durch eigene Schuld und vergebliche Versuche, seinem Leben oder seiner Umgebung neue, bedeutungsvolle Impulse zu geben, sah er sich schon mit Ende dreißig vor einem Scherbenhaufen zerstörter Hoffnungen. Dazu gehören der Verlust seiner ersten, entscheidenden Beziehung zu Marie d'Agoult und der Zerfall der Familie. Die drei Kinder haben den Preis zu zahlen; zwei sterben vorzeitig, Cosima wird den alten Vater allein sterben lassen ...

Seine Sinfonische Dichtung *Die Ideale* folgt Schillers gleichnamigen Gedicht. Die zweite Strophe lautet:

Erloschen sind die heiter'n Sonnen,
die meiner Jugend Pfad erhellt',
die Ideale sind zerronnen,
die einst das trunkne Herz geschwellt,
er ist dahin, der süße Glaube
an Wesen, die mein Traum gebar,
der rauhen Wirklichkeit zum Raube,
was einst so schön, so göttlich war.

Der Text wird dem enttäuschten Dichter aus der Seele gesprochen haben. Im Weimar Goethes und Schillers hatte Franz Liszt eine neue, eine musikalische Klassik auf der Grundlage der Literatur initiieren und die biederen Bürger wieder entflammen wollen. Vergeblich, seine Bemühungen versandeten in der Indifferenz der Weimarer. Was hatte Liszt hier nicht alles auf die Beine gestellt: unter anderem Freund Wagners *Lohengrin* aus der Taufe gehoben, mit einem lächerlich kleinen und ebenso schlechten Hoforchester... Auch wurde ihm die Verbindung mit der Fürstin Sayn-Wittgenstein zunehmend zu einer Quelle des Verdrusses. Die Bemühungen um Scheidung von ihrem Mann waren erfolglos geblieben; eine Heirat schien auf längere Zeit unmöglich, aber ebenso unmöglich schien es Liszt, dieser Beziehung noch zu entrinnen. Er fühlte sich unwohl und letztlich unfrei. Er, der in jungen Jahren Glanz und Erfolg wie kaum ein anderer vor und neben ihm kennengelernt hatte, der bereits mit 36 Jahren freiwillig auf die applaudierende Menge verzichtete und in Weimar schöpferische Konzentration suchte, mußte (oder durfte) nun an Enttäuschung nachholen, was ihm bislang erspart geblieben war ...

Erinnerung und Nostalgie

»Schafft euch liebe Erinnerungen!«
Franz Liszt zu seinen Klavierstudenten

Das Reich der Erinnerung ist dem Traum näher als der Realität. Hier gelingt unserer Innenwelt das Kunststück, das uns Menschen im Raum-Zeit-Käfig verwehrt ist: das Zusammenfließen der Zeiten. Die Erinnerungen kommen ungerufen und schwingen in der Wahrnehmung mit – anders wäre das Phänomen Lernen nicht zu erklären –, doch sie lassen sich auch rufen. Und besonders das musikalische Schaffen ist eng mit diesem Zauber der beschworenen Vergangenheit verwoben.

Da Kompositionen häufig aus der Rückschau entstanden sind und – ganz abgesehen von den rein musikalischen Gegebenheiten – Erlebtes, Gefühltes oder auch nur Ersehntes verarbeiten, eignen sie sich gut für die eigene Rückschau des Hörers. Im Konzertsaal wandern die Gedanken der meisten beim langsamen Satz in die Vergangenheit und beim raschen, dynamischen Finalsatz in die Zukunft.

Der Wert der Erinnerung für unser seelisches Gleichgewicht ist nicht zu überschätzen. Je aktiver wir uns in Vergangenes einfühlen, desto intensiver können wir in der Gegenwart empfinden. Die Gewohnheit, abends vor dem Einschlafen noch einmal den Tag Revue passieren zu lassen, trainiert nicht nur die Sinnesorgane in ihrer zweiten Ebene (geistiges Auge und Ohr), sondern auch das Gedächtnis. Dazu kann die Musik beitragen.

Daß Komponisten in ihren hier angeführten Werken höchst unterschiedliche eigene Erinnerungen und Assoziationen zeitlicher und räumlicher Art verarbeitet haben, soll nicht irritieren. Die »vielseitige Konkretheit« der Musik macht es möglich, daß sie eine Art klingendes Passepartout liefert, in das wir unsere eigenen Bilder und Empfindungen fügen können. Musikalische Erinnerung kann Ihren Lebensweg reicher machen. Das beginnt beim Schlaflied, das einst an Ihrem Kinderbett gesungen wurde, geht vielleicht über den Choral, den Sie in der Kirche immer am liebsten sangen, oder das erste Konzert, die erste Oper, von der Sie gepackt wurden, bis zur Musik bei Ihrer Trauung. Und es endet mit der Musik, die sich der alternde Mensch für seine Aussegnung wünscht.

In der an Erfolgen nicht reichen letzten Lebenszeit in Amerika konnte BÉLA BARTÓK mit seinem *Konzert für Orchester* eine erfreuliche Ausnahme verzeichnen. Die Uraufführung Dezember 1944 wurde bejubelt. In dem Werk faßt der emigrierte Komponist seine vielfältigen, widersprüchlichen Empfindungen zusammen. Der Tenor ist heiter, nur in der zentralen Elegie kommt Todesahnung auf. Das Finale bringt abrundend Rückblenden auf das ungarische Land, das er nur noch in der Erinnerung durchstreift.

Nach seinen »Briefen aus meiner Mühle« hat Alphonse Daudet, von der Sonne der Provence erwärmt und gesegnet, ein Drama gestaltet – *L'Arlésienne* – »Das Mädchen von Arles«. Bei GEORGES BIZET bestellte er für die Pariser Inszenierung insgesamt 27 Musiknummern, aus denen der Komponist eine erste Orchestersuite, nach seinem Tod sein Freund Ernest Guiraud (der Schöpfer der Rezitative zu *Carmen*) eine zweite zusammenstellte, bestehend jeweils aus vier Sätzen. Die 1. Suite enthält an dritter Stelle ein anrührendes Adagietto – im Drama entspricht ihm die Wiederbegegnung zweier älterer Menschen, die sich in ihrer Jugend geliebt hatten, aber getrennt wurden. Jetzt denken sie gemeinsam an ihr damaliges Glück zurück.

Zu seiner großen Genugtuung von der Breslauer Universität zum Dr. phil. h. c. promoviert, wollte sich JOHANNES BRAHMS natürlich gebührend revanchieren. Was er in seinen Skizzen fand und ausformte, geriet ihm zu düster (es wurde dann die *Tragische Ouvertüre*). Da kam ihm der rettende Einfall, zumal es ja ein Werk für Akademiker werden sollte, mehrere Studentenlieder zu einem »lustigen Potpourri à la Suppé« zu verarbeiten. Den Höhepunkt dieser *Akademischen Festouvertüre* bildet in vollem Orchestertutti das allbekannte *»Gaudeamus igitur«*. Als Kuriosum sei erwähnt, daß Curt Goetz, der den Dr. med. Hiob Prätorius in seinem gleichnamigen Stück spielte, als Hobbydirigent mit eben dieser Partitur auftrat.

Erinnerung und Nostalgie 89

In seiner *Dritten Sinfonie,* gelegentlich auch seine *Eroica* genannt, kontrastiert Brahms die beiden dramatischen Außensätze durch einen melancholisch bewegten und einen innigen langsamen Satz. Jenes Andante ruft Erinnerungen an sorglose Zeiten, an heitere Landschaft und freundliche Menschen wach – darauf deutet die schlichte, fast naive Volksliedmelodie hin.

Erinnerung steht auch über dem langsamen Satz Andante moderato der *Vierten Sinfonie.* Ein wenig gemahnt diese Atmosphäre, nur eben herber und authentischer, an das »*Alte Schloß*« aus Mussorgskis *Bilder einer Ausstellung.* Blechbläser lassen die Landschaft hier düster und streng werden.

Kulturhistorische Erinnerungen beschwört EDVARD GRIEG in seiner *Holberg-Suite,* einem Auftragswerk zum 200. Geburtstag des »norwegischen Molière« Ludwig Holberg (der in Griegs Stadt Bergen geboren wurde, aber in Kopenhagen lebte): alte Tänze, anmutig und leicht vergilbt.

Im Hinblick auf die Romanze seines *e-moll-Klavierkonzerts* sprach FRÉDÉRIC CHOPIN von »einer Fülle von Erinnerungen... Sie ist der Traum einer schönen, mondbeglänzten Frühlingsnacht«.

Reine, wehmütige Erinnerungsmusik sind Chopins letzte *Mazurken, Walzer* und *Nocturnes* – fast schon morbid, schillern sie seltsam in Chromatik und Figuration ...

Ein Sonderfall des Sichzurückversetzens in die Vergangenheit ist die Nostalgie: Hier handelt es sich nicht um persönliche Erinnerungen, sondern man »erinnert«, reaktiviert ein Mosaik meist kulturhistorischer Details, die man im Laufe seines Lebens zusammengetragen und – aus welchen Gründen auch immer – zum Gegenstand sehnsüchtigen Träumens gemacht hat. Eduard Mörikes Gedicht »*Im Frühling*« läßt sogar eine metaphysische Komponente anklingen: Wer von uns weiß denn, woher seine Sehnsüchte, sein Verlangen nach früheren Tagen und Zeiten stammen? In HUGO WOLFS Vertonung, sonnendurchtränkt und rätselhaft statisch, verfließen die erlesensten harmonischen Nuancen ineinander, die Zeit scheint stillzustehen, wir dringen in eine andere Dimension der Lebenswahrnehmung ein, in eine Art Zusammenschau der Zeiten, die vielleicht eine Vorstellung von Ewigkeit vermitteln kann:

Hier lieg ich auf dem Frühlingshügel:
Die Wolke wird mein Flügel ...

... Die Wolke seh ich wandeln und den Fluß,
es dringt der Sonne goldner Kuß
mir tief bis ins Geblüt hinein;
die Augen wunderbar berauschet
tun, als schliefen sie ein,
nur noch das Ohr dem Ton der Biene lauschet.

Ich denke dies und denke das,
ich sehne mich und weiß nicht recht nach was:
Halb ist es Lust, halb ist es Klage;
Mein Herz, o sage,
was webst du für Erinnerung
in golden grüner Zweige Dämmerung?
– Alte unnennbare Tage!

Daß sich bei dieser – man möchte fast sagen: menschheitlichen – Sehnsucht auch leichter Schmerz einschleicht, ist das notwendige »Gewürz Wehmut«, das zur Nostalgie und meist auch zur Erinnerung gehört, beschwören doch beide eine versunkene Wirklichkeit.

Der führende unter den neueren Meistern der Farbe, des Traumes und der Nostalgie heißt CLAUDE DEBUSSY. Seine beiden epochalen Sammlungen von *Préludes* setzen die mit Bachs *Wohltemperiertem Klavier* begonnene Tradition fort: enzyklopädische Zyklen von Klavierpräludien, die fast immer improvisativen Einschlag haben. Nach dem Thomaskantor waren es vor allem Chopin und später etwa zeitgleich mit Debussy die Russen Skrjabin und Rachmaninow, die diese, nun allerdings dem Salon des 19. Jahrhunderts gemäß *Prélude* genannte Form in erstaunlicher Vielfalt und Farbigkeit pflegten. Manches Stück bei Debussy greift antike Assoziationen auf. So wird Heft I eröffnet von *Danseuses de Delphes,* »Tänzerinnen von Delphi«, wo anmutige Priesterinnen in gemessenem Tempo das Orakel umschreiben, aus dem Weihrauchschwaden aufzusteigen scheinen.

Aus demselben Heft von 1910 stammt auch *La cathédrale engloutie,* »Die versunkene Kathedrale«, die eines der Lieblingsthemen der Nostalgie in mysteriöse Klänge umsetzt – versunkene Welten. In der Bretagne ist es die verwunschene Kathedrale von Ys, die bei klarer See unter der

Wasseroberfläche sichtbar wird und aus der dann Geläut und Gesang nach oben dringen. Das imposante Bauwerk wird vom Komponisten über sieben Oktavräume aufgeschichtet; beschwörend und lockend wirkt ein immer wiederkehrendes Urmotiv aus nur drei Tönen.

Heft II enthält ein merkwürdiges Stück: *Canope*. Bei Betrachtung der altägyptischen Urnen (von denen er zwei besaß) träumt sich Debussy in eine imaginäre räumliche und zeitliche Ferne, uralte Ritualtänze klingen an, in schattenhaften Akkordreihen steigt der antike Orient auf.

Debussys großer Nachfolger im Kolorit ist MAURICE RAVEL, wenngleich bei ihm noch stärkere rhythmische Akzente hinzutreten und er insgesamt transparenter, klassischer schreibt.

Unter seinen zahlreichen Stücken, die sich mit Wasser und Wassergeistern beschäftigen, ragt die *Pavane pour une infante défunte* – »Pavane für eine ertrunkene Prinzessin« heraus. In der für ihn und seinen Freundeskreis der »Apachen« typischen Nonchalance wehrte der Komponist eine nostalgische Deutung des Titels ab und behauptete, er sei allein von der Alliteration eingegeben. Die Musik, sanft und wehmütig in vage Fernen gerichtet, spricht eine andere, überzeugendere Sprache.

In diesen Kontext gehört auch der packende Chorsatz »*Aus des Meeres tiefem, tiefem Grunde*« (*Vineta*) von JOHANNES BRAHMS auf einen Text des uns aus Schuberts Liederzyklen vertrauten subtilen Lyrikers Wilhelm Müller. Dunkel und lockend steigt der sehnsuchtsvolle Chorgesang auf.

Aus des Meeres tiefem, tiefem Grunde
klingen Abendglocken dumpf und matt,
uns zu geben wunderbare Kunde
von der schönen alten Wunderstadt.

In der Fluten Schoß hinabgesunken,
blieben unten ihre Trümmer stehn.
Ihre Zinnen lassen golden Funken
widerscheinend auf dem Spiegel sehn.

Und dann möcht ich tauchen in die Tiefen,
mich versenken in den Wunderschein,
und mir ist, als ob mich Engel riefen
in die alte Wunderstadt hinein.

Impressionen aus legendären Heldenzeiten und mythischer Vergangenheit einer sich auf die eigene Würde besinnenden Nation sind ebenfalls oft von Nostalgie getränkt. Die böhmische Nationalmusik hat ihren ersten international anerkannten Vertreter in BEDŘICH SMETANA. In seinem Zyklus *Mein Vaterland* bietet der Eröffnungssatz »*Vyšehrad*« schönste Nostalgie. Der Komponist selbst schreibt von »Harfen der Barden«, »Erinnerungen an die einstige Größe und an den Glanz der Königsburg Vyšehrad, und schließlich an ihren Verfall und Untergang. Wir hören Turniere, Kämpfe, Flammen. Zuletzt Elegie.«

Mit der slawischen Frühzeit beschäftigen sich natürlich auch die russischen Komponisten. Der jüngste der »Petersburger Fünf«, NIKOLAI RIMSKI-KORSAKOW, widmete die vorletzte seiner 15 Opern – *Die Sage von der unsichtbaren Stadt Kitesch und der Jungfrau Fewronia* – einer Legende, nach der das altrussische Kitesch durch ein Wunder dem Blick des anrückenden Tartarenheeres entzogen wurde: Nebel steigen auf und verhüllen die Stadt. Entstanden ist mit dem Vorspiel »*Lob der Einsamkeit*« ein Klanggemälde von beklemmender Süße, quasi das klingende Pendant zu den Präraffaeliten in der Malerei.

Einer der begabtesten Schüler Rimski-Korsakows, ANATOLI LJADOW, hat wenig, aber erlesen komponiert. Seine Orchesterstücke, sämtlich programmatisch, sind von ungewöhnlicher Kürze, aber ebenso ungewöhnlich farbig instrumentiert. *Aus alten Zeiten* heißt eine Orchesterballade mit teils heroischen, teils wehmütigen Klängen.

Ljadow war seinerseits der Lehrer von SERGEJ PROKOFJEW. Selbst dieser als »stählerner Komponist« bekannte Russe zeigt gelegentlich überraschenden Sinn für Nostalgie. Mehrere seiner Klaviersonaten enthalten Sätze mit dem Vermerk »Aus alten Heften«, und seine *Dritte Sinfonie* aus den bewegten zwanziger Jahren fasziniert durch das Nebeneinander freitonaler und romantischer Strecken, wobei die letzten erklärtermaßen und unüberhörbar für eine vergangene Welt stehen. Auch seine *Fünfte Sinfonie* enthält einen retrospektiven Satz, das Adagio. Hier scheint gar Tschaikowsky, der große Sänger der Sehnsucht, anzuklingen.

Die Hymne der Nostalgie schlechthin ist für mich »*Das alte Schloß*« aus MODEST MUSSORGSKIS Klavierzyklus *Bilder einer Ausstellung*. Ganz gemächlich, aber von einem fast magischen Puls des 6/8-Rhythmus getragen, entfaltet sich eine Melodie voller Sehnsucht nach alten Zeiten, die Ravel in seiner meisterhaften Orchesterfassung nicht zufällig dem sinnlichsten aller Blasinstrumente übertragen hat: dem Saxophon. (Den Beifall Mussorgskis, des rebellischsten aller russischen Komponisten, für diese Entscheidung hätte er sicher gehabt.) Mussorgskis Klangimpression wurde angeregt von einem Aquarell seines verstorbenen Freundes Victor Hartmann. Es stellt ein mittelalterliches Kastell mit einem Troubadour dar, der ein Ständchen bringt. Das Bemerkenswerte der Komposition besteht in der Magie der unablässigen Tonwiederholungen in der Begleitung. Dieses *gis* und der süß-herbe Wechsel teilweise verwegenster Harmonien verhext den Hörer und nimmt ihm das Zeitgefühl.

Den 2. Satz seiner vierteiligen Sinfonischen Fantasie *Aus Italien* überschrieb RICHARD STRAUSS *»In Roms Ruinen«*, er hat ihn tatsächlich in den Thermen des Caracalla skizziert. Seine Eindrücke faßt er im Untertitel des Satzes zusammen: »Phantastische Bilder entschwundener Herrlichkeit, Gefühle der Wehmut und des Schmerzes inmitten sonnigster Gegenwart.«

Erinnerungen unterschiedlicher Art enthalten ferner seine Sinfonischen Dichtungen *Don Juan* und *Tod und Verklärung*. Im erstgenannten Werk (nach Versen von Nikolaus Lenau) findet sich ein rauschhaftes Bekenntnis zum Leben:

Hinaus und fort nach immer neuen Siegen,
solang der Jugend Feuerpulse fliegen!
Es war ein schöner Sturm, der mich getrieben,
er hat vertobt, und Stille ist geblieben ...

In *Tod und Verklärung* gestaltet er die rückwärts gewandten Lebenserinnerungen eines Sterbenden.

Zu Strauss' letzten Werken zählt das *Oboenkonzert*, eine transparente Musik mit Rückblenden auf frühere Zeiten, in edler Klassizität und Altersweisheit.

Ermattung

»Irgend etwas ist in mir zerbrochen.
Zu hohem Fluge tauge ich nicht mehr.«
Tschaikowsky nach seiner mißlungenen Hochzeit

Ermattet, fix und fertig, total ausgebrannt, kurz vor einem Nervenzusammenbruch, nicht mehr aufnahmefähig – das sind alles Umschreibungen für einen sehr zeittypischen Zustand. Man arbeitet für sein Leben (man könnte fast sagen: als ginge es ums Leben), doch nicht nur für den Lebensunterhalt, da wäre oft schon eher Ladenschluß. Als suchte der Mensch unbewußt nach einem Argument für seine manische Arbeitswut, schraubt er die Lebensbedürfnisse einfach höher. Sonst müßte er sich vielleicht eingestehen, daß auch weniger reichen würde und weniger – unter dem Aspekt eines lebenswerten Daseins – sogar mehr sein kann.

Sicher, das ist nur eine, wenn auch hierzulande verbreitete, Ursache für den Zustand der Ermattung. Für die meisten Leserinnen und Leser, die dieses Buch in den Händen halten, wird eine gelegentliche Ermattung wohl andere Ursachen als die Arbeitssucht haben. Aber ganz frei von solchen Anwandlungen ist wohl niemand. Meistens verdrängen wir durch übertriebene Arbeitswut etwas. Entweder gehen wir der Klärung eines inneren oder äußeren Problems aus dem Wege, oder wir bessern so unser Selbstwertgefühl zwanghaft auf, um uns gegenüber dem Partner oder dem sozialem Umfeld hervorzutun.

Ermatten kann man auch seelisch. Manche Partnerschaften sind so aufreibend, so ermüdend, daß man resigniert – aus innerer Frustration, aus dem Gefühl der Ausweglosigkeit. Und doch kann dieser Zustand sinnvoll und segensreich sein: Er erzwingt die lebensnotwendige Pause der Besinnung. Woher auch immer die Erschöpfung rührt – sie erzeugt einen Zustand innerer Leere. Wir haben uns verausgabt, es ist nichts mehr da zum Geben.

Ermattung

Daraus folgt unsere »Doppelstrategie«: Erst einmal brauchen Sie Ruhe, innere Ausgeglichenheit, durch die Ihnen wieder neue Kraft und Energie zufließen. Das können Sie in einzelnen Schritten, mit getrennten Musiken tun: Hören Sie zuerst Musik aus dem Kapitel »Entspannung – Besinnung – Meditation«. Wenn sich die innere Ruhe eingestellt hat, gehen Sie über zu »Antriebsmusik« (die Sie in dem Kapitel »Antriebsschwäche« finden). Revitalisieren Sie Ihre Kräfte durch Bachs Motorik und Mozarts Allegro-Sätze.

Sie können aber auch bei einem Komponisten und einem einzigen Werk bleiben und beide Schritte mit gutem Effekt verbinden. Sie bedienen sich ganz einfach der dreisätzigen Klavier- und Violinkonzerte von Bach über Mozart, Beethoven, Chopin, Schumann, Brahms, Tschaikowsky, Bartók bis Ravel, setzen aber erst bei den langsamen Mittelsätzen ein und hören anschließend die vitalen, energiegeladenen Schlußsätze.

Den Zustand der seelischen Ermattung umschreibt ein psychoanalytisch interessanter Text von Klaus Groth, vertont von JOHANNES BRAHMS als *»Heimweh II«*. Es ist der ergreifende Wunsch nach Ruhe und innerer Harmonie, das Bedürfnis auszubrechen aus dem Rad des Alltags und der Karriere. Die sanften Achtelgirlanden der Klavierbegleitung symbolisieren Wärme und Geborgenheit:

O wüßt ich doch den Weg zurück,
den lieben Weg zum Kinderland!
O warum sucht ich nach dem Glück
und ließ der Mutter Hand?

O wie mich sehnet auszuruhn,
von keinem Streben aufgeweckt,
die müden Augen zuzutun,
von Liebe sanft bedeckt! ...

Das letzte Stadium seelischer Ermattung ist das »Ausgebranntsein«, die innere Leere, die bei FRANZ SCHUBERT in seinem Liederzyklus *Winterreise* sogar in Todessehnsucht mündet. In *»Der Wegweiser«* (Nr. 20) heißt es nach Wilhelm Müller:

... Weiser stehen auf den Straßen,
weisen auf die Städte zu,
und ich wand're sonder Maßen
ohne Ruh' und suche Ruh'.

Einen Weiser seh' ich stehen
unverrückt vor meinem Blick;
eine Straße muß ich gehen,
die noch keiner ging zurück.

Dazu der Marschrhythmus, der auch das erste Lied dieses Zyklus, »*Gute Nacht*«, bestimmte. In der Singstimme wird das Wort »unverrückt« sinnfällig gemacht durch das Festhalten an *einem* Ton.

Das nächste Lied des Zyklus, »*Das Wirtshaus*«, gilt gar dem Friedhof in des Wortes ureigenster Bedeutung. Entsprechend friedvoll, anheimelnd die Melodie – mit wärmenden, ja »seligen« Terzparallelen. Doch der trostlos Ermattete klopft vergeblich an:

Sind denn in diesem Hause die Kammern all' besetzt?
Bin matt zum Niedersinken, bin tödlich schwer verletzt ...

Erschütternd schließlich das letzte Lied der *Winterreise,* »*Der Leiermann*«:

... Barfuß auf dem Eise wankt er hin und her
und sein kleiner Teller bleibt ihm immer leer ...
... Und er läßt es gehen alles, wie es will,
dreht und seine Leier steht ihm nimmer still ...

Freiheitsdrang und Fernweh

»Wenn man nicht das Geld hat,
sich wirklich Reisen zu leisten,
muß man sie im Geiste machen.«
Claude Debussy

Der Zwänge werden immer mehr. Kein Wunder, daß man manchmal ausbrechen möchte aus dem Alltag.

Ohne jedes Risiko und mit nur geringen Kosten ist dergleichen möglich über die Musik. Es gibt eine Fülle exotischer Kompositionen, deren Kolorit so überzeugend klingt, daß Sie nur noch die Augen zu schließen brauchen, um sich entweder an das betreffende Land zu erinnern oder sich in diese Region versetzen zu lassen.

Freiheitsdrang gilt in unserer Gesellschaft als suspekt, Anpassung ist gefragt. Dabei gibt eine gewisse Abweichung vom Üblichen selbst dem »normalsten« Zeitgenossen einen Hauch von Romantik und Individualität. Abgesehen davon sollte sich jeder von Zeit zu Zeit durchaus wieder einmal auf seine Sehnsüchte und seine Vorstellungen von Freiheit besinnen. Denn die Fähigkeit des zum »Zoon politikon« und »geselligen Wesen« dressierten Menschen, sich anzupassen und notfalls selbst zu verleugnen, hat mitunter schon beängstigende Ausmaße angenommen. Speziell werden wir durch drei Faktoren eingeengt. Erstens durch den bürgerlichen Verhaltenskodex à la »Knigge«: *Es ziemt sich nicht*, also die Zwangsjacke der Konventionen. Zweitens durch Beruf und Arbeit: *Ich komme nicht dazu*, also die Zange der Hetze und Hast im Alltag. Und drittens durch die Selbstunterschätzung und -beschränkung: *Für mich kommt das nicht in Frage*, also das Gefühl, nicht aus der eigenen Haut schlüpfen zu können.

Der erste Komplex ist der differenzierteste. Daß Menschen sich ein Leben lang miteinander herumschlagen und nach außen Harmonie vortäuschen; daß Angestellte, die schon beim Anblick ihres Chefs zuviel Magensäure absondern, doch nicht wagen, diese mitunter lebensbedrohende Situation zu verändern; daß der Kirche längst entfremdete Zeitgenossen zwanghaft den Kirchgang-Mustern ihrer Kindheit folgen, obgleich sie neidisch auf ihre in Glaubensdingen emanzipierten Generationsgenossen schielen – das ist schuldhafte Freiheitsberaubung, und die Tatsache, daß man sich selbst beraubt, ist kein mildernder Umstand. Eine solche Selbstverleugnung kann zu weiteren Formen von zwanghaftem Verhalten führen, die sich irgendwann verheerend auswirken können: nach außen – auf Partner, Kinder, Mitarbeiter, speziell Abhängige und Untergebene – und nach innen, wenn die »umgeleitete« Aggression zur Depression führt.

Ein Mensch, der seine Freiheitssehnsucht selbst nie zu verwirklichen, ja vielleicht nicht einmal zu artikulieren wagte und das auch nicht mehr versuchen wird, erträgt seine eigene Unfreiheit besser, wenn er derartige Ansätze in seiner Umgebung mit aller ihm zu Gebote stehenden Härte erstickt.

Freilich braucht die menschliche Gesellschaft stabile Beziehungen und verläßliche Strukturen. Aber sie dürfen nicht zu Einbahnstraßen ohne Wendemöglichkeit werden. Zwang, auch die sanftere Version, die Nötigung, erzeugt Widerstand oder Lüge.

Freiheitsdrang ist ein Privileg der Jugend. Naturgemäß will sich das Ich erst einmal behaupten, das Wir muß allmählich erlernt werden. Rücksichtslose *Selbstverwirklichung*, wie es heute heißt, ist ebenso schädlich und sozial unverträglich wie der totale Verzicht auf eigene Wünsche und Sehnsüchte. Bei aller im Zusammenleben unvermeidlichen Anpassung sollte man nicht zulassen, daß der Drang zur Verwirklichung des eigenen Ich, die Sehnsucht nach Freiheit und Unabhängigkeit, verschüttet wird.

Zu den Klassikern des Fernwehs zählt CLAUDE DEBUSSY, der sich sein Leben lang nach Spanien sehnte, es aber nur einmal kurz besucht hat. Unter seinen zahlreichen Festmusiken gibt es einige Stücke, in denen gehobene Feststimmung in tänzerische Bewegung umgesetzt wird – eine Mischung aus Temperament, Energie und Lebensfreude. So der 2. Satz »*Fêtes*« seiner *Nocturnes* für Orchester. Hier werden Sie von verschiedensten Farbeffekten umgaukelt und in die Ferne entführt.

Freiheitsdrang und Fernweh 99

Ähnliches erzielt der Schlußsatz aus seiner dreiteiligen Orchestersuite *Iberia*: »*Au matin d'un jour de fête*« – »Am Morgen eines Festtages«. Was man da nicht alles zu hören bekommt: Choral, spanische Tänze zur Gitarre, Kirchenglocken. Und alles getragen von einem erregenden, anregenden, aufregenden rhythmischen Puls!

Wenn Spanien für Debussy nur ein Traumland war, so stammt sein Landsmann EDOUARD LALO von iberischen Vorfahren ab. Seine *Symphonie espagnole*, übrigens vom legendären Pablo di Sarasate aus der Taufe gehoben, liefert spanisches Temperament aus erster Hand, das hier natürlich stärker von der Volksmusik inspiriert ist als bei Debussy, der eine Art Phantasie-Spanien erschuf.

Der Komponist, der Spanien am nachhaltigsten »vertont« hat (er selbst war kein Spanier, trotz seiner baskischen Mutter) ist unangefochten MAURICE RAVEL. Man kann seine *Rhapsodie espagnole* nicht hören, ohne gleichsam elektrisiert zu werden. Die »*Malaguena*« (2. Satz) mit raffinierter Instrumentation läßt Spannung entstehen, die folgende »*Habanera*« mit delikater Klangfarbenmalerei fügt feinste Nuancen hinzu, bis in der »*Feria*« die Hochstimmung eines südlichen Festes ausbricht.

Eine weniger geläufige, klanglich raffinierte Partitur verbirgt sich hinter den sinfonischen Impressionen für Klavier und Orchester *Nächte in spanischen Gärten* des gebürtigen Südspaniers und Wahlfranzosen MANUEL DE FALLA. Zwei der Sätze beschreiben berühmte Parks bei Granada und Cordoba. Von besonderem Reiz sind die arabischen Melodiefloskeln und die von der Gitarre bezogenen Rhythmen. Im ersten Satz »*Im Generalife*« (der einstigen Residenz der maurischen Herrscher bei Granada) kommen als zusätzliche Komponente noch die Wasserkünste hinzu, die das Schloß umgeben und deren Spiel der Komponist in Töne setzt.

Auch in deutschsprachigen Ländern kannte man im 19. Jahrhundert die Lust am Aus- und Aufbruch. Ein wahres Credo des vom Frühling hervorgerufenen Freiheitsdranges ist ROBERT SCHUMANNS Lied »*An den Sonnenschein*« von 1840 auf einen Text von Robert Reinick:

O Sonnenschein, o Sonnenschein!
Wie scheinst du mir ins Herz hinein,
weckst drinnen lauter Liebeslust,
daß mir so enge wird die Brust!

Und enge wird mir Stub' und Haus,
und wenn ich lauf zum Tor hinaus,
da lockst du gar ins frische Grün
die allerschönsten Mädchen hin!

Die kecke Melodie mit dem Quartenauftakt macht richtig Mut, selbst hinauszugehen – ins Freie, in den Sonnenschein, in die Welt, in die Freiheit.

Die Ungebundenheit des Künstlers, speziell des Musikers stellvertretend fürs »fahrende Volk«, preist FRANZ SCHUBERT mit seinem *Musensohn* nach einem Gedicht von Goethe. Freilich mündet bei ihm alles in die Sehnsucht nach seiner Geliebten daheim.

... Ihr gebt den Sohlen Flügel
und treibt durch Tal und Hügel
den Liebling weit vom Haus.
Ihr lieben, holden Musen,
wann ruh ich ihr am Busen
auch endlich wieder aus?

Die klassische Hymne auf freies Umherschweifen in Gottes freier Natur ist desselben Komponisten Eingangslied zu seinem *Schöne-Müllerin*-Zyklus nach Wilhelm Müller. Das gleichmäßige Achtelband in der Klavierbegleitung deutet sowohl den gemächlichen Fluß des schon recht breiten Baches als auch den Lauf der Mühlenräder an:

... Vom Wasser haben wir's gelernt,
vom Wasser!
Das hat nicht Rast bei Tag und Nacht,
ist stets auf Wanderschaft bedacht,
das Wasser ...

Wandern als Synonym für freies Umherschweifen prägt manches Juwel der Liedliteratur, Eichendorffs »*Musikant*« hat HUGO WOLF in seinem großen Liederjahr 1888 vertont. »Wandern lieb' ich für mein Leben ...«, heißt es zu Beginn. Denn der Sänger weiß, daß er nicht seßhaft sein darf, will er noch Sänger bleiben:

… Manche Schöne macht wohl Augen,
meinet, ich gefiel' ihr sehr,
wenn ich nur was wollte taugen,
so ein armer Lump nicht wär'. –

Mag dir Gott ein'n Mann bescheren,
wohl mit Haus und Hof versehn!
Wenn wir zwei zusammen wären,
möcht' mein Singen mir vergehn.

Begleitet von Fernweh ist das »*Wanderlied*« von ROBERT SCHUMANN nach Versen von Justinus Kerner. Die erste Strophe endet:

Wohlauf! noch getrunken den funkelnden Wein!
Ade nun, ihr Lieben! geschieden muß sein.
Ade nun, ihr Berge, du väterlich' Haus!
Es treibt in die Ferne mich mächtig hinaus.

Durch das Zusammenrücken der Kontinente wurde es um die Jahrhundertwende Mode, sich auch außereuropäischen Kulturen zuzuwenden. Eine Schlüsselrolle spielte für das Schaffen der französischen Maler und Komponisten dabei die Teilnahme südostasiatischer Staaten an der Pariser Weltausstellung 1889. Was für Gauguin etwa der japanische Holzschnitt war, wurde für CLAUDE DEBUSSY die Gamelan-Musik, die aufregenden Klänge javanischer Schlagwerk-Orchester. In seinem Klavierschaffen findet sich noch 1903 eine geschliffene Nachlese dieser exotischen Welt: »*Pagodes*« aus seinen *Estampes* – »Kupferstiche«. Suggestive Gleichförmigkeit, halbtonlose pentatonische Leiter, neu und ungewohnt für europäische Ohren.

Debussy hat die Tradition des speziell auch nostalgischen Fernwehs begründet: Er wollte nicht einfach nur weg von Paris, sondern auch noch in die Geschichte zurück, raus aus der modernen Zivilisation. Mehr darüber finden Sie in dem Kapitel »Erinnerung und Nostalgie«.

In dieser Tradition steht der bedeutendste polnische Komponist nach Chopin, KAROL SZYMANOWSKI mit seinem ausladenden, üppig sinnlichen *1. Violinkonzert* und der geradezu opulenten Sinfonie *Lied der Nacht*, das allerdings noch im arabischen Raum bleibt.

Bis nach Indien stößt der Mystiker und Klangmagier OLIVER MESSIAEN vor: *Turangalila* ist eine exotische Sinfonie von verführerischem Farbenreichtum und atemberaubender, feingliedriger Rhythmik. Messiaen sei allen Freunden klassischer Musik zu empfehlen, die neue Wege gehen wollen und sich gern von unerwarteten Klangkombinationen überraschen lassen.

Aufbruchswillen, Freiheitsdrang, Träume und Visionen – wie schön, daß es dies alles gibt. Und wie schön, daß nicht alles und schon gleich gar nicht alles auf einmal realisiert werden kann – das fördert die Phantasie. Reisen im Geiste sind nicht die schlechtesten. Schon gar nicht, wenn man sich des Gefährtes bedient, das uns die Musen zur Verfügung stellen.

Ein schön geschwungenes, mit einer gehörigen Prise Fernweh abgeschmecktes Lied (*»Auf Flügeln des Gesanges«*) von FELIX MENDELSSOHN BARTHOLDY wurde berühmt durch Franz Liszt, der von ihm eine seiner populärsten Klavierbearbeitungen anfertigte:

Auf Flügeln des Gesanges,
Herzliebchen, trag ich dich fort,
fort nach den Fluren des Ganges,
dort weiß ich den schönsten Ort.

Da liegt ein rotblühender Garten
im stillen Mondenschein,
die Lotosblumen erwarten
ihr trautes Schwesterlein ...

... Dort wollen wir niedersinken
unter dem Palmenbaum,
und Liebe und Ruhe trinken
und träumen seligen Traum.

Gedächtnis- und Konzentrationsschwäche

»Der Kopf, der den ›Tristan‹ komponiert hat,
muß kühl wie Marmor gewesen sein.«
Richard Strauss über Richard Wagner

Sie können sich also »nichts merken«. Das ist natürlich eine Übertreibung, aber indem Sie diese Feststellung treffen, manifestieren Sie die vermeintliche Schwäche und machen sie zu einer wahren. Aber trösten Sie sich: nur zu einer vorübergehenden. Denn ebenso wie Sie sich negativ beeinflußt haben, können Sie das auch positiv. Und dabei vermag Ihnen die Musik zu helfen.

Zum Gedächtnistraining eignen sich vorzüglich Variationen. Den Anfang machte JOHANN SEBASTIAN BACH mit seinen *Goldberg-Variationen*, deren geistreiche Abwandlungen einst einen gräflichen Auftraggeber von seiner Schlaflosigkeit ablenken sollten und so angespannt lauschen ließen, daß er unmerklich einschlummerte (Näheres finden Sie im Kapitel »Schlafstörungen«).

Ebenfalls großangelegte Variationswerke schuf LUDWIG VAN BEETHOVEN, in erster Linie die ausladenden *Eroica-Variationen* von 1802, deren Thema schon in der Ballettmusik zu den *Geschöpfen des Prometheus* aufgetaucht war und erst später im Finale der *Dritten Sinfonie* weltbekannt wurde; ferner als Höhepunkt seiner Variationskunst die *Diabelli-Variationen*, benannt nach einem Wiener Verleger, der berühmte Zeitgenossen um jeweils eine Abwandlung eines von ihm komponierten Walzerthemas bat. Beethoven lieferte wie fast immer viel zu spät, aber dafür gleich einen ganzen Zyklus. Die insgesamt 33 Variationen sind ein Lehrwerk pianistischer Einfallskraft!

Eine fingierte Entstehungsgeschichte begleitete die *»Abegg-Variationen«* von ROBERT SCHUMANN. Mit einer angeblichen Comtesse Pauline d'Abegg wollte der junge Schumann seinen Zwickauer Mitbürgern und sogar seiner Mutter imponieren, der er die Dame sogar ausführlich beschrieb (es handelte sich schlichtweg um eine Ballschöne namens Meta). Das Thema deutet schon auf diese Fiktion hin, da er den Namen komplett in Tonbuchstaben bringt: a-b-e-g-g.

Hochvirtuos sind seine *Sinfonischen Etüden*, ein Standardwerk im Konzertrepertoire seiner Frau Clara.

Von Schumann angeregt wurde Johannes Brahms, der die Form der Variationen zu einer bis dahin ungeahnten Höhe führte. Neben zwei frühen Zyklen – rassigen *Variationen auf ein ungarisches Lied* und ihrem ausgeklügelten Pendant, den *Variationen auf ein eigenes Thema*, beide in *Variationen op. 21* – stehen drei Zyklen auf fremde Vorgaben: von Schumann, Händel und Paganini. Brahms wählte aus Schumanns Klavierwerk dasselbe leicht elegische Thema, auf das Clara schon ein Jahr zuvor Variationen komponiert hatte – aus dem 1. Albumblatt der *Bunten Blätter* op. 99 – und fügte höchst raffinierte kontrapunktische Abwandlungen hinzu.

Hingegen tragen seine *Händel-Variationen* mehr illustrativen Charakter: man hört Schellengeklingel, Jagdrhythmen und Spieluhrklänge. Übrigens hat Brahms mit diesem Zyklus die Tradition begründet, Themen bereits »klassischer« Komponisten abzuwandeln. 1873 läßt er die imposanten *Haydn-Variationen* für Orchester folgen und fertigt sogleich eine Fassung für zwei Klaviere zu vier Händen an.

In der Bearbeitung klassischen Themengutes wird ihm später MAX REGER zum ebenbürtigen Nachfolger. Der fulminante Organist und Pianist schuf hochkomplizierte, spannende und wohlklingende *Klaviervariationen auf Themen von Bach* (aus dessen Kantate *Auf deine Himmelfahrt allein*) und Telemann (aus dessen Tafelmusiken). Ebenso wie diese beiden ausgedehnten Zyklen besitzen die noch viel bekannteren Orchester-Variationen auf Haydn, Hiller und vor allem Mozart teilweise ausladende Final-Fugen, denn Reger war einer der scharfsinnigsten Meister der Polyphonie. Das Thema der *Variationen und Fuge über ein Thema von Mozart* hatte der Wiener Klassiker selbst schon im 1. Satz seiner *Klaviersonate A-dur* abgewandelt.

Nicht weniger als sechs weltbekannte Komponisten hat die Sprengkraft der a-moll-Caprice des Genueser »Hexenmeisters« Paganini zu Variationen inspiriert: Brahms, Schumann, Liszt, Rachmaninow, Lutoslawski und Blacher. Ich möchte auf einen dieser Zyklen hinweisen.

Gedächtnis- und Konzentrationsschwäche

Man könnte es fast als sein verkapptes fünftes Klavierkonzert bezeichnen, was SERGEJ RACHMANINOW, seit fünfzehn Jahren in den USA ansässig, aus dieser Vorlage macht. Deutlich lassen sich drei Teile unterscheiden: zwei Außengruppen mit raschen Variationen und ein schwelgerischer Mittelteil. Wegen der stark gestischen und farbenreichen Partitur nannte sie der Komponist *Rhapsodie über ein Thema von Paganini* und hat später auch ein Ballettlibretto autorisiert, in dem die Geschichte des »Teufelsgeigers« erzählt wird, dem der Satan diabolische Virtuosität verspricht (1. Teil), ihn dann mit einem verführerischen Weib belohnt und an sich bindet (langsamer Teil), um schließlich seine Seele zu fordern (Bezüge zur »Faust«-Handlung sind nicht zu übersehen). Der Reiz dieser Variationen liegt in der pikanten Mischung aus moderner, teilweise sogar jazziger Harmonik mit der weitschwingenden Melodik und rassigen Rhythmik der Heimat des Komponisten, die er zeitlebens nicht vergessen, aber nach seiner Flucht vor den Bolschewiki auch nie wieder betreten konnte.

Wer es etwas lustiger und volkstümlicher haben möchte, dem können *»Humoristische Volkslied-Variationen«* von SIEGFRIED OCHS empfohlen werden. Unter dem Titel *'s kommt ein Vogel geflogen* breitet der verdiente Chorerzieher eine amüsante Galerie leicht erkennbarer Stilparodien aus. Man könnte diese geistreiche und kurzweilige Partitur ebensogut dem Kapitel »Heiterkeit« zuordnen.

Nicht minder lohnend als das Verfolgen von Variationen sind für das Gedächtnistraining zwei weitere musikalische Formprinzipien, die bewußt mit dem Wiedererkennungseffekt arbeiten: *Leitmotiv* und *Sonatenhauptsatzform*.

Das Prinzip des *Leitmotivs* wurde von Berlioz eingeführt, von Liszt weiterentwickelt und von Wagner zum unverzichtbaren Bestandteil seiner Musikdramaturgie gemacht. HECTOR BERLIOZ bezeichnete das symbolisch für seine Geliebte stehende Thema selbst als »idée fixe«, als unabweisbaren Gedanken, der sich in Kopf und Herz einfach festgesetzt hat, und er zieht diese »fixe Idee« durch alle Sätze seiner *Symphonie fantastique* (siehe das Kapitel »Liebeskummer«).

Revolutionierend wirkte seinerzeit FRANZ LISZT mit seiner einzigen, aber völlig ungewöhnlichen *Klaviersonate h-moll*. Das einsätzige Werk entwickelt fast sämtliche Themen aus einem einzigen Motivkern – spannend zu verfolgen und seinerzeit von nur wenigen begriffen. Der einflußreiche Wiener Kritiker und Brahms-Freund Eduard Hanslick sprach von einer »Genialitätsdampfmühle, die fast immer leerläuft«, während Liszt selbst unbeirrt meinte: »Ich kann mit wenigen Bausteinen ein musikalisches Gebäude errichten ... Nicht in der Verschwendung liegt das Wesentliche, sondern in der Einschränkung auf das Wesentlichste. Eine Idee muß vorhanden sein, nicht eine Ballung von Pseudo-Ideen.«

Konsequent arbeitete mit Leitmotiven bekanntlich der »Musiktheatrarch« des 19. Jahrhunderts, wie der Kulturhistoriker Egon Friedell ihn nennt – RICHARD WAGNER. Es gibt voluminöse Textbücher etwa zu seinem grandiosen Zyklus *Der Ring des Nibelungen* mit ausklappbarer Motivtafel, wo die einzelnen Leitmotive in Noten angegeben und mit Schlagworten bezeichnet sind, so daß man sie mit den als Marginalien im fortlaufenden Text angegebenen Leitmotiven vergleichen und beim Hören verfolgen kann. Ein geradezu detektivisches Vergnügen!

Das vielleicht komplizierteste, aber die reichsten Versionen bietende Bauprinzip, das sich für Schärfung der Hörkonzentration und des musikalischen Gedächtnisses eignet, ist die sogenannte *Sonatenhauptsatzform*. Die Bezeichnung kommt daher, daß nach diesem Konstruktionsprinzip die wichtigsten, eben die Hauptsätze, von Sonaten, Sinfonie, Konzerten und Kammermusikzyklen (vor allem von Streichquartetten) angelegt sind. Was ursprünglich nur für die ersten, die Eingangssätze galt, erstreckt sich später zunehmend auf die Finalsätze.

Das Repertoire an Sonaten ist ebenso unerschöpflich wie das an Sinfonien, Konzerten und Streichquartetten. Deshalb sei es hier gestattet, nur auf die markantesten Merkmale, die deutlichsten Formabschnitte der zugrundeliegenden Norm einzugehen. Der interessierte Hörer wird sich mit einiger Geduld (vielleicht mit Unterstützung durch einen Konzertführer) hörend oder gar in den Noten lesend zurechtfinden.

Generell achte man bei der Sonatenform, wie wir sie verkürzt nennen wollen, auf die meist deutliche Dreiteilung: A B A', wobei in A, der »Exposition«, die beiden (meist gegensätzlichen) Themen vorgestellt, in B abgewandelt sowie in A', der »Reprise«, wiederholt werden. Die Tonart des ersten, des Kopfthemas, erfaßt und bestimmt nun in A' auch das zweite Thema. Hierbei ist es geradezu spannend zu beobachten, wie der Komponist in Abschnitt B, der »Durchführung«, mit dem thematischen Material umgeht, welches Thema ihm mehr liegt, welches er am stärksten verändert. Da kann aus Dur Moll werden, da ist alles erlaubt!

Wenn Sie ein entsprechendes Werk Ihrer Wahl das erste Mal gehört haben, dann bemühen Sie sich doch anschließend, sich an den Anfang oder eine andere markante Stelle bewußt zu erinnern. Beim nächsten Mal haben Sie sich schon einige Details mehr eingeprägt, und eines wirklich schönen Tages werden Sie schon auf den Einsatz bestimmter Instrumente warten und schließlich ganze Passagen in Ihrer Phantasie rekonstruieren können.

Zum Abschluß noch ein allgemeiner Vorschlag, der sich auf das abendländische Wunder der Mehrstimmigkeit bezieht, die in der Gleichzeitigkeit wirkt und wahrgenommen werden kann. Das Spielen, aber auch das bewußte Verfolgen von mehreren selbständigen Linien kommt einer Bewußtseinserweiterung gleich: Augenfällig ist das bei den auf streng drei Stimmen reduzierten *Triosonaten für Orgel* von JOHANN SEBASTIAN BACH. Dort hantiert der Spieler völlig gleichberechtigt mit beiden Händen auf je einem Manual und mit beiden Füßen auf einem Pedal, und alle drei Stimmen haben ihre eigene Klangfarbe. Es gibt wohl kaum ein besseres kontrapunktisches, mehrstimmiges Material zum bewußten, wachen, neugierigen Verfolgen der Linien.

Wenn Sie ein Weiteres tun wollen, greifen Sie zu den Noten, um Ihre Klangvorstellung zu schulen. Besorgen Sie sich den Band *Triosonaten* aus Bachs Orgelausgabe und lesen Sie zuerst nur mit, das nächste Mal ein wenig voraus – und Sie haben den besten Einstieg ins Partiturlesen einerseits und ein fabelhaftes Training für Ihre innere Klangvorstellung andererseits. Ähnliche Erfolge kann man mit aller mehrstimmigen Musik erzielen, die in sich klar gegliedert, im Notenbild leicht verfolgbar ist, die ebenmäßig fließt und keine romantischen Extreme kennt – weder in Tempo, Tonart noch Stimmung. Da bieten sich einmal sämtliche Fugen aus Bachs *Wohltemperiertem Klavier* oder aus seinen diversen *Präludien und Fugen* für Orgel an.

Verfolgen Sie die einzelnen Stimmen. Lesen Sie später auch mal stumm und vergegenwärtigen Sie sich die entstehenden Klänge. Das geht auch mit laufendem Recorder/Walkman/Autoradio: Sie drehen die Lautstärke zurück und stellen sich den weiteren Verlauf vor. Sie können auch singen, um im Takt zu bleiben. Dann drehen Sie wieder auf – mal sehen, wo Sie gelandet sind. Zuerst sollte man natürlich mit kurzen Abschnitten üben. So kann man unmerklich lernen, sich zu sammeln.

Zum Schluß sei, wiederum aus der Feder Bachs, die komprimierteste

Klangkost der Musikgeschichte und gleichzeitig das bewundernswerteste Dokument harmonischer und melodischer Phantasie auf so engem Raum empfohlen: die vierstimmigen *Choralsätze*. Bei diesen kurzen, knappest formulierten Chorsätzen können Sie sich ganz praktisch die jeweiligen, meist auf Zählzeiten (Viertel) entfallenden nächsten Harmonien/Akkorde im voraus vorstellen, bevor sie dann erklingen. So schärfen Sie Ihr Gedächtnis und entwickeln Ihre Klangvorstellung. Beides wird Ihnen zugute kommen — Ihrem Intellekt und Ihrer Phantasie. Wenn Sie das vor dem Schlafen im Liegen und in aller Ruhe praktizieren, wird Sie die segensreiche Wirkung dieser Musik sogar noch in den Schlaf begleiten.

Glaube

»Wer sich die Musik erkiest,
Hat ein himmlisch Werk gewonnen,
Denn ihr erster Ursprung ist
Von dem Himmel selbst genommen.
Weil die lieben Engelein
Selber Musikanten sein.«
Martin Luther

Den festen Punkt außerhalb der Erde, den Archimedes forderte, um die Welt aus den Angeln zu heben, hat jeder Mensch, der an eine höhere Instanz glaubt.

Ob Gott, höheres Wesen, kosmische Vernunft – wir gehen davon aus, daß sich von dieser Über-Instanz die humanistischen Ideale der Menschheit herleiten, die unsere Spezies von den Tieren unterscheiden, auch wenn wir sie oft genug entweiht und in praxi widerlegt haben. Doch die Zielvorstellung bleibt ein ethischer Wert. Was Luther von den Zehn Geboten sagt, gilt auch für den Glauben insgesamt: Wenn wir sie auch nicht immer halten können, so dürfen sie doch nicht fehlen, denn sie fungieren als »Regel, Riegel und Spiegel«. Mit dieser großartig knappen und einprägsamen Formulierung hat Luther die organisierende, die verhindernde und die maßstabsetzende Funktion der Gebote getroffen. Mit heutigen Worten: Legislative, Strafgesetzbuch und Gewissen.

Der Glaube gewährt mit jenem festen Punkt außerhalb der Erde und damit außerhalb unseres an Raum und Zeit und an die Kausalität gebundenen irdischen Lebens zugleich einen anderen, übergeordneten Bezugspunkt und dadurch die Möglichkeit, unsere eigene Problematik als irdisch und geradezu mikroskopisch zu relativieren. In dieser Einordnung in größere Zusammenhänge liegt auch Trost (siehe hierzu auch »Entspannung ... Meditation« und »Tod«).

Die meisten Komponisten haben sich bewußt in den Dienst des Glaubens, wenn auch nicht unbedingt in den der Kirche gestellt. Nicht nur, weil die abendländische Tonkunst aus der *Musica sacra*, sozusagen aus dem Patronat der Heiligen Cäcilia, hervorgegangen ist. Sondern auch, weil sich gerade die Komponisten in ihrer schöpferischen Einsamkeit oft genug der Gottheit gegenübergesehen haben werden, ähnlich wie der Physiker Albert Einstein am Ende seines (nur für wenige nachvollziehbaren) Gedankengebäudes vor dem Mysterium der Schöpfung stand.

Ein durchaus klares, zuverlässiges Verhältnis zu seinem Gott hatte JOHANN SEBASTIAN BACH. Er sah in ihm eine Art höchsten Auftraggeber. Unvergleichlich ist sein dreifacher Beitrag für die Kirchenmusik: Orgel-, Kantaten- und Oratorienschaffen. Das ist Hörkost und Wochennahrung für jeden Sonntag des Jahres! Ich möchte besonders darauf hinweisen, daß das weltweit bekannte *Weihnachtsoratorium* noch einen ebenfalls aus drei Kantaten bestehenden zweiten Teil besitzt, der längst einen gleichberechtigten Platz neben dem ersten verdient. Unter theologischem Akzent bemerkenswert ist die Tatsache, daß Bach den Schlußchor der 6. Kantate *»Nun seid ihr wohlgerochen«* (altertümlich für »geräcnt«) auf die Melodie des Passionschorals »O Haupt voll Blut und Wunden« komponiert hat – und zwar als Triumphgesang. Für ihn war der Leidensweg Christi der Sieg über den Tod.

Hinweisen möchte ich ferner auf das selten gehörte *Magnificat D-dur* und die grandiose *h-moll-Messe* – übrigens beides Werke, die der Lutheraner Bach nicht nur auf den lateinischen Originaltext, sondern für einen katholischen Herrscher komponiert hatte: für seinen Landesherrn, den sächsischen Kurfürsten. Wie die Musik keine Grenzen kennt, so gab es für den Christen Bach nur *einen* Gott.

War Bach noch durchaus eingebunden in die Institution Kirche, so muß man LUDWIG VAN BEETHOVEN eher als Konventionsverächter und Rebellen bezeichnen. Dennoch war der Grobian mit dem weichen Herzen, der mit dem Schicksal hätte hadern können wie kein anderer, sein Leben lang gläubig und hat eigentlich nur durch den Dialog mit Gott überleben können. Das bezeugen unter anderem sein ergreifender *»Heiliger Dankgesang eines Genesenen an die Gottheit«* aus dem späten *Streichquartett Nr. 15 op. 132* und der Schlußchor der *Neunten Sinfonie*:

Glaube

Brüder, überm Sternenzelt
muß ein guter Vater wohnen!

Ein eindrucksvolles Bekenntnis zum Pantheismus, zur Gottesschau in der Schöpfung, ist das Lied »*Die Ehre Gottes aus Natur*« auf einen Text von Christian Fürchtegott Gellert. Hier klingt nicht zufällig der Gedanke der *Musica mundana*, des harmonisch schwingenden und in sich klingenden Universums an:

Die Himmel rühmen des Ewigen Ehre,
ihr Schall pflanzt seinen Namen fort ...

Der Hauptbeitrag des Komponisten zur *Musica sacra* ist seine in mehreren Hinsichten einzigartige *Missa solemnis*, eine Fest-Messe also, deren Zuschnitt sowohl in der Ausdehnung als auch in der Klangsprache den liturgischen Rahmen sprengt. Beethoven wollte sie 1818 anläßlich der Amtseinführung seines Schülers, Erzherzog Rudolph, als Fürstbischof zu Olmütz beendet haben, kam aber erst mit fünfjähriger Verspätung zum Abschluß der Partitur, so daß sie dann zusammen mit der *Neunten Sinfonie* im Druck erschien. Die Uraufführung – ein weiteres Kuriosum – fand 1824 in Sankt Petersburg statt. Aber wie immer bei diesem lange und intensiv um die beste Fassung ringenden Komponisten lohnte sich das Warten. Denn seine *Missa* steht heute gleichberechtigt neben dem Höhepunkt der vokalen Kirchenmusik: der BACHschen *h-moll-Messe*. Nur daß die Auffassung dem gewandelten Zeitgeist entsprechend eine ganz und gar persönliche, »subjektive« ist und damit der heutigen Psychologie näher steht als das noch in der objektiven Glaubenshaltung des Barock begründete Meisterwerk Bachs.

Seine wahre Welt war nicht die äußere, in der er sich durch Hilflosigkeit und Fremdheit auszeichnete: ANTON BRUCKNER hatte als Adressaten »dem lieben Gott«, dem er direkt seine *Neunte Sinfonie* zueignete. Ihr Finale, an dem der Komponist noch am letzten Tag seines Lebens arbeitete, mußte Skizze bleiben. So schließt diese Sinfonie ergreifend mit dem feierlichen Adagio, dessen grandioses, sich gleichsam zu höheren Welten aufschwingendes Thema die inbrünstige Klangwelt des *Tristan* durchaus hinter sich läßt und aus dem Sinnlichen ins Transzendentale steigert.

Wenn er auch ein Egomane war, was seinem imposanten Schaffen, das weit über das übliche eines »Tonsetzers« hinausging, durchaus zugute kam, so blieb RICHARD WAGNER doch im Grunde seines Herzens zwar kein Kirchenchrist, aber ein gläubiger Mensch, und seine Charakterschwächen in puncto Frauen, Geld und Freundschaft ändern daran nichts. Wer sich ein Leben lang mit dem Thema der »Erlösung« beschäftigt und sein Lebenswerk mit einem *Parsifal* abschließt, muß ein intensives Verhältnis zu seinem Schöpfer haben. Dieses »Bühnenweihefestspiel«, eine packende Synthese aus mittelalterlichem Legendengut und panchristlichem Erlösungsglauben, schrieb er sehr zum Verdruß seines einstigen Freundes Nietzsche; ihm schickte er denn auch den Klavierauszug mit dem ironischen Vermerk: »Von Richard Wagner, Oberkirchenrat«.

Der »virtuoso assoluto« seines Jahrhunderts und der wohl umschwärmteste und damit in nicht nur einer Hinsicht auch am meisten gefährdete Komponist seiner Zeit, FRANZ LISZT, wollte schon als Halbwüchsiger, des frühen Ruhmes müde, ins Kloster gehen. Und später realisierte er diesen Wunsch, wenn auch nur vorübergehend, für einige Jahre in Rom. Im Alter nahm er sogar die niederen Weihen als Abbé, als sogenannter Weltgeistlicher, schrieb von Herzen kommende und zu Herzen gehende Kirchen- und speziell Orgelmusik. Hinweisen darf ich auf sein großangelegtes *Präludium und Fuge über B-A-C-H*, auf das Oratorium *Die Heilige Elisabeth* sowie auf eine Art Kammerkantate, die *Legende von der Heiligen Cäcilia*. Aber auch als Klavierkomponist widmete sich Liszt geistlichen Themen (hierzu siehe »Entspannung – Besinnung – Meditation«). Neben dem III. Jahrgang seiner *»Années de pèlerinage«* und den *»Harmonies poètiques et religieuses«* seien hier die beiden ausgedehnten *Legenden* auf den Heiligen genannt, dessen Namen der Komponist selbst trug: Mit teilweise impressionistischen Klangmitteln werden *»Die Vogelpredigt des Heiligen Franziskus«* und *»Der Heilige Franziskus auf den Wogen schreitend«* dargestellt.

Etwas jünger als Liszt, hatte sich der in Lüttich geborene CÉSAR FRANCK ebenso intensiv den Tasten verschrieben, nur daß *seine* Tasten der Orgel gehörten. Der fromme und sanfte »pater seraphicus«, wie er von seinen Pariser Zeitgenossen bald genannt wurde, schuf neben seinen stets wohlklingenden, inbrünstigen Orgelkompositionen in den letzten Lebensjahren, um 1885, auch zwei Meisterwerke für Klavier. Beide

Glaube

Zyklen weisen zurück auf Bach, beide werden von einem Präludium eingeleitet, der erste sogar von einer Fuge gekrönt. Wenn in *Prélude, Choral und Fuge* das erste Stück, von schmerzlicher Dramatik getragen, frei improvisiert wirkt und ihm ein trostreicher, breit ausgesetzter Choral folgt, so verbirgt sich hinter dem Präludium des zweiten Zyklus *Prélude, Arie und Finale* quasi ein Choral, den Franck hier als feierliche, gemessene Prozession anlegt. Höhepunkt des tokkatenähnlichen Finales ist gegen Schluß das Zitat des Arienthemas in der Tenorlage (Franck hatte Hände von enormer Spannweite).

Daß handfeste Diesseitigkeit und Gottglaube durchaus zusammengehören können, zeigt neben Bach auch ein anderer bewußter Protestant, JOHANNES BRAHMS. Der hatte die sieben Texte zu seinem *Deutschen Requiem* selbst zusammengestellt – aus Psalter und Neuem Testament. Tief erschüttert durch den Tod seines Förderers Schumann und seiner eigenen Mutter entstand ein zur Meditation über Vergänglichkeit und Hoffnung anregendes Werk, das nur bedingt als Kirchenmusik bezeichnet werden kann, so erlebnishaft und persönlich ist es angelegt (mehr über dieses großartige Werk im Kapitel »Tod«).

Von anrührender Süße sind die hochexpressiven, echt romantischen Chorsätze von MAX REGER. Dasselbe gilt für seine geradezu orgiastischen (bei ihm kann man das sagen) Orgelwerke: Wenn dieser große, ebenso leidenschaftlich diesseitige wie der *Musica sacra* verschriebene Künstler die unvergänglichen Choralmelodien auf das phantasievollste bearbeitete, öffnet sich für den Freund von Orgelmusik der Himmel! Ich selbst habe Günter Ramin an der riesigen Sauerorgel der Thomaskirche zu Leipzig Reger spielen hören. Die Menschen blieben nach diesen Klangvisionen noch minutenlang stumm und reglos auf ihren Plätzen sitzen.

Ich möchte das Stichwort Glaube benutzen, um etwas näher auf russische Komponisten einzugehen. Denn die Geisteskultur ihres riesigen Landes, das sich erst Mitte des 19. Jahrhunderts der kulturellen Szene Europas öffnete, beinhaltete von Anfang an die Auseinandersetzung mit Fragen der Ethik und der Nächstenliebe, Fragen des Gewissens und des Glaubens.

Der »Liszt des 20. Jahrhunderts«, SERGEJ RACHMANINOW, betete 1943 auf seinem Sterbebett in der amerikanischen Emigration für den Sieg seiner Landsleute, deren atheistische Diktatur ihm doch eine Rückkehr in die Heimat unmöglich gemacht hatte. Von ihm sei dem Musikfreund die vierteilige Kantate »*Die Glocken*« empfohlen, ein packendes, vielfarbiges Werk, in dem auf eine keineswegs engherzige oder liturgisch eingeengte Weise geradezu ausladend die Funktion des Geläuts – das ja für die orthodoxe Kirche eine Schlüsselbedeutung besitzt – als Begleitung durch das menschliche Leben vorgeführt wird: Geburt, Trauung, Feuer und Tod. Der Text stammt von keinem anderen als dem phantasievollen Meister des Spuks – Edgar Allan Poe.

Unbedingt sollten Sie dann noch Rachmaninows *Vesperliturgie* hören, sie hat die Wärme und den stillen Ernst russischer Ikonen und kann als vorzügliche Einstimmung auf das Wochenende und als Ergänzung der sonntäglichen Bach-Kantaten dienen.

Der berühmteste und erfolgreichste Emigrant nach Rachmaninow war IGOR STRAWINSKY. Er hegte eine ausgesprochene Vorliebe für verletzende Höflichkeit und schneidende Zynismen: Überliefert ist etwa, daß er bei seinem einzigen Besuch der Sowjetunion unliebsamen Zeitgenossen zur Begrüßung statt der Hand den Krückstock entgegenstreckte. In seinem vielfältigen Gesamtwerk finden sich unter anderem zwei Chorsätze: *Ave Maria* und *Pater noster*, die er Anfang der zwanziger Jahre auf Kirchenslawisch komponiert und später, in den USA, für den katholischen Gottesdienstgebrauch noch mit dem lateinischen Text versehen hat. Diese kurzen Stücke vermitteln eine ungeahnte innere Ruhe und Andachtshaltung, zumal sie von einer geradezu holzschnittartigen Knappheit sind und den Text überhaupt nicht ausschmücken.

Von überraschendem Schwung vorangetrieben wird seine klanglich kühne *Psalmen-Sinfonie*, geschrieben 1930 *à la gloire de Dieu*, »zur Ehre Gottes«, – eine faszinierend eigentümliche, teilweise archaisch wirkende Kantate. Hier hat er Teile aus den Psalmen 38 und 39 sowie den kompletten 150. Psalm im lateinischen Wortlaut zu drei Sätzen mit dem inhaltlichen Schwerpunkt »Gebet, Dank, Lobpreis« zusammengestellt.

Bei diesem Kapitel mußte mehr noch als bei anderen auf eine auch nur annähernde Vollständigkeit des Musikangebots verzichtet werden. Handelt es sich hier doch um ein Reich für sich, das Reich der Santa Cecilia. So möge vieles hier nur als Anregung verstanden werden, weiterzusuchen und Musik auch von weiteren Komponisten zu hören. Darüber hinaus ist Kirchenmusik ein unerschöpfliches Gebiet, auf dem sogar noch heute ständig Neues, Interessantes entsteht, ohne daß dabei – wie

Glaube

sonst oft in der sogenannten E-Musik – die Ich-Bezogenheit eines Komponisten unbegrenzt wuchern könnte: eben weil er funktionale, dienende Musik schaffen muß. Und wenn man bei musikalischen Kunstwerken von bestimmten Haltungen sprechen kann, die sich auf den Hörenden übertragen, dann zählen Demut und Dankbarkeit, Unterordnung unter einen Schöpfer und Einordnung in seine Schöpfung mit zu den sympathischsten und wichtigsten.

Schließlich darf man nicht vergessen, daß Kirchenmusikpflege, Chorgesang und Gemeindelied im Gottesdienst noch die letzte große Insel des aktiven Musizierens im lutherischen Sinne darstellen:

Weil die lieben Engelein
Selber Musikanten sein!

Heiterkeit

»Alles ist Spaß auf Erden!«
William Shakespeare/Guiseppe Verdi: »Falstaff«

Wäre das Lächeln nicht stärker als das Zähnefletschen und die Güte nicht mächtiger als der Haß, dann gäbe es die Menschheit sicher schon längst nicht mehr. Ja, Lächeln und Lachen sind sogar fähig, gleichzeitig Tränen hinzunehmen. *In tristitia hilaris, in hilaritate tristis* – »In Traurigkeit heiter, in Heiterkeit traurig«. Auf dieses Lächeln unter Tränen haben sich speziell die großen Komponisten verstanden, allen voran vielleicht Mozart, der um die Kürze seines Lebens mindestens die letzten zehn Jahre wußte und dennoch im Sterbejahr ein Sujet wie die *Zauberflöte* vertont hat.

Wenn Heiterkeit sogar den letzten Weg erhellen kann, dann muß sie etwas sehr Wichtiges sein und wert, daß man sie erlerne. Mit Recht läßt sich sagen: Heiterkeit ist angewandte Philosophie und die wohl weiseste Haltung, die man auf Erden einnehmen kann. Im Konzertsaal gibt's Heiterkeit gewöhnlich nicht zum Nulltarif. Man muß sich, quasi durch Nacht zum Licht, erst einmal durch Kümmernisse und Konflikte arbeiten – dergleichen verlangt eine sinnvolle Dramaturgie. Denn erst nach Gewitter und Sturm vermag man die Sonne zu schätzen. Und was die dramaturgisch ausbalancierten Formen betrifft: Sinfonien, Konzerte, Streichquartette und Sonaten können sich nach Haydn gewöhnlich kaum mehr den lustigen Kehraus, also ein ausgesprochen heiteres Finale leisten. Deshalb findet sich in diesen Formen der Humor, die Heiterkeit – wenn dergleichen überhaupt vorkommt – im raschen Mittelsatz, dem aus dem Menuett hervorgegangenen Scherzo.

Eine Ausnahme von dieser »Regel« findet sich überraschenderweise ausgerechnet unter den Sinfonien LUDWIG VAN BEETHOVENS, aus denen die *Achte* aufgrund ihres durchweg heiteren, lebensfrohen, ja humorigen

Heiterkeit 117

Tenors total herausfällt. Was sich zuvor in Einzelsätzen etwa der *Pastorale* andeutet, wird hier zu einem kompletten Bekenntnis zu den hellen Seiten des Daseins. Die Begleitumstände der Entstehung sind relativ beglückend: Der 44jährige Komponist befindet sich Sommer 1812 in den böhmischen Bädern zur Kur. Sonne durchwärmt die vier Sätze. Muße begünstigt den Besuch der Muse ... Lebensfreude und Vitalität kennzeichnen den ersten Satz; im dritten, einem handfesten Menuett, entführt uns Beethoven auf einen volkstümlichen Wiener Redoutenball, im Finale steigert er die unterhaltsame Leichtigkeit des Haydnschen Rondos zu einer ganzen Skala heiterer Nuancen. Eine besondere Überraschung hat er sich für den 2. Satz Allegretto scherzando ausgedacht, wo er dem befreundeten Erfinder von Metronomen und Hörapparaten, Johann Nepomuk Mälzel, ein klingendes Denkmal setzt. Zum Ticken des Zeitmessers (der manchem Klavierschüler in leidiger Erinnerung sein dürfte) setzt er eine zierliche Melodie, die auf einen lustigen Kanon zurückgeht, den er unlängst in Gesellschaft für den Freund improvisiert hatte: »Lieber Mälzel, leben Sie wohl! Banner der Zeit, großer Metronom!«

Für Musik der Heiterkeit braucht es eine leichte Hand. Der Genießer unter den Komponisten des 19. Jahrhunderts hatte sie, und das nicht nur für Töne und Klänge, sondern auch für Kochrezepte und Zutaten. GIOACCHINO ROSSINI begann als Sänger und Cembalist, schulte sich am Schaffen Haydns und Mozarts und hatte schon mit zwölf Jahren sechs *Streicherdivertimenti* geschrieben, die man noch nicht einmal als jugendlichen, sondern als kindlichen Geniestreich bezeichnen muß. Diese ersten Kompositionen – klangschöne, elegante, leichtgewebte Partituren – stehen programmatisch über dem Gesamtschaffen Rossinis, das nie seine Absicht verleugnet, die Menschen zu unterhalten. Von bezwingender Heiterkeit und Leichtigkeit sind einige seiner Orchesterouvertüren, namentlich *Die seidene Leiter* und *Die diebische Elster*.

Schon bei Beethoven konnte man feststellen, daß auch die, wenn man so sagen darf, »Schwergewichtler« unter den Sinfonikern gelegentlich zu zierlichen »Arabesken« fähig sind. Das gilt auch für GUSTAV MAHLER. Sein hochdramatischer, erhaben-tragisch endender Zyklus *Das Lied von der Erde* enthält auch eine regelrechte Apotheose auf die Heiterkeit – »*Von der Jugend*« überschrieben und von spielerischer Leichtigkeit geprägt:

> Mitten in dem kleinen Teiche
> steht ein Pavillon aus grünem
> und aus weißem Porzellan ...

Zu dieser feinsinnig inszenierten Idylle bildet das übernächste Lied im Zyklus, »*Der Trunkene im Frühling*«, das drastische Gegenstück: elementarer Ausbruch einer Fröhlichkeit, die jeder Konvention spottet. Da trinkt sich einer einen prächtigen Rausch an und beginnt zu philosophieren, wenngleich nicht ohne jene für Mahler typische Hintergründigkeit und latente Verzweiflung:

> Wenn nur ein Traum das Leben ist,
> Warum dann Müh und Plag?
> Ich trinke, bis ich nicht mehr kann,
> den ganzen lieben Tag.
>
> Und wenn ich nicht mehr trinken kann,
> weil Kehl' und Seele voll,
> so tauml' ich bis zu meiner Tür
> und schlafe wundervoll.

Plötzlich weckt ihn eine betörende Melodie der Solovioline: Ein Vogel verkündet, es sei über Nacht Frühling geworden. Doch dafür hat der Zecher keinen Sinn mehr; jetzt singt er so lange,

> ... bis der Mond erglänzt
> am schwarzen Firmament.
>
> Und wenn ich nicht mehr singen kann,
> so schlaf ich wieder ein.
> Was geht mich denn der Frühling an?
> Laßt mich betrunken sein!

Bewundernswert, wer so mit seinem Rausch umgehen und seine Lebensphilosophie so praktisch halten kann – chinesische Lyrik macht's möglich.

Seine heiteren Texte bezog Mahler vorwiegend aus »Des Knaben Wunderhorn«, jener Sammlung deutscher Volksdichtung, zusammengetragen von Achim von Arnim und Clemens Brentano. Die *Vierte*, eine der sogenannten *Wunderhornsinfonien*, enthält im Finale die Schilderung eines himmlischen Festmahles. Für den Hauptgang ist gesorgt:

> Sankt Lukas den Ochsen tät schlachten
> ohn einig's Bedenken und Achten.

Doch auch an die Zukost ist gedacht, denn:

> ... die Englein, die backen das Brot.

In seiner *Zweiten Sinfonie* greift Mahler mit dem 3. Satz auf ein früheres Orchesterlied nach dem Gedicht »*Des Antonius von Padua Fischpredigt*« aus der erwähnten Sammlung zurück. Der Komponist nutzt die Gelegenheit, da er hier nur instrumental arbeitet, zu farbiger und teilweise komischer Klangschilderung: So erhalten die Aale ob ihres wendigen Wesens rasch gleitende Figurationen, und zuletzt hört man das Wasser brausen:

> Antonius zur Predigt
> die Kirche find't ledig!
> Er geht zu den Flüssen
> und predigt den Fischen!
> Sie schlagen mit den Schwänzen!
> Im Sonnenschein glänzen!

Die Fische erweisen sich nicht nur als geduldige, sondern sogar begeisterte Zuhörer: Die Raubfische senken die Köpfe, die Karpfen scheinen zur Diät, die Aale zur Askese entschlossen. Doch kaum ...

> ... die Predigt geendet,
> ein jeder sich wendet.
> Die Hechte bleiben Diebe,
> die Aale viel lieben.
> Die Predigt hat g'fallen,
> sie bleiben wie allen!
> Die Krebs' gehn zurücke;
> die Stockfisch bleiben dicke.
> Die Karpfen viel fressen,
> die Predigt vergessen!

Gleich drei Komponisten hat es das »*Flohlied des Mephisto*« aus Goethes »Faust« angetan: Beethoven, Busoni und Mussorgski. Die Vertonung MODEST MUSSORGSKIS, durch Schaljapin unsterblich gemacht und noch heute Zugstück eines jeden schweren Spielbasses, verstärkt den diabolischen Spott der Vorlage, der ja nicht auf den Floh zielt, sondern auf die Menschen, die sich von ihm piesacken und befehlen lassen – eine Verhöhnung der Liebedienerei, wie sie gerade auch im rückständigen Zarenreich an der Tagesordnung war. So fügt Mussorgski jeder Strophe von sich aus ein wahrhaft teuflisches Gelächter hinzu – offenbar aus der Sicht des Königs als des eigentlichen zynischen Regisseurs dieser Groteske:

Es war einmal ein König,
der hatt einen großen Floh,
den liebt er gar nicht wenig:
als wie seinen eigenen Sohn ...

Schopenhauer meint, daß sich die Musik am besten zur Gestaltung des Tragischen eigne, und hat damit freilich recht. Tatsächlich ist die eingedunkelte Skala reicher differenziert als die helle – denken Sie nur an die Schattierungen von Verzweiflung bis zur wohligen Wehmut. Aber differenziert ist auch das Heitere in der Musik, nur eben weniger spektakulär, denn Heiterkeit enthält auch viele leise Töne. Welch einen Reichtum an Nuancen weist etwa die Skala des Lachens auf, zumal sie in der Musik oft vom Wort inspiriert wird – vom feinsinnigen Lächeln bis zum Gelächter als dem »enfant terrible« der heiteren Familie:

Das prustende Lachen der heimlichen Beobachter, wenn Falstaff aus dem Wäschekorb taumelt oder gehörnt durch den Wald tappt.

Das gütig-wissende, verzichtende Lächeln unter Wehmut des Hans Sachs, wenn er die Liebe des viel zu jungen Evchens zurückweist.

Der deftige Fäkalhumor des Wolfgang Chrysostomos Mozart, der sich selbst Amadeus nannte.

Das derbe Sächsisch von anno dunnemal in Bachs *Bauernkantate*.

Das grimmige, diabolische Lachen des Mephisto im Lied vom Klein-Zack. (Auch der Teufel lacht, wenn er eine Seele überlistet hat. Gönnen wir ihm aus dialektischen Gründen eine Spielart unserer Heiterkeit. So etwa in Gounods *Faust*.)

Heiterkeit

Oder die Freude über das Scheitern eines Bösewichts, etwa über den täppisch gockelnden Beckmesser, der sich in der schlecht gestohlenen Fremdlyrik verheddert und mit dem Wagner in den *Meistersingern* eine bissige Karikatur seines großen Kritiker-Widersachers Dr. Hanslick schuf (ursprünglich sollte Beckmesser sogar Hans Lick heißen!).

Oder der auskomponierte Ulk, wenn Richard Strauss in der *Sinfonia domestica* seine »Widersacher« blöken läßt und sie damit zu Hammeln und Schafen degradiert ...

Und nicht zuletzt, als höchste Form der Heiterkeit, das Lachen über sich selbst. Denn – wie es Falstaff als Blamierter, Ertappter, Ausgelachter am Schluß von Verdis letzter Oper in freundlichem Einverständnis mit seinen Spöttern formuliert: »Alles ist Spaß auf Erden!«

Mag die Selbstironie die überlegenste Form der Heiterkeit sein, so ist die wärmendste sicher die Freundlichkeit. Aus finsterer Seele kann keiner freundlich sein. Musik erweist sich sogar dann als freundlich, hilfreich und stärkend, wenn sie traurig ist.

Hoffnung

»Die Welt wird alt und wird wieder jung,
doch der Mensch hofft immer auf Besserung.«
Friedrich Schiller/Franz Schubert: »Die Hoffnung«

Die Hoffnung ist eine Kraft, die den Menschen hilft, selbst scheinbar aussichtslose Situationen durchzustehen und zu überwinden: eine leise, aber intensive, verinnerlichte Zuversicht (gerade bei Krankheit), daß sich noch alles zum Guten oder wenigstens zum Besseren wenden kann. Da sich Hoffnung auf eine Zukunft bezieht, die wir schon zu spüren vermeinen, in die wir uns mit Herz und Seele hineinversetzen können (teilweise aufgrund psychosomatischer Vorgänge sogar körperlich – denken Sie an die freudige Erwartung des geliebten Partners), ist sie ein Teil der anderen, überirdischen Sicht auf Leben und Welt. Sie fügt die getrennten Zeiten wieder zu einem Ganzen, Gleichzeitigen zusammen.

Unter dem Aspekt der Zeitenordnung ist Hoffnung also die in die Gegenwart hineingenommene Zukunft und wurzelt in unserem Unterbewußtsein, in dem die Zeiten verfließen und aus dem ja auch Ahnungen, außersinnliche Wahrnehmungen und möglicherweise auch die Sicht in zukünftige oder frühere Existenzen herrühren.

Hoffnung kann, besonders in Verbindung mit intensiven Wunschvorstellungen – beim Gläubigen etwa durch das Gebet –, durchaus psychosomatisch wirksam werden, denn nach alter und neuer Weisheit hat jeder nachdrücklich gedachte (und erst recht jeder »inbrünstig« geäußerte) Wunsch die Tendenz, sich zu verwirklichen. Vielleicht können wir Menschen über die Hoffnung tatsächlich Einfluß auf unsere Bestimmung nehmen, vielleicht liegt hier einer jener rätselhaften Mechanismen zwischen Vorbestimmung und freier Entscheidung verborgen.

Erinnerung weitet die Gegenwart in die Vergangenheit, Phantasie weitet sie in die Zukunft. Wer aber eine *bestimmte* Zukunft erwartet, der

Hoffnung

hegt Hoffnungen. Vielleicht wünscht er sich diese bestimmte Zukunft so fest herbei, daß er seiner Sache gewiß ist – dann hofft er nicht mehr, dann glaubt er sogar. Und damit betreten wir das Reich der Metaphysik.

Hoffnung gibt es bis zuletzt, selbst »wider besseres Wissen«: »*Dum spiro, spero*« – Solange ich atme, hoffe ich. Hoffnung vertraut auf den Wunderfaktor Zeit, der Wunden vernarben läßt. Für viele Menschen verbindet sich mit dem Begriff Hoffnung auch der Begriff Glaube, nennt doch das Neue Testament Hoffnung in einem Satz mit Glaube und Liebe. Dem Glaubenden bleibt selbst dann noch immer Hoffnung, wenn für ihn auf Erden alles zu Ende geht. Kein ärztliches Verdikt, keine niederschmetternde Aussage ist ultimativ. Die Entscheidung liegt an anderer Stelle, und deren Kriterien kennen wir nicht.

Hoffnung hat fundamentale Bedeutung gerade auch für den kranken Menschen (siehe Kapitel »Krankheit«). Hier bietet die Natur schöne Bilder und Metaphern. RICHARD WAGNER vertonte in seinen *Wesendonck-Liedern* das Gedicht *»Schmerzen«*, in dem eine Analogie zur Sonne gezogen wird:

Sonne, weinest jeden Abend
dir die schönen Augen rot,
wenn im Meeresspiegel badend
dich erreicht der frühe Tod!

Doch erstehst in alter Pracht,
Glorie der düstren Welt,
du am Morgen neu erwacht,
wie ein stolzer Siegesheld.

In Uhlands *Frühlingsglaube*, vertont von FRANZ SCHUBERT heißt es: »Nun muß sich alles, alles wenden«. Hier bezieht der Komponist das tragende Motiv der Klavierbegleitung – die Sextolen gegen Sechzehntel symbolisieren das »Weben« – aus der Frühlingsschilderung des Dichters: »Die linden Lüfte sind erwacht. Sie säuseln und weben Tag und Nacht«, ebenso wie der Dichter seinerseits aus dem Frühling wiederum das Prinzip Hoffnung ableitet:

... Die Welt wird schöner mit jedem Tag,
man weiß nicht, was noch werden mag,
das Blühen will nicht enden;
es blüht das fernste, tiefste Tal:
Nun, armes Herz, vergiß der Qual!
Nun muß sich alles, alles wenden.

Schiller überschrieb ein Gedicht direkt *Hoffnung*. Schubert setzte es 1819 in Töne. Die Hoffnung, die letztlich auch dieses seinerzeit total unterschätzte Genie am Leben und Überleben hielt, begleitet den Menschen seit seiner Kindheit:

Die Hoffnung führt ihn ins Leben ein,
sie umflattert den fröhlichen Knaben.
Den Jüngling locket ihr Zauberschein,
sie wird mit dem Greis nicht begraben.

Zu den bleibenden Melodien des jungen RICHARD STRAUSS gehört das Vorspiel zu seinem Lied *»Morgen«* nach einem Gedicht von John Henry Mackay. Eine getragene, schlichte, innige Melodie verbindet die Vision des Glückes mit der Liebe der Gefährtin.

Und morgen wird die Sonne wieder scheinen
und auf dem Wege, den ich gehen werde,
wird uns, die Glücklichen, sie wieder einen
inmitten dieser sonnenatmenden Erde ...

Auch im inneren Konflikt, in Krisensituationen gibt es immerwährenden Anlaß zur Hoffnung. HUGO WOLF vertonte Robert Reinicks *»Morgenstimmung«*. Dieses Lied kann auch bei schweren Schlafstörungen und nach einer zermarterten, teilweise durchwachten Nacht ein großartiger Tröster sein.

Bald ist der Nacht ein End gemacht,
schon fühl ich Morgenlüfte wehen.
Der Herr, der spricht: Es werde Licht!
Da muß, was dunkel ist, vergehen.

Vom Himmelszelt durch alle Welt
die Engel freudejauchzend fliegen:
der Sonne Strahl durchflammt das All.
Herr, laß uns kämpfen, laß uns siegen!

Eine ganze Gruppe von Kompositionen, die Hoffnung verkünden, gehen direkt oder indirekt auf eine liturgische Bestimmung zurück: Es handelt sich um das *Agnus Dei* – »Lamm Gottes«, den letzten Abschnitt des Ordinariums der katholischen Messe, wo die zeitlose Bitte um äußeren und inneren Frieden formuliert ist: Dona nobis pacem – »Gib uns Frieden«. Ich kann hier nur auf die Höhepunkte dieser von Hoffnung und Zuversicht getragenen Traditionsreihe hinweisen. (Unter einem anderen Aspekt wurde sie bereits in dem Kapitel »Glaube« behandelt.)

Einen ersten Markstein in der Messen-Komposition setzte JOHANN SEBASTIAN BACH mit seiner *h-moll-Messe* (übrigens gibt es noch vier weitere, weniger bedeutende Vertonungen des Messetextes von seiner Hand). Hier überträgt er das *Agnus Dei* dem Solo-Alt als verhaltene Arie, während die Bitte um Frieden vom Chor vorgetragen wird.

Mit »Dona nobis pacem« seiner *Missa solemnis* bittet LUDWIG VAN BEETHOVEN, wie er in einer speziellen Überschrift verdeutlicht, »um inneren und äußeren Frieden« (man beachte die Reihenfolge!). Die Skala der Stimmungen reicht vom leisen Flehen um Erbarmen über die Schilderung einer sorglosen, glückhaften Welt bis zum drohenden Einfall kriegerischer Brutalität.

Nur nennen möchte ich hier die noch dramatischeren Messen von Berlioz und Verdi (siehe auch das Kapitel »Älterwerden«) und Ihnen ausführlicher einen sinfonischen Satz aus dem Jahre 1946 vorstellen, der auf Texte der katholischen Messe und Totenmesse Bezug nimmt. Der Französisch-Schweizer ARTHUR HONEGGER zählt zu den ernsthaftesten und verantwortlichsten Komponisten des 20. Jahrhunderts. Begonnen hatte er mit schockierenden Partituren wie *Pacific 231*, dem Hohelied auf eine Schnellzuglokomotive. Ein knappes Vierteljahrhundert später schrieb er unter dem Eindruck der Verwüstungen durch den zweiten Weltkrieg eine dritte, die *Liturgische Sinfonie*. (Sein Freund Jean Cocteau schrieb: »In seinem Schaffen wechselt die Welt der Maschinen ab mit einer der Altarwände, Strebepfeiler und Kirchenfenster.«) Der zweite Satz der Sinfonie, »*De profundis clamavi*«, »Ruf aus der Tiefe«, läßt kriegerisches Geschehen und das Bild des ersehnten Friedens einander folgen, und der dritte, letzte Satz, *Dona nobis pacem*, wiederholt diese Gegenüberstellung mit noch stärkerem Kontrast.

Musik der Hoffnung, das ist nicht zuletzt auch das weite Feld der Kirchenmusik, von der bereits im Kapitel »Glaube« die Rede war.

Kontakthemmungen

»Sehr geehrtes, liebenswürdiges Fräulein! Nicht als ob ich mich mit einer Ihnen befremdenden Angelegenheit an Sie, verehrtes Fräulein, wenden würde, nein – in der Überzeugung, daß Ihnen längst mein zwar stilles, aber beständiges Harren auf Sie bekannt ist, ergreife ich die Feder, um Sie zu belästigen. Meine größte und innigste Bitte, die ich hiermit an Sie, Frl. Josefine, zu richten wagen, ist, Fräulein Josefine wollen mir gütigst offen und aufrichtig Ihre letzte und endgiltige, aber auch ganz entscheidende Antwort schriftlich zu meiner künftigen Beruhigung mitteilen, und zwar über die Frage: Darf ich auf Sie hoffen und bei Ihren lieben Ältern um Ihre Hand werben? Oder ist es Ihnen nicht möglich aus Mangel an persönlicher Zuneigung, mit mir den ehelichen Schritt zu thun? ...«

Der 43jährige Anton Bruckner an die 17jährige Josefina Lang

Eigentlich ist es kein Wunder, daß heute immer mehr Menschen Schwierigkeiten haben, aufeinander zuzugehen. Die Fernsehserien gaukeln moderne Märchen vor, aber wie sieht es im Alltag des Zuschauers aus?

Viele haben Scheu, mit anderen ins Gespräch zu kommen, sind unfähig, sich in Gemeinschaft locker und wohl zu fühlen. Sie sind unsicher und verklemmt, weil sie sich nicht zutrauen, andere zu fesseln. Sie beherrschen nicht die Fähigkeit, sich in den Gesprächspartner hineinzuhören und einzufühlen, ihnen fehlt der Zugang zur Persönlichkeit des anderen und darum natürlich auch die Lust zum Austausch. Sollte es auch Ihnen so gehen, dann machen Sie sich als erstes einmal klar, was der Sinn jeder Kommunikation ist: Natürlichkeit statt »Masche«, Originalität statt Herunterbeten von Allgemeinplätzen, Substanz statt Geplätscher und Dezenz statt Aufdringlichkeit.

Sie lieben Musik? Warum machen Sie aus dieser Leidenschaft kein Hobby? Musikgeschichte ist spannend; und da man allseits Musik und Geschichte zu schätzen weiß, schlagen Sie gleich zwei Fliegen mit einer Klappe. Es läßt sich ja mühelos ein Anlaß finden, vom letzten Konzert der Philharmoniker oder der neuesten Opern- oder Ballettpremiere zu sprechen. Und wenn Sie da Bescheid wissen, macht das allen Beteiligten Spaß, Sie selbst eingeschlossen. Gelernt haben Sie obendrein auch noch etwas. Und keiner hat Zeit »verplempert« - ein Umstand, den man Ihnen danken wird.

Hier einige Anregungen und Hinweise. Ebenso wie *Fugen* ein Musterbeispiel für Disziplin und gegenseitige Einordnung (beziehungsweise abwechselnde Unter- und Überordnung) verkörpern, können Ihnen *Duette* und *Triosonaten* die Freude am Beobachten von Agieren und Reagieren vermitteln. Sie lernen einfach, sich mit der einen Linie zu identifizieren - entscheiden Sie sich bei Triosonaten von Carl Philipp Emanuel Bach oder seinen Zeitgenossen für das eine oder andere Instrument und verfolgen Sie dessen Fragen, Statements und Antworten in Abstimmung mit den beiden anderen. Wenn Sie dazu vielleicht noch die Noten lesen (den ungefähren Verlauf zu verfolgen genügt schon), wird sich das intellektuelle Interesse, ja die Neugier noch verstärken. Und genau das kann Sie dann auch im persönlichen Umgang mit anderen beflügeln: Sie werden profitieren - geistig wie emotional.

Natürlich brauchen die drei konzertierenden (im etymologischen Sinne: wetteifernden) Künstler ein gemeinsames Thema. Das sollten auch Sie haben, beziehungsweise sich auf einige Themen, »subjects« (heute noch im Englischen die Bezeichnung für das Fugen-Thema), präparieren. Mit erledigten Hausaufgaben in der Tasche hat man sich ja schon in der Schule besser gefühlt. Nehmen Sie auf die jeweilige Gesellschaft ein paar gebündelte, im voraus zusammengestellte Informationen mit, schließlich haben Sie - und das wird sich allmählich herumsprechen - ein attraktives, vielleicht ungewöhnliches Hobby. Andere werden sich bald daran gewöhnen, daß sich die mit Ihnen verplauderte Zeit wohltuend von dem üblichen Partygewäsch unterscheidet. Sie sind ja inzwischen auch an das Wesentliche gewöhnt - durch die Beobachtung von polyphoner Musik, die selbst keine Redundanz, keine Geschwätzigkeit kennt.

Machen Sie sich außerdem klar, daß Sie nicht der einzige sind, der Hemmungen hat. Die anderen verstehen vielleicht nur besser, ihre Hemmungen zu kaschieren. Doch Sie haben das nicht nötig, Sie haben ja »Hausaufgaben gemacht«. Und vergessen Sie nicht: Angriff kann in diesem Falle die beste Verteidigung sein. Fragen Sie! Zumal Sie ja selbst genug in Ihrem Bereich anzubieten haben. Fragen Sie zum Beispiel nach, wenn Sie etwas nicht verstehen, jemanden nicht kennen. Das verblüfft die Runde, bereichert Ihre eigenen Kenntnisse und läßt Sie souverän und locker erscheinen, zum Neid vieler, die das nie wagen würden – aus Angst, sich eine Blöße zu geben.

Bestimmte Musik wird für dieses Kapitel außer den genannten Bereichen der Musikliteratur nicht empfohlen; hier kommt es mehr auf das *Wie* einer Komposition als auf das *Was* an – und auf keinen bestimmten programmatischen Inhalt. Hilfreich kann die Lektüre der Kapitel »Gedächtnis- und Konzentrationsschwäche« sowie »Unsicherheit – innere Souveränität« sein.

Krankheit – Kranksein – Abhängigkeit

»Ich fühle mich als den unglücklichsten,
elendesten Menschen auf der Welt,
dessen Gesundheit nie mehr richtig werden will,
und der aus Verzweiflung darüber
die Sache immer schlechter statt besser macht –
denke Dir einen Menschen, sage ich,
dessen glänzendste Hoffnungen
zu Nichte geworden sind ...«
Franz Schubert 1824 an Freund Kupelwieser

Damit keine Irrtümer aufkommen: Ihre »*Musikalische Hausapotheke*« ist nicht für schwere Krankheiten zuständig, sondern allenfalls für »Bagatellschäden«, die Sie selbst mit Hausmitteln und rezeptfreien Medikamenten kurieren können – also sozusagen für seelischen Schnupfen. Deshalb geht es hier nicht um das große, noch nach allen Seiten offene Gebiet der Musiktherapie, sondern um den Einsatz von Musik, wenn Sie mal etwa durch eine Grippe zu Hause ans Bett gefesselt sind oder vielleicht wegen eines kleineren Eingriffs stationär ins Krankenhaus müssen. Ich kenne keinen hörfähigen Menschen, der in solchen Fällen nicht Musik genießen möchte – sei es der Unterhaltung, der Bildung oder der Erinnerung wegen. Aber gerade in einer solchen Situation kommt es sehr darauf an, *welche* Musik man sich zuführt.

Musik kann die Zeit vertreiben, die Zeit des Wartens. Aber muß man Zeit eigentlich *vertreiben*, kann man sie nicht nützen? Gerade Musik bietet da einige Möglichkeiten. Sie können etwa Ihr Innenleben aufräumen, Ihre Beziehungen zur Umwelt, zum Partner überdenken und gegebenenfalls neu ordnen, Ihre Auffassung von Arbeit und Leben, Ihre Werteskala und Prioritäten überprüfen und, wenn nötig, revidieren. Jetzt *haben* Sie

Krankheit – Kranksein – Abhängigkeit

Zeit dafür, denn jetzt *müssen* Sie sich Zeit nehmen ... Sicher ist jetzt der richtige Zeitpunkt, in Ruhe eine bestimmte Musik zu hören, die man Ihnen empfohlen oder geschenkt hat und auf die Sie schon lange neugierig sind. Vielleicht greifen Sie auch zum Klavierauszug oder lesen Ihre Lieblingsoper, Ihre Lieblingslieder von Schubert, Schumann, Brahms, Wolf in den Noten nach? Empfehlenswert ist auch die Beschäftigung mit (möglichst lesbar geschriebener) Sekundärliteratur zur Musikgeschichte, um das Wissen um die Zusammenhänge zwischen Leben und Persönlichkeit der Meister und ihrem künstlerischen Schaffen zu vertiefen. Auf keinen Fall kann es schaden, sich bei dieser Gelegenheit in einzelne Komponisten hineinzuversetzen, die teilweise jahrelang unter fatalen Krankheiten litten, tapfer gegen Verzweiflung und Mutlosigkeit ankämpften und oft erstaunliche Geduld an den Tag legten. Die konkrete Musik für Ihre jeweilige körperliche und seelische Verfassung können Sie sich auch nach den betreffenden Kapiteln der *»Musikalischen Hausapotheke«* auswählen.

Es gibt allerdings auch Musik, die direkt aus dem Erleben einer schweren Krankheit entstand. LUDWIG VAN BEETHOVEN war das für einen Musiker wohl grausamste Schicksal beschieden: der allmähliche, unaufhaltsame Verlust des Gehörs. Man bedenke die zusätzliche Qual dieses sich über fast 25 Jahre hinziehenden Prozesses, über dessen Endstadium sich der Komponist keinerlei Illusionen machte.

In den Skizzenblätter zu den *Rasumowsky-Quartetten* von 1808 steht die Notiz: »Kein Geheimnis sei dein Nichthören mehr – auch bei der Kunst.« Nach dem verlöschenden Ausklang des 3. Satzes, in der düsteren Überleitung zum Finale, erklingt gespenstisch – gleich monotonen Paukenschlägen auf *c* – das Hämmern und Pochen im eigenen Ohr. Erst die Violinen bringen wieder frischen Lebensmut.

Das war 1808. Vierzehn Jahre später hörte Beethoven überhaupt nichts mehr. Freund Schindler war bei der Generalprobe zu *Fidelio* zugegen; es sollte der letzte Versuch Beethovens sein, zu dirigieren. Schon nach der Ouvertüre ging alles durcheinander. Schindler gab dem ratlosen Dirigenten ein Zeichen, die Probe abzubrechen. »Im Nu sprang er in das Parterre hinüber und sagte bloß: ‚Geschwinde hinaus!'. Unaufhaltsam lief er seiner Wohnung zu. Eingetreten, warf er sich auf das Sofa, bedeckte mit beiden Händen das Gesicht und verblieb in dieser Lage, bis wir uns an den Tisch setzten. Aber auch während des Mahles war kein Laut aus seinem

Munde zu vernehmen; die ganze Gestalt bot das Bild der tiefsten Schwermut und Niedergeschlagenheit.«

Die Taubheit hatte ihre Ursache in einer venerischen Infektion, die Beethoven häufig aufs Krankenlager warf. Als er sich von einem solchen wieder einmal erhoben hatte, schrieb er den »*Heiligen Dankgesang eines Genesenen an die Gottheit*« in der lydischen Tonart; es ist der ergreifende langsame Satz seines *Streichquartetts op. 132*. Die verwendete Kirchentonart ist extrem ungebräuchlich – lydisch entspricht der Dur-Tonleiter mit einer übermäßigen Quarte (von *c* aus also die weißen Tasten mit einer Ausnahme: *fis* statt *f*). Dieser Kunstgriff färbt die sakrale Stimmung des chorälähnlichen *Molto Adagio* seltsam archaisch ein. Ihm stellt der Komponist im selben 3. Satz mehrmals ein *D-dur-Andante* gegenüber, dem er den Kommentar beigibt: »Neue Kraft fühlend ...«

Nehmen wir Beethovens Satzüberschrift zum Anlaß zu einer prinzipiellen Überlegung. Nicht nur nach überstandener Krankheit, sondern auch wenn man (noch) krank ist, hat man oft genug Anlaß, dankbar zu sein. Denn vielleicht kann man erst jetzt richtig erkennen, was man bisher besaß und gedankenlos hingenommen, aber nicht genossen hatte. Vorher interessierten nur Kilometer. Jetzt hat man für jeden Millimeter, für den kleinsten Fortschritt im Genesungsprozeß, dankbare Aufmerksamkeit. Vielleicht ist man aber auch einfach dankbar für die Gelegenheit, einmal zur Besinnung zu kommen. (Siehe hierzu das Kapitel »Entspannung – Besinnung – Meditation«.)

Wenn Beethovens Ertaubung allgemein bekannt ist, so wissen nur wenige Musikfreunde von dem gleichen Los des ersten weltbekannten böhmischen Meisters, des Komponisten der *Verkauften Braut* und der *Moldau*. BEDŘICH SMETANA (1824–84) mußte die letzten zehn Lebensjahre ebenfalls in der für einen Musiker besonders gespenstischen stummen Welt zubringen. Nicht genug damit: 1882 verfiel er in geistige Umnachtung (auch die Ursache der Ertaubung teilte er mit Beethoven). In seinem Streichquartett *Aus meinem Leben*, zwei Jahre nach Ausbruch seiner Taubheit entstanden, schildert er im ersten Satz die ungestillte Sehnsucht eines jungen Herzens, aber auch die Angst vor einem drohenden Unheil, entwirft im zweiten ein jugendlich verklärtes Tanzbild und im dritten das Glück der Liebesvereinigung. Das Finale bringt den Stolz über

Krankheit – Kranksein – Abhängigkeit 133

Erreichtes und feiert die nationale böhmische Musik. Damit hätte der Satz schließen können; aber das autobiographische Programm ist unerbittlich realistisch: Plötzlich erklingt über drohendem Tremolo schneidend das viergestrichene *e* und symbolisiert den furchtbaren Moment des Gehörverlustes. Das Werk endet in wehmütiger Resignation.

Blind starben die beiden gleichaltrigen Großmeister des Generalbaß-Zeitalters, wie man das musikalische Barock nach dem damals üblichen Schnellschriftverfahren für Akkorde auch gern bezeichnet, – beide nach quälendem Siechtum und beide in festem Gottvertrauen, was ihnen diese Frist zumindest erleichtert haben wird. (Grauer Star war das Alterslos auch anderer Komponisten, die bei den damals kümmerlichen Lichtverhältnissen nächtelang Noten schrieben und lasen.) JOHANN SEBASTIAN BACH erblindete über seiner *Kunst der Fuge*, GEORG FRIEDRICH HÄNDEL über seinem Oratorium *Jephta*. Ein makabrer Zufall wollte es, daß beide bei demselben Augenarzt letzte menschliche Hilfe suchten: John Taylor war halb Kapazität, halb Scharlatan (wie Casanova hatte er sich selbst zum »Chevalier« erhoben). Unter den kaum noch vorstellbaren Anästhesie-Bedingungen der damaligen Zeit entschlossen sie sich zu überaus schmerzhaften Augenoperationen, die jedoch mißlangen und eine rapide Verschlechterung des Gesamtzustandes brachten. Bach starb im Sommer 1750 an den Folgen, Händel überstand die Prozedur, lebte noch acht Jahre, konzertierte und arbeitete seine Werke um.

Der Thomaskantor Bach hatte noch wenige Tage vor dem Ende seinem Schwiegersohn den sogenannten Sterbechoral diktiert, wo er sich bewußt auf die folgende Strophe bezog: »*Vor deinen Thron tret ich ...*«

Von Händel, einer ausgesprochenen Kraftnatur, muß in diesem Kontext noch berichtet werden, daß er nach dem Scheitern seiner Londoner Opernpläne einen ersten Schlaganfall und totalen Zusammenbruch nicht nur überstand, sondern in den folgenden zwei Jahrzehnten fast zwanzig Oratorien schrieb!

Geduld auf dem Kranken- oder Sterbelager haben viele Komponisten bewiesen. Bewundernswert ertrug Igor Strawinsky ein quälend langes Siechtum. Bei vollem Bewußtsein mußte er erleben, wie eine Körperfunktion nach der anderen aussetzte, was er teilweise lapidar kommentierte: »Ich kann nicht mehr Pipi machen«. Aber wer, wenn nicht ein Jünger der Musik, kennt die Notwendigkeit von Dissonanz und Konsonanz, wüßte nicht, daß Schatten und Schmerz ebenso zum Leben gehören wie der Tod?

Jahrelange Tapferkeit angesichts einer besonders tückischen Krankheit bewies MAURICE RAVEL. Er litt an Morbus Pick, einer Schwächung der Großhirnrinde mit spezieller Beeinträchtigung der Sprach- und Bewegungszentren. Manche Ärzte vermuten die Ursache schon in seiner Jugend, als er exzessiv Stimulanzien wie Nikotin, Alkohol und Koffein zu sich genommen hatte. Ravel war in der Tat ungewöhnlich früh gealtert. Andere Ärzte vermuten als Ursache für die späteren Ausfälle eine Art biologischen Infantilismus, der sich in schwacher Konstitution, extremem Kleinwuchs mit Ansatz zu Wasserkopfbildung ebenso wie in lebenslanger Asexualität sowie fast manischer Exzentrik und Manieriertheit niederschlug.

Der Komponist litt schon früh an Schlaflosigkeit; oft unternahm er ausgedehnte Nachtwanderungen, vor allem durch fremde Städte. »Ich muß glauben, daß die Notwendigkeit des Schlafes ein Vorurteil ist, denn es geht mir nicht schlechter«, meinte er noch 1919. Doch schon Mitte der zwanziger Jahre versagten ihm gelegentlich die Finger beim Spielen, konnte er einzelne Sätze nicht mehr zu Ende sprechen. Zum Verhängnis führte 1932 ein Verkehrsunfall, bei dem Ravel mehrere Zähne verlor und am Kopf verletzt wurde. Von da an konnte er nicht mehr komponieren, die Konzentrationsfähigkeit ließ rapide nach, und im Jahr darauf bekam er beim Schwimmen einen tödlichen Schreck, als er merkte, daß sich statt eines Beines ein Arm bewegte; die Medizin spricht hier von Apraxie. Zunehmend ließ ihn nun auch das Gedächtnis im Stich. Für eine Kondolenzkarte an einen Freund brauchte er acht Tage, weil er sich nicht mehr an die Form der Buchstaben erinnern konnte.

Oft saß er nun reglos da und blickte in imaginäre Fernen. Freunde fragten, was er tue. »Ich warte!« 1937 besuchte Ravel eine Aufführung seines Erfolgsballetts *Daphnis und Chloe*. Plötzlich verließ er den Saal, man fand ihn weinend in den Kulissen. »Ich habe noch soviel Musik in mir, noch nichts habe ich gesagt! Alles habe ich noch zu sagen.«

Bald darauf entschloß man sich zur Hirnoperation, nach der Ravel zehn Tage lang im Koma lag. An seinem Grab stand auch Strawinsky, der nicht ahnte, daß ihn ein ähnlich schweres Ende erwartete ...

Manche Werke Ravels scheinen unter diesem Aspekt pathologisch gezeichnet. So kann das Bohren des Rhythmus im *Bolero* durchaus manisch gedeutet werden, und des Komponisten Kommentar zum empörten Aufschrei einer älteren Dame bei der Pariser Uraufführung »Aux foux« (Ins Irrenhaus!), erscheint in völlig neuem Licht: »Die hat's verstanden!« Roland-Manuel, Ravels Schüler und Biograph, nennt *La valse* einen »Totentanz«, und in dem großartigen Klavierzyklus *Gaspard de la nuit*, »Schatzmeister der Nacht«, findet sich an zweiter Stelle eine regelrechte Apotheose des Grauens: »*Le gibet*« – »Der Galgen« …

In der Konzertliteratur gibt es ein Denkmal für einen besonders tapferen jungen Menschen, der durch Kinderlähmung an den Rollstuhl gefesselt und zu frühem Tod verurteilt war: Bei Manon Gropius kann man direkt vom Sieg der Psyche über die Physis sprechen. Die Tochter von Mahlers Witwe Alma und dem Bauhaus-Architekten Walter Gropius war nicht nur ein schönes, sensibles Mädchen, sondern besaß auch außergewöhnliches schauspielerisches Talent. Mit spielerischer Leichtigkeit und einem Engagement ohnegleichen studierte sie ganze Rollen, obgleich eigentlich allen klar war, daß sie niemals auf einer Bühne stehen würde. »*Dem Andenken eines Engels*« überschrieb der von ihr faszinierte ALBAN BERG sein erschütterndes *Violinkonzert* – für mich der überzeugendste Beweis, daß man auch mit modernen Klangmitteln zu Herzen gehende Musik schreiben kann. Im Finale zitiert Berg den Bach-Choral »*Es ist genug*«, der schon im Original unglaubliche harmonische Schärfungen als Sinnbild für fast unerträgliche Schmerzen enthält.

Manche Komponisten litten ihr Leben lang unter Krankheiten und Beschwerden, oft hervorgerufen durch ein aufreibendes Konzertleben von Jugend an. Für WOLFGANG AMADEUS MOZART hatte es unheilvolle Konsequenzen. Im Mozart-Gedenkjahr 1991 wurde sein Leben auf diesen Aspekt hin untersucht. Es stellte sich heraus, daß er kein Lebensjahr ohne mehr oder minder schwere Erkrankungen überstand.

Mit sechs Jahren hatte er sich eine Streptokokkeninfektion zugezogen, die aus heutiger Sicht dreißig Jahre später mit zu seinem Tod beigetragen haben könnte, denn die Symptome sprachen für Zerfaserung, ja Zerstörung der Herzklappen.

Ebenfalls seit seinem sechsten Lebensjahr begleitete Mozart das oft sehr schmerzhafte fiebrige Rheuma – manchmal konnte er sich tagelang nicht bewegen, und zuweilen führte das Fieber sogar zu Halluzinationen. Mit acht Jahren hatte er erstmals Erstickungsanfälle; später mußte er deshalb oft mitten in der Vorstellung den Saal verlassen. Bei einer Pockenepidemie kam der Zehnjährige zwar mit dem Leben davon, aber die Narben entstellten das Gesicht für sein ganzes Leben. Hinzu kamen (damals generell lebensbedrohend) häufige Zahn- und Mandelabszesse, Unterleibstyphus und Gelbsucht. Vermutet wird heute auch eine venerische Infektion, die entweder erfolgreich behandelt wurde oder deren verheerende Folgen durch Mozarts frühes Ende nicht zum Ausbruch kamen. Jedenfalls verbrachte der Schöpfer der lebensfrohen *Zauberflöte* die letzten zehn Lebensjahre im Angesicht des Todes ...

Unter Musikern regelrecht gewütet hat die Syphilis. Das mag wohl mit an der Sinnlichkeit des Künstlernaturells liegen, an der Verfänglichkeit des Boheme-Milieus und nicht zuletzt an der Attraktivität ihrer Kunst, der Musik. Packend hat Thomas Mann einen solchen Leidensweg in Verbindung mit dem musikalischen Schaffen in seinem Roman »Doktor Faustus« geschildert: Im Leben vieler Komponisten gab es eine Esmeralda ...

Ertaubung kann keine Todesursache sein, wohl aber die Syphilis, in deren Gefolge es auch zur Taubheit kommen kann. Um eine solche tückische Verquickung handelte es sich bei Smetana und desgleichen bei Beethoven. Schon zu Lebzeiten wurde freilich durch Beiseiteschaffen von Zeugnissen versucht, diesen Zusammenhang zu leugnen. Die »gefährliche Krankheit«, von der der Komponist selbst schreibt, hatte er sich 1796 bei einem Berlin-Besuch zugezogen. Auf jenes Jahr nämlich verlegt er im »Heiligenstädter Testament« 1802 den Beginn seines Leidens: »Mit Freuden eile ich dem Tode entgegen – kommt er früher als ich Gelegenheit gehabt habe, noch alle meine Kunst-Fähigkeit zu entfalten ... auch dann bin ich zufrieden, befreit er mich nicht von einem endlosen leidenden Zustand? – Komm, wann du willst, ich gehe dir mutig entgegen.«

In dem sogenannten Fischhoffschen Manuskript, einer anonymen Sammlung von Aussprüchen des Komponisten aus mittlerweile vernichteten Heften und Notizbüchern, heißt es nach dem Berliner Zwischenfall: »Gott, Gott! mein Hort, mein Fels, o mein Alles! du siehst mein Inneres ... O höre, stets Unaussprechlicher, höre mich, deinen unglücklichen, unglücklichsten aller Sterblichen. Der mit einem Übel behaftet wird, welches er nicht ändern kann, sondern welches nach und nach ihn dem Tode näher bringt ...«

Krankheit – Kranksein – Abhängigkeit 137

Durch Zufall erhalten hat sich der folgende Eintrag vom Frühjahr 1819: »L. V. Lagneau, die Kunst, alle Arten der Lustseuche zu erkennen, zu heilen und sich dafür zu sichern ...« Und Beethoven selbst beschwört kurz vor dem Ende seine Umgebung, was man »einstens über ihn sage«, solle nach »allen Beziehungen strenge der Wahrheit getreu« gesagt werden.

Im Wissen um seine unheilbare Infektion stieß FRANZ SCHUBERT den eingangs als Motto zitierten Verzweiflungsschrei aus. Seine *Winterreise* ist ein erschütterndes Dokument der Trostlosigkeit; der Komponist selbst nannte sie einen »Kranz schauerlicher Lieder« – nur sieben von vierundzwanzig stehen in Dur. Und dennoch schrieb er in den Monaten des Abschieds ein Werk wie die *B-dur-Klaviersonate*, getragen von einer schon überirdisch ausgewogenen Fülle des Lebens, die neben Heiterkeit auch düstere Passagen einschließt ...

Der Großmeister des Liedes nach Schubert und Schumann, der feinsinnige Klangpsychologe Hugo Wolf, hat alle Stadien dieser Krankheit durchgemacht. Seine letzten Jahre waren ein pathologischer Wechsel zwischen Phasen untätigen Brütens und flammender, besessener Produktivität. Immer wieder brach es dann mit übernatürlicher Macht aus ihm hervor. So schrieb er am 23. März 1890: »Ich arbeite mit tausend Pferdekräften von früh bis in die Nacht, ununterbrochen«. In vier Wochen hatte er 25 seiner kunstvollen, mit ausgefeiltem Klaviersatz versehenen Lieder aufs Papier geworfen, und er fügte im Hochgefühl hinzu: »Mit mir geht's jetzt riesig in die Höhe, wenn auch vorderhand mehr nach innen als nach außen.« Doch Juni 1894 hat sich sein Zustand verschlechtert. »Für meine Leiden taugt kein Kraut der Erde. Nur ein Gott vermag mir aufzuhelfen. Verschaff mir wieder Einfälle, rüttle den schlummernden Dämon in mir wach, der mich wieder zum Besessenen macht, und ich will Dich als einen Gott anbeten und Dir Altäre errichten.«

Als eine besondere Art von Krankheit muß die Abhängigkeit gelten. Verhängnisvoll war bei vielen Musikern und Komponisten die Abhängigkeit von Frauen und Drogen. Hängen *an* ist gut, doch *Ab*hängen ist von Übel. Es bedeutet innere (und zuweilen auch äußere) Unfreiheit. Heute gibt es kaum einen erwachsenen Menschen, der nicht in irgendwelche Abhängigkeiten verstrickt war oder ist.

Abhängig sein von einem Menschen kann man nicht nur finanziell oder beruflich, sondern mehr noch im existentiellen Sinne: von einem

Partner, ohne den man sich das Leben überhaupt nicht vorstellen kann und es gar nicht mehr zu bewältigen glaubt. Das Gefährliche an einer solchen Abhängigkeit ist der Umstand, daß man sie dem Betreffenden, der oft nichts für die gegebene Situation kann, unbewußt vorwirft und ihn deshalb schlecht behandelt oder als den vermeintlichen Urheber sogar bestraft. Das ist das Los vieler tragischer Beziehungen.

Zugreifen darf, besitzen kann man erst, wenn man auch fähig ist loszulassen. Einen Menschen kann man nicht besitzen. Klammern ist unerträglich für den, der geklammert, umklammert wird, und erniedrigend für den, der nicht allein zurechtkommt. Der Weg aus der Abhängigkeit führt über Einsamkeit (siehe das entsprechende Kapitel) zur inneren Freiheit und Selbständigkeit (siehe »Kontakthemmung« und »Unsicherheit«). Diesen Gang kann uns keiner abnehmen. Wenn der nicht zur rechten Zeit, noch vor der ersten tiefen Liebesbeziehung, absolviert wurde, muß er *in* dieser Beziehung zurückgelegt werden, was dann natürlich große Probleme schafft. Liebe, die auf Abhängigkeit beruht, wird kaum Bestand haben.

Viele Komponisten liebten eine andere Frau als ihre wirkliche Partnerin, denn sie sahen in ihr das Wunschbild: Die Imagination gaukelte ihnen ein Geschöpf vor, das es gar nicht gab und in den meisten Fällen auch gar nicht geben konnte. »Dichtung und Wahrheit«, um Goethe zu zitieren, verschmelzen zu einem unauflöslichen, aber faszinierenden Ganzen. Doch die Enttäuschung ist groß, wenn eines Tages die Illusion platzt. Aber inzwischen sind Meisterwerke der Verehrung und der Sehnsucht entstanden ...

Im Pantheon der Tonkunst gibt es zahlreiche Fälle von erotischer Abhängigkeit, die romantischste ereignete sich um HECTOR BERLIOZ und wurde von ihm in der *Fantastischen Sinfonie* verewigt. (Siehe das Kapitel »Liebeskummer«.) Und Chopin fand in der resoluten George Sand die männliche Ergänzung seines eigenen femininen Naturells. Beide wußten, daß ihnen die betreffenden Frauen letztlich nicht guttaten. Doch der Künstler braucht und sucht auch den Schmerz und die Reibung.

Die Abhängigkeit von Stimulanzien ist im Prinzip nichts anderes als die Abhängigkeit von einem Menschen. Die Tatsache, daß hier gerade junge Leute, die Halt brauchen und unbewußt auch suchen, die meisten Opfer sind, sollte nachdenklich stimmen. Abhängig zu werden setzt

Krankheit – Kranksein – Abhängigkeit

innere Unselbständigkeit, mangelnde Souveränität, mangelnde Reife voraus.

Leider gibt es gerade unter Künstlern die wohl traurigsten Beispiele für totale Abhängigkeit vom Alkohol. Einige haben diese Abhängigkeit sogar mit dem Leben bezahlt, wie etwa der geniale, sensible, aber völlig haltlose Modest Mussorgski. In Künstlerbiographien spielt der Alkohol seine verhängnisvolle Rolle, häufig, weil er den Schaffenden vermeintlich zum kreativen Höhenflug verhilft. (Mozart sprang in betrunkenem Zustand, unflätige Worte ausstoßend und miauend, vor versammeltem Auditorium über Tische und Sessel!)

Um nur einige eklatante Beispiele zu nennen: Tschaikowsky war ein sogenannter stiller Trinker und sprach in seiner späteren Zeit der Flasche oft bis zur Bewußtlosigkeit zu. Glasunow war kaum nüchtern anzutreffen und hat als Dirigent beispielsweise die Premiere von Rachmaninows Erster Sinfonie verpfuscht. Reger mußte mehrere Entziehungskuren absolvieren. Doch sie alle haben Bleibendes geschaffen und selbst während dieser Phasen äußerste Disziplin bewiesen. (Es wäre freilich riskant, die Gleichung umzudrehen: Zwar kann mancher große Schöpfer zum Trinker werden, aber das bedeutet noch lange nicht, daß aus einem Alkoholiker ein großer Künstler wird!)

Natürlich kann bei wirklicher Alkoholkrankheit oder Drogensucht keine Musik von Bach oder Beethoven helfen, ebensowenig wie gegen Zahnschmerzen. Aber vorbeugen kann man schon – durch bewußten Einsatz »objektiver«, also nicht schwüler, überhitzter, exzessiver Musik. Und wer sich in Abhängigkeit befand und den großen Schritt – oder besser: den Sprung – in die neue Freiheit geschafft hat, kann sich in dieser Phase festigen und aus geeigneter Musik wirkungsvolle »Schützenhilfe« beziehen. (Siehe dazu das Kapitel »Unsicherheit – innere Souveränität«.)

Auch Arbeit kann zur Droge werden, wir sprechen heute modisch von »workaholics«. Zu dieser Spezies gehörte Gustav Mahler. »Er war immer krank, ich kannte ihn nicht anders«, erinnert sich seine Witwe. Ein Mensch, der schon als Schuljunge am liebsten »Märtyrer« werden wollte, der sich in permanentem Kriegszustand mit Orchester und Ensembles befand, der sein schwaches Herz ständig überforderte, mußte eines Tages dem ärztlichen Rat folgen und »kürzer treten«. Der Arbeitsbesessene beklagt das Bruno Walter gegenüber zutiefst: »Der einzige Moment, in dem man wirklich genußfähig ist, ist nach der Vollendung eines Werkes.« Er hat diese Einstellung drei Jahre später mit dem Leben bezahlt, denn er hielt sich nicht lange an die Empfehlung der Ärzte.

Gleich doppelt abhängig war ein ähnlich begnadeter Komponist wie Mozart, der wie dieser gleichsam im Kopf komponierte und ein fast schon beängstigendes Gesamtwerk in einem zu kurzen Leben schuf. Und hätte er nicht eine staunenswert robuste Konstitution gehabt, hätte sich Max Reger durch Arbeit und Alkohol wohl schon früher umgebracht. Aber er kannte den kreativen Rausch: »Kinder, ihr wißt nicht, wie herrlich das Schaffen ist; es ist doch das Höchste!« Und er schien zu ahnen, daß er sich beeilen müsse: »Denken Sie an Mendelssohn – an Mozart – an Schubert – an Wolf! Uns wird nicht viel Zeit gelassen – und ich muß mein Werk fertig haben.«

An dieser Stelle muß etwas Grundsätzliches klargestellt werden. Auf der einen Seite stehen die Komponisten – gedrängt, getrieben und begabt, uns etwas zu sagen. Auf der anderen Seite stehen wir Hörer, die Empfänger dieser Botschaft. Um sie zu verstehen, genügt Einfühlung und Sensibilität. Keineswegs aber ist es notwendig, daß wir uns in denselben Strudel begeben, uns demselben Chaos anvertrauen oder in dieselben Abgründe hineinstürzen!

Einem abhängigen Menschen sollte zuerst wieder fester Boden unter die Füße geschoben und gesunde, kräftigende Klangkost verabreicht werden. Nicht Biskuit ist hier gefragt, nicht raffinierte Küche, sondern Vollwertnahrung, Quellwasser, frische Luft – kurzum: objektive Musik. Nüchternheit also auch im ästhetischen Sinne. Denken Sie an die Ausgestaltung eines Krankenzimmers: freundliche, helle Farben, ein geöffnetes Fenster, das den Blick auf Baumkronen und ein besonntes Tal freigibt, die Krankenlektüre sei leicht, nicht problematisch. So licht, hell und ausgleichend sollte auch die Musik sein.

Konkret bietet sich Instrumentalmusik von Bach und seinen Zeitgenossen wie Händel, Vivaldi, Corelli an, sowie das Frühwerk von Mozart (vor allem Kammermusik), die komplette Kammermusik von Schubert, das Gesamtschaffen von Mendelssohn, rasche Sätze und Tänze von Brahms und Dvořák, die »Freilichtkompositionen« von Debussy (*La mer*, etliche *Préludes*) und Ravel (*Daphnis-Suiten*) sowie die neoklassizistischen Partituren von Strawinsky (*Pulcinella, Orpheus*) und Prokofjew (*Klassische Sinfonie*).

Der subtile Lyriker Eduard Mörike hat sich intensiv mit Themen wie Einsamkeit, Nacht und Krankheit befaßt. HUGO WOLF konnte ihm da ohne weiteres folgen, wie das bei Komponisten nicht immer der Fall ist, da sie beim Vertonen von Versen mitunter eigene Wege gehen und wichtige Akzente der Vorlage überhören oder außer acht lassen.

Mit brütenden, lastenden Akkorden beginnt »*In der Frühe*« – vertont 1888, im legendären Liederjahr des Komponisten.

> Kein Schlaf noch kühlt das Auge mir.
> Dort gehet schon der Tag herfür ...

Doch dann ermannt sich der Kranke, gestärkt vom Neubeginn des Tages. Und zuletzt »kippt« die Harmonik bei »Morgenglocken«: Das Leben geht weiter, hell und licht. Damit kommt wieder Zuversicht und Kraft in den Kranken.

> Ängste, quäle
> dich nicht länger, meine Seele!
> Freu dich! schon sind da und dorten
> Morgenglocken wach geworden.

Fundamentale Bedeutung für den kranken Menschen hat die Hoffnung (siehe auch dieses Kapitel). Ebenfalls von 1888 stammt Wolfs Mörike-Lied *»Der Genesene an die Hoffnung«*:

> Tödlich graute mir der Morgen:
> Doch schon lag mein Haupt, wie süß!
> Hoffnung, dir im Schoß verborgen,
> Bis der Sieg gewonnen hieß.
> Opfer bracht ich allen Göttern,
> doch vergessen warest du;
> Seitwärts von den ew'gen Rettern
> sahest du dem Feste zu ...

Mathilde Wesendonck, RICHARD WAGNERS Zürcher Geliebte, hat in dem von ihm vertonten Gedicht *»Schmerzen«* die im Kapitel »Hoffnung« bereits zitierten poetischen Bilder für das Gefühl zuversichtlicher Erwartung gefunden:

> Sonne, weinest jeden Abend
> dir die schönen Augen rot,
> wenn im Meeresspiegel badend
> dich erreicht der frühe Tod!
>
> Doch erstehst in alter Pracht,
> Glorie der düstren Welt,
> du am Morgen neu erwacht,
> wie ein stolzer Siegesheld.

Oft ist seelischer Schmerz, das verzweifelte (und Gott sei Dank oft nur trügerische) Gefühl von Aussichts- und Hoffnungslosigkeit, noch schwerer zu ertragen. Die wenigsten Selbstmorde resultieren aus physischer Krankheit.

ROBERT SCHUMANN litt schon in seiner Jugend unter Depressionen und mußte sich später immer häufiger und immer verzweifelter gegen die Schatten wehren, die in ihm aufstiegen und sein Leben verdunkelten. In seiner Leidensbiographie herrscht bis zur selbstgeforderten Einweisung in die Anstalt von Endenich, bis zum Selbstmord eine unerbittliche Logik und Konsequenz. Dieser Komponist verstand Justinus Kerner in seinem Gedicht »*Wer machte dich so krank?*« sehr wohl und hat aus diesen Versen ein anrührendes Lied gestaltet. Da heißt es zuletzt:

> Daß ich trag Todeswunden,
> das ist der Menschen Tun;
> Natur ließ mich gesunden,
> sie lassen mich nicht ruhn.

Liebeskummer

»Doch heller noch tönt meiner Leier Klang,
wenn du versagst,
was ich entbehrte öde Jahre lang –
wenn du nicht magst.«
Kurt Tucholsky/Hanns Eisler: »Sehnsucht nach der Sehnsucht«

Liebeskummer kann durchaus produktiv sein. Für welche Richtung sich Ihr Leben und Lieben auch entscheidet – ob schließlich doch wieder in die Arme des oder der Geliebten oder wer weiß wohin: Sie sollten erst einmal diesen »süßsauren« Zustand zwischen »Willkommen und Abschied«, zwischen betörender Erinnerung und banger Befürchtung bewußt durchleben. Denn Liebeskummer setzt Kräfte frei. Ideal wäre es, sie umzulenken – Groll ist nicht der schlechteste Motor zu spektakulären Leistungen. Das belegt das Schaffen vieler Komponisten, von denen hier nur einige aufgeführt werden können.

Man weiß um die diversen Anläufe, die LUDWIG VAN BEETHOVEN unternahm, um eine der attraktiven, musikbegeisterten, ihn bewundernden (und später vielleicht auch: bedauernden) Frauen seiner Umgebung für sich zu gewinnen. Aber sein Leben wollte und konnte wohl auch keine mit ihm teilen. Doch der allmählich ertaubende, von der verbalen Verständigung ausgeschlossene Komponist verfügte über Erinnerung, Schaffenswillen und sicher immer ein Fünkchen Hoffnung. Und seine Phantasie, eine Grundkomponente jedes künstlerischen Schaffens, verklärte die Frauen zu Idealgestalten, die ihn zu neuen Werken inspirierten und in diesen verewigt wurden. Nicht zufällig feierte gerade er so emphatisch, so jubelnd in seiner einzigen Oper *Fidelio* die »Gattentreue« oder vertonte in seiner *Neunten* jene Schiller-Worte, die auf ihn selbst nun gerade nicht zutrafen: »Wer ein holdes Weib errungen ...«

Ein ausgesprochener Pechvogel in der Liebe war HECTOR BERLIOZ.

Kaum hatte er sich mit der schönen Camilla Moke verlobt, mußte er in die Tiberstadt, um in der Villa Medici seinen Rom-Preis »abzuwohnen«. Doch schon unterwegs erfuhr er, daß sein »Ariel« (er hielt es mit Shakespeare) ihm den reichen Klavierfabrikanten Pleyel vorgezogen hatte. Und als er wenig später in der Schauspielerin Harriet Smithson, einer großartigen Ophelia (er blieb bei seinem Dramatiker), das Ziel seiner Sehnsüchte zu entdecken glaubte, hielt sie ihn so lange hin, bis ein Unfall ihre Karriere beendete und sie selbst, zunehmend dem Alkohol verfallen auf seine Unterstützung angewiesen war. Die Schwärmerei und Wut des Komponisten hören wir in seiner *Symphonie fantastique* ...

Von dem lebenslang Körbe einsammelnden, sich immer wieder um zu junge Mädchen bewerbenden Anton Bruckner war schon verschiedentlich die Rede. Was für erstaunliche Kompensationsmechanismen müssen da wirken, wenn ein so permanent enttäuschter Mensch gigantische Sinfonien und Messen schreibt, die man in ihren formalen und dramaturgischen Dimensionen durchaus mit gotischen Domen vergleichen kann!

Es fällt schwer, Gustav Mahler vor der Charakterisierung als – um den heutigen Jargon aufzugreifen – absoluten »Chauvi« zu bewahren. Hatte er es nicht zur Vorbedingung seiner Heirat mit der ebenso schönen wie begabten Komponistin Alma Schindler gemacht, daß sie ihre eigenen beruflichen Ambitionen aufgab?

Gerade deshalb dürfte überraschen, daß eben dieser stolze, kategorische Mann in seinen letzten Lebensjahren zur Besinnung kam, denn er geriet in große Sorge um seine Beziehung zu Alma. Er suchte sogar Sigmund Freud auf, hatte aber dann so große Scheu, sich zu offenbaren, daß er den vielbeschäftigten Professor zweimal versetzte. Bis Freud dann ein Ultimatum stellte und Mahler schließlich auf einem Spaziergang Zusammenhänge klarmachte, die bis in dessen frühe Kindheit zurückreichten. So sorgte bei Gustav Mahler der Liebeskummer für eine innere Klärung und Besinnung, die die Beziehung schließlich sogar wieder retten konnte.

Bei einem anderen verursachte unerfüllbare Liebe ein lebenslanges Trauma. Nicht zufällig übernahm er dann die Devise »Frei-Aber-Einsam« seines Freundes Joseph Joachim: JOHANNES BRAHMS. Getreu diesem Motto lebte und schuf er, der als Unverheirateter in vielen flüchtigen Begegnungen niemals seine Sehnsucht stillen konnte. Und diese, fast immer dunkel gefärbt, ließ er in seine Orchesterwerke und in zahlreiche Lieder einfließen. Nicht zufällig entschied er sich, mitunter ohne Ansehen der literarischen Qualität, für entsagungsvolle Verse; hier einige Beispiele.

In *»Dein blaues Auge«* nach Klaus Groth heißt es zuletzt:

Es brannte mich ein glühend Paar,
noch schmerzt das Nachgefühl:
Das deine ist wie See so klar
und wie ein See so kühl.

Aus der Feder des seinerzeit viel gelesenen August von Platen stammt *»Du sprichst, daß ich mich täuschte«*. Dort lautet das Fazit des hoffnungslos Liebenden:

Ich zähle nicht auf neue,
getreue Wiederkehr,
Gesteh nur, daß du liebtest,
und liebe mich nicht mehr!

Adolf Friedrich von Schack ist der Autor von *»Herbstgefühl«*. Die letzten, direkt fatalistischen Zeilen lauten:

Was spielst du, wie der Wind am Strauch,
noch mit der letzten welken Freude?
Gib dich zur Ruh, bald stirbt sie auch.

Die Aussichtslosigkeit, eine verlorene Liebe zu erneuern, spricht aus Heines *»Meerfahrt«*, von Brahms zu einem gespenstischen Nachtstück, einer schwarzen Barkarole gestaltet. Erst die beiden letzten Zeilen zerreißen die Illusion und töten jegliche Hoffnung.

Mein Liebchen, wir saßen beisammen,
traulich im leichten Kahn.
Die Nacht war still, und wir schwammen
auf weiter Wasserbahn.

Die Geisterinsel, die schöne,
lag dämmrig im Mondenglanz;
dort klangen liebe Töne
und wogte der Nebeltanz.

Dort klang es lieb und lieber
und wogt' es hin und her;
wir aber schwammen vorüber,
trostlos auf weitem Meer.

Ein einziger Verzweiflungsschrei des enttäuschten, verlassenen, hoffnungslosen Liebenden ist FRANZ SCHUBERTS Liederzyklus *Winterreise*. Namentlich das Eingangslied »*Gute Nacht*« packt uns durch seine Resignation, die dennoch nicht in Mißgunst oder Verwünschung ausartet:

Fremd bin ich eingezogen,
fremd zieh ich wieder aus.
Der Mai war mir gewogen
mit manchem Blumenstrauß.

Das Mädchen sprach von Liebe,
die Mutter gar von Eh'.
Nun ist die Welt so trübe,
der Weg gehüllt in Schnee.

Und wenn der Wanderer in der Frühe heimlich Haus und Stadt verläßt, denkt er noch einmal unendlich traurig, aber zärtlich zurück: An dieser Stelle wechselt Schubert aus dem trüben Moll in das Dur eines freundlichen Traumes, den er seinem einstigen Schatz wünscht.

Will dich im Traum nicht stören,
wär schad um deine Ruh',
sollst meinen Tritt nicht hören –
sacht, sacht die Türe zu!

Schreib' im Vorübergehen
an's Tor dir: Gute Nacht,
damit du mögest sehen,
an dich hab ich gedacht.

Liebeskummer

Leidenschaftliche Ausbrüche von Liebesschmerz finden sich bereits in Schuberts erstem Liederzyklus *Die schöne Müllerin*. Ergreifend beschwört der Verlassene und Lebensmüde etwa die Blumen, die ihm die einstige Geliebte geschenkt, sie mögen ihm in den Sarg folgen und ihn auf die letzte Reise begleiten. Doch er vertraut auf die Kraft des Frühlings ...

> Und wenn sie wandelt am Hügel vorbei
> und denkt im Herzen: der meint' es treu!
> Dann Blümlein alle heraus, heraus!
> Der Mai ist kommen, der Winter ist aus.

Für diese Verse wechselt Schubert das Tongeschlecht. Das schleppende, einem Trauermarsch ähnliche Moll der ersten Strophen weicht dann einem lebhaft punktierten Rhythmus in hellem Dur, und der Mai-Jubel läßt (wohl auch den Sänger selbst) ganz vergessen, daß er, der unglücklich Liebende, diesen Frühling gar nicht mehr teilen wollte ...

Heftige Leidenschaft wogt in Schuberts Vertonung von Ludwig Rellstabs »*Aufenthalt*«, enthalten in dem posthum als *Schwanengesang* zusammengestellten Zyklus aus seinem Todesjahr 1828.

> Rauschender Strom, brausender Wald,
> starrender Fels mein Aufenthalt ...
> ... Und wie des Felsen uraltes Erz,
> ewig derselbe bleibet mein Schmerz.

In den seltensten Fällen wird der Schmerz vorhalten; aber die Totalität gehört zum Anfangsstadium seiner Verarbeitung ebenso wie der Groll. In Heines Gedicht »*Am Meer*« ist *er* tödlich gekränkt, daß *sie* sein loderndes Gefühl nicht erwidert. (Wir kennen den Sachverhalt: Sie hat sich dem elterlichen Verbot gefügt und damit in Heines Augen eine tiefe, ehrliche Liebe verraten, ja verkauft.) Schuberts Vertonung in demselben Zyklus, *Schwanengesang*, wurde zu einem aufwühlenden Seelengemälde und gehört zu den stärksten und expressivsten des Komponisten überhaupt. Durch den einfachen Kunstgriff, die vier Textstrophen auf die beiden musikalischen Teile in der Anordnung ABAB umzulegen, erreicht er Deckungsgleichheit der 2. und 4. Strophe:

Der Nebel stieg, das Wasser schwoll,
Die Möwe flog hin und wieder;
Aus deinen Augen, liebevoll,
Fielen die Tränen nieder ...

... Seit jener Stunde verzehrt sich mein Leib,
Die Seele stirbt vor Sehnen;
Mich hat das unglückselige Weib
Vergiftet mit ihren Tränen.

Das Bild der einsetzenden Flut, musikalisch illustriert durch brodelndes Tremolo im Klavier, entspricht dem verzehrenden Feuer der Leidenschaft des zurückgewiesenen Liebhabers.

In jener posthumen Liedersammlung *Schwanengesang* findet sich auch noch eine inhaltliche Steigerung dieser Abendszene: »*Der Doppelgänger*«.

Still ist die Nacht,
es ruhen die Gassen,
in diesem Hause wohnte mein Schatz ...

Hier gelangt Schubert zu einer geradezu expressionistischen Kargheit der Klänge und eilt seiner Zeit um mindestens hundert Jahre voraus.

Ähnlich kahl und trostlos geht es im Finale der *Winterreise* zu (siehe »Einsamkeit«). Aber hier inspirieren ihn das Unheimliche und Leidenschaftliche der Vorlage zu gespenstischen Klangwirkungen und unverhofften dramatischen Ausbrüchen.

Da steht auch ein Mensch und starrt in die Höhe,
Und ringt die Hände vor Schmerzensgewalt;
Mir graust es, wenn ich sein Antlitz sehe –
Der Mond zeigt mir meine eigne Gestalt ...

Sie dürfen ruhig auch Ihren Groll ausleben – gehen Sie auf Aggression (siehe dieses Kapitel): Hören, singen, rudern, dirigieren, stampfen Sie sich Ihre Wut weg. Verdient hat sie oder er es sowieso nicht, daß Sie nicht über den Verlust hinwegkommen sollten. Dieses Wunder ist möglich – dank der Macht der Töne.

Liebeskummer

Seine *Lieder eines fahrenden Gesellen* hat GUSTAV MAHLER teilweise auch selbst getextet. Gleich der Anfang ist herzzerreißend:

Wenn mein Schatz Hochzeit macht,
Hab ich meinen Trauertag ...

Jetzt stört den Sänger sogar der Frühling, weil es in seinem Herzen gleichsam Winter ist:

Singet nicht, blühet nicht!
Lenz ist ja vorbei!

Das zweite Lied »*Ging heut morgen übers Feld*« malt eine Naturidylle – Fink und Glockenblume sprechen den Sänger fröhlich an. Aber:

Nun fängt auch mein Glück wohl an?!
Nein! Nein! Das ich mein, mir nimmer blühen kann!

Von ungeheurer Wucht dann der Verzweiflungsschrei (jetzt nach einem Text aus *Des Knaben Wunderhorn*):

Ich hab ein glühend Messer, ein Messer in meiner Brust.
O weh! o weh! ...

... Ich wollt, ich läg auf der schwarzen Bahr',
könnt nimmer die Augen aufmachen!

Doch wo Liebe ist, ist meist auch Hoffnung. Die Bereitschaft und Fähigkeit zu hoffen ist wohl gerade beim unglücklichen Liebenden ebenso groß wie die des Kranken. Denn diese Hoffnung verkörpert für beide das Leben schlechthin. Selbst der seine Gedichte meist zynisch schließende Heine macht da keine Ausnahme. HUGO WOLF hat die betreffenden Verse in seinen *Liedern von Heine* bereits 1878 vertont, also ein Jahrzehnt vor seinem legendären Liederjahr 1888.

Aus meinen großen Schmerzen
Mach' ich die kleinen Lieder;
Die heben ihr klingend Gefieder
Und flattern nach ihrem Herzen.

Sie fanden den Weg zur Trauten,
Doch kommen sie wieder und klagen,
Und klagen, und wollen nicht sagen,
Was sie im Herzen schauten.

Es gehört in dem vorwiegend von Männern beherrschten Gebiet wie der Lyrik zu den Ausnahmesituationen, daß ein Dichter über unglücklich verliebte *Frauen* schreibt. Das erfordert eine sehr sensible Feder. Eduard Mörike besaß sie, und Hugo Wolf hat für *»Das verlassene Mägdelein«* die adäquaten traurigen Klänge gefunden. Plastisch zeichnet er im Melodieverlauf das Fallen der Tränen nach:

Früh, wenn die Hähne krähn,
eh die Sternlein verschwinden,
muß ich am Herde stehn,
muß Feuer zünden ...

... Träne auf Träne dann
stürzet hernieder;
So kommt der Tag heran –
O ging er wieder!

Heinrich Heine litt lebenslang unter dem Verbot seiner Verbindung mit einer schönen Verwandten, deren Eltern in ihm nur den Habenichts sahen. ROBERT SCHUMANN symbolisiert in Nr. 7 seines Zyklus *Dichterliebe* den doppelten Boden in Heines Versen durch stämmige Akkordwiederholungen: Zwar behauptet der Verschmähte, nicht zu grollen, aber wenn man diese trotzige Musik hört, dann wird klar, wie zornig er in Wahrheit ist. Und er behauptet sogar, angesichts *ihres* Elends müsse er einfach großzügig sein.

... Ich grolle nicht, und wenn das Herz auch bricht,
Ich sah dich ja im Traume,
und sah die Nacht in deines Herzens Raume,
und sah die Schlang, die dir am Herzen frißt,
ich sah, mein Lieb, wie sehr du elend bist.
Ich grolle nicht.

Liebeskummer

Das folgende Lied der *Dichterliebe* beschwört Blumen, Nachtigallen, Sterne, um den unglücklich Liebenden zu trösten.

Sie alle können's nicht wissen,
Nur Eine kennt meinen Schmerz;
Sie hat ja selbst zerrissen,
Zerrissen mir das Herz.

In Nr. 9 der *Dichterliebe* entwirft Schumann ein ähnliches Bild wie Mahler in »Wenn mein Schatz Hochzeit macht«. Die Musik ist festlich und spielt zum Tanz auf – ein prächtiger Klavierpart, wie so oft bei Schumann –, aber mit ihren Untertönen hat es eine besondere Bewandtnis.

Das ist ein Flöten und Geigen,
Trompeten schmettern darein;
Da tanzt wohl den Hochzeitsreigen
Die Herzallerliebste mein.

Das ist ein Klingen und Dröhnen,
Ein Pauken und ein Schalmei'n;
Dazwischen schluchzen und stöhnen
Die lieblichen Engelein.

Großartig ist die Bildersprache im Finale der *Dichterliebe*. Heine schildert einen mächtigen Sarg, den Schumann entsprechend klobig und gemächlich in Töne setzt – größer als das Heidelberger Faß, länger als die Mainzer Brücke, stärker als Sankt Christophorus im Kölner Dom. Zwölf Riesen sollen den Sarg ins Meer senken.

Wißt ihr, warum der Sarg wohl
So groß und schwer mag sein?
Ich senkt auch meine Liebe
Und meinen Schmerz hinein.

Liebeskummer – seine wichtigsten Ursachen sind Unerfüllbarkeit, Untreue und Entfremdung. Letztere ist keine geeignete musikalische Vorlage. Untreue eignet sich hingegen vorzüglich für künstlerische

Effekte. Im Lied »*Ein Stündlein wohl vor Tag*« versetzen sich Mörike und HUGO WOLF in die Seele eines Mädchens, das im Morgengrauen durch eine Schwalbe geweckt wird.

> Hör an, was ich dir sag,
> Dein Schätzlein ich verklag:
> Derweil ich dieses singen tu,
> herzt er ein Lieb in guter Ruh,
> ein Stündlein wohl vor Tag.

Auch wenn das Mädchen vielleicht schon bange Vorahnungen hatte, so erträgt sie doch die Wahrheit nicht.

> O weh! nicht weiter sag!
> O still! nichts hören mag!
> Flieg ab! flieg ab von meinem Baum!
> Ach, Lieb und Treu ist wie ein Traum
> ein Stündlein wohl vor Tag!

Das Die-Augen-Verschließen vor der Wahrheit, eine typische Reaktion, stellt wohl auch einen unwillkürlichen Schutzreflex dar. So kann sich das Unterbewußtsein allmählich an die mögliche Realität der unbarmherzigen Wahrheit gewöhnen, und der Schock bleibt meistens aus. Und so mag es dem Hörenden gehen: Durch das Wiederfinden der eigenen beklagenswerten Verfassung im Schicksal anderer oder in Kunstwerken wird die Wucht der Wahrheit gemildert und der Verarbeitungs- und Selbstfindungsprozeß gefördert, gelenkt und gestützt.

Unser Rundgang durch die reiche Galerie von Liebeskummer-Liedern sei allerdings nicht gar so düster beendet. WOLFGANG AMADEUS MOZART besaß die Gabe, unter Tränen zu lachen und lächelnd zu weinen. Vier Jahre vor seinem Tod, 1787, vertonte er einen Text von Gabriele von Baumberg – endlich einmal der Text einer Frau: *Als Luise die Briefe ihres ungetreuen Liebhabers verbrannte.* Hier tut das arme Mädchen das einzig Richtige: Sie reagiert ihre Wut ab und tobt, aber sie streut sich keinen Sand in die Augen. Sie weiß, er war es nicht wert, aber ihr ist klar: Es wird noch ein Weilchen dauern mit dem »Verwinden« ihres Liebesschmerzes (wie man damals für das heute moderne »Verarbeiten« sagte). Aber für

Liebeskummer

ewig – wie uns die Romantiker später gern weismachen wollen – wird die Trauer auch nicht anhalten. Sie wirft die Liebesbriefe ins Feuer.

Ihr brennet nun, und bald, ihr Lieben,
ist keine Spur von euch mehr hier.
Doch ach! der Mann, der euch geschrieben,
brennt lange noch vielleicht in mir.

Lustlosigkeit

»In dem Schatten meiner Locken
schlief mir mein Geliebter ein,
Weck ich ihn nun auf? – Ach nein!«
»Spanisches Liederbuch«, von Hugo Wolf vertont

Es ist kein Wunder, daß heute mehr und mehr Paaren die Lust abhanden kommt. Denn je mehr man von einem Gefühl spricht, je intensiver es durch die Presse gezogen und ausgewalzt wird, je mehr vorgefertigte Bilder, von außen aufgesetzte Normen die scheinbar ideale und höchste Form der Lust vorgaukeln, desto mehr Ängste und Komplexe belasten diesen Bereich, und das spontane, unverspannte Vergnügen beim Ausleben dieses Gefühls wird sich verflüchtigen. Entsprechend massiv sind dann auch die Stimulanzien, die sich zuführt, wer feststellt, daß sexueller Antrieb und Potenz nachlassen.

Als besonders trügerischer, aber noch immer bevorzugter »Nothelfer« hat sich Alkohol erwiesen, den sich die Partner zuweilen gemeinsam einverleiben, und das oft nicht zu knapp. Doch da könnten die beiden auch gleich Soda zu sich nehmen – wie in der Kaserne. Denn Alkohol verursacht bekanntlich nur eine kurzzeitige Euphorie, dann aber läßt die Standfestigkeit rapide nach, und der gesamte Organismus erschlafft.

Empfohlen werden heute »Kopfkissenbücher«, Videoclips, Partnerwechsel, Sexualberatung oder Gruppentherapie. Warum nicht mal die Wunderkräfte der Musik nutzen? Entdecken Sie den Körper Ihrer Partnerin, Ihres Partner neu, und zwar unter den Klängen der geeigneten Musik. Das sind Erkundungen ohne Leistungsdruck, angeregt und getragen von sanft wiegenden Klängen. Malen Sie diese auf die Haut der oder des Geliebten, zeichnen Sie die Melodie, trommeln Sie mit den Fingern den Rhythmus – markieren Sie beispielsweise die verführerisch-weichen Schlagzeugimpulse eines »Latin-Jazz«-Titels. Und für den Höhepunkt

Lustlosigkeit

selbst, für die Gipfelstrecke – oder besser und hoffentlich: das Gipfelplateau – gibt es eine Fülle geeigneter Musik. Sie muß gleichmäßig sein und darf nicht durch dramaturgische Brüche oder harte Schnitte ablenken. Auch die körperanaloge Motorik muß rundlaufen, um keinen Stau in der Liebesrhythmik zu verursachen. Hier können Sie auch gut mischen, zwischen Konzertsaal und Jazzkeller pendeln!

Fangen Sie mit Klavierjazz an (Garner, Peterson, Keith Jarrett), dann gehen Sie über »Latin soft« zu den französischen Impressionisten.

CLAUDE DEBUSSY komponierte *L'isle joyeuse*, »Die fröhliche Insel«, nach Watteaus Gemälde »Die Einschiffung nach Kythera«, der Insel des Glücks und der Erfüllung. Debussy kannte sich aus in der Antike und entfesselte in einer Ideallandschaft, unter gleißendem Sonnenlicht, einen dionysischen Sinnentaumel und steigert ihn zur blanken Ekstase.

Sein jüngerer Landsmann MAURICE RAVEL ging im Vergleich mit dieser überaus kunstvollen, virtuosen Klavierimpression relativ einfach vor, als er mit seinem *Bolero* einen ganz natürlichen, magisch wirkenden Spannungsanstieg über siebzehn Minuten schuf. Selbst der Absturz in die sekundenlange orgiastische Besinnungslosigkeit ist da auskomponiert – durch den Umschwung der Tonart kurz vor Schluß. Wenn die Franzosen vom Orgasmus sagen, er sei ein kleiner Tod, so darf man durchaus eine Analogie vom Weg dahin zum besessenen, bohrenden Rhythmus dieser Partitur ziehen, dieser monomanischen, penetranten Wiederholung.

Melancholie

»Das ist, wie alte Lieder sind,
Man hört sie an und keiner lacht,
und jeder lauscht und jeder sinnt
hernach daran bis in die Nacht.«
Hermann Hesse/Othmar Schoeck: »Ravenna«

Gleich zu Beginn sei klargestellt, daß es hier nicht um das der Manie entgegengesetzte klinische Phänomen der Depression geht, sondern um melancholische Stimmung im Alltag, um grüblerische, eingedunkelte, bis zum Schwermut reichende Stunden. Die alten Griechen brachten Krankheiten mit den sogenannten Kardinalsäften des Körpers in Verbindung, als deren vierter die schwarze Galle, das Produkt der schwarzen Leber (»melan-cholé«), angesehen wurde. Und da in der Antike die Leber als Sitz des Temperaments und der Seele galt, wird man noch heute »gelb vor Neid«, speit »Gift und Galle«, »ärgert sich schwarz« – das heißt, die Gallenblase reagiert auf Ärger, und das ist eine Leberfunktion.

Überhaupt hatten frühere Epochen noch ein stärkeres Körpergefühl und nahmen psychosomatische Zusammenhänge physisch wahr. Davon zeugen Wendungen wie: flau im Magen, weich in den Knien, grau im Gesicht, mulmig in der Brust, Angst steigt einem hoch, das Herz krampft sich zusammen, die Kehle oder die Brust wird eng.

Menschen, die – von der ausgewogenen Mitte abweichend – der Schattenseite zuneigen, werden als melancholisch bezeichnet. Kulturgeschichtlich gab es freilich immer wieder ganze Zeitspannen, in denen man sich gern und sogar genußvoll dieser Stimmung überließ. Eine Reihe künstlerischer Werke drücken dieses Zeitgefühl aus: die schwärmerische, entsagungsvolle Sentimentalität in Goethes »Werther«, der Weltschmerz in Byrons »Manfred« oder in der Musik die sterbensmatte Morbidezza des späten Chopin. »Schwarz« im Sinne der Antike war in regelmäßigen

Abständen immer wieder »en vogue« – bis hin zur Décadence des Fin de siècle und zur Kokain-Depression der zwanziger Jahre dieses Jahrhunderts.

Fassen wir also Melancholie in unserer *»Musikalischen Hausapotheke«* keineswegs als negative, sondern eher als notwendige, weil ausgleichende Stimmung, als Pendant zum Aktivismus und Pragmatismus unserer Zeit auf, dann werden wir auch feinere Antennen für entsprechende Klänge haben.

Unbedingt von Vorteil sind bei melancholischen Stimmungen das Ritardando, das Pausieren der äußeren Aktivität, der Blick nach innen und über sich hinaus, die innere und äußere Entspannung. Und sollte letztere in Lethargie abzufallen drohen, dann ist gerade Musik gut geeignet, dies zu verhindern – denn noch die melancholischste Musik ist kraftvoll und innerlich diszipliniert.

Jeder Mensch sollte sich gelegentlich seine melancholische Phase gönnen. Denn Melancholie hat nichts mit Hoffnungslosigkeit zu tun, sondern ist eher eine dunkel getönte Brille, durch die man das Leben vorübergehend in anderem, gedämpftem Licht wahrnehmen kann, vergleichbar dem Klang gedämpfter Streichinstrumente oder dem Überwiegen der tiefen Streicher (etwa im *6. Brandenburgischen Konzert* BACHS). Hierher passen Musiken von verhaltener Dynamik, gleichmäßig langsamem Puls und schwankendem Zeitmaß, das dem Beben des Herzens nachzuspüren scheint und seit Chopin als »Tempo rubato« geläufig ist.

Melancholie verweilt, steigt sinnend hinab in die Brunnen der Fantasie und den See der Erinnerung und hat darum durchaus wollüstige Seiten. Das beweist schon das »Flaggschiff« der klingenden Melancholie. Es stammt – kaum überraschend – von einem Slawen: die *Melancholische Serenade* von PJOTR ILJITSCH TSCHAIKOWSKY, ein knappes Werk, original für Violine und Klavier komponiert, aber sehr oft bearbeitet. Immer wieder, fast manisch, fällt die Melodie nach kurzen, kraftlosen Anläufen mehrmals zurück, wie von einer schweren Last zu Boden gezogen.

Der deutsche Sänger der Melancholie ist JOHANNES BRAHMS. Ein Mann, der auf seine große Liebe zeitlebens verzichten mußte, hat sich seine unerfüllte Sehnsucht wenigstens von der Seele geschrieben. Und da er stets kraftvolle Musik komponierte, ist seine Schwermut von einer ganz eigentümlichen Beschaffenheit. Sie wirkt niemals schlaff, sondern stets selbstbewußt. Man könnte sinnbildlich sagen: Brahms trauert mit erhobenem Haupte. Wobei »Trauer« nur partiell zutrifft, denn hier schwingt durchaus eine gewisse Behaglichkeit mit, die unter psychologischem Vorzeichen auf eine leicht masochistische Komponente hindeutet. Das Ergebnis dieser Mischung ist Musik, die uns über vieles hinweg- und in manche seelischen Prozesse hineinführen kann. Eine wahre Hymne auf die Melancholie ist in Brahms' Spätwerk das *Klarinettenquintett op. 115*, das längst zum goldenen Repertoire der internationalen Kammermusik gehört. Sie sollten in unserem Zusammenhang den ersten Satz hören, aber, wenn es Ihnen die Zeit erlaubt, sich allmählich das ganze Werk zum inneren Besitz machen!

Hervorragend eignen sich hier auch die beiden *Klavierkonzerte* von FRÉDÉRIC CHOPIN, beide in Moll, und mehr noch seine späten *Mazurken* mit ihrer spezifisch polnischen Wehmut *(Zal)*, die außerdem noch eine starke nationale Färbung und die Trauer um die zerschlagene und geschundene Heimat in sich tragen (hierin vergleichbar der Tradition des portugiesischen *Fado*, jenem kunst- und gefühlvollen Gesang zur Gitarre, der von der einstigen Größe Portugals, aber auch vom individuellen Leid, von enttäuschten Hoffnungen der Menschen singt und den man in den Nachtstunden vor allem in Lissabons Weinstuben hören kann).

Manfred, das erwähnte weltschmerzgetränkte, grüblerische dramatische Gedicht des Lord Byron, wurde gleich von zwei Komponisten sinfonisch gestaltet – von TSCHAIKOWSKY als viersätzige *Sinfonie* mit einem schicksalshaften 1. Satz und von SCHUMANN als leidenschaftlich bewegte *Orchesterouvertüre*.

Schwermut, noch ein Gran düsterer und weniger sinnlich als bei Tschaikowsky, vernimmt man bei dem Norweger EDVARD GRIEG. »Solvejgs Lied« aus seiner Musik zu *Peer Gynt* ist zu einer Weltmelodie geworden: Ein Beweis, daß diese Stimmung allen fühlenden Menschen vertraut ist.

Die populäre *Valse triste* von JEAN SIBELIUS strahlt einen Schuß Décadence der Jahrhundertwende aus.

Auch die Franzosen jener Zeit widmeten sich gern den Zwischentönen der Melancholie. In einem Brief hat CLAUDE DEBUSSY die *Voiles* – »Segel« – aus Heft II seiner *Préludes* selbst kommentiert: »Das ewige Kommen und Gehen der Wellen wiegt in Melancholie ein.« Die suggestive Ganztonleiter bewirkt, daß sich der Hörer ganz dem ziellosen Dahintreiben auf dem Meer überläßt ... »Lent et mélancolique« steht direkt über einem

Melancholie

anderen *Prélude* aus demselben Heft mit dem Untertitel *Feuilles mortes* – »Welke Blätter«. Weich fallen Akkordtrauben in beiden Händen zu Boden.

Von seiner sechsteiligen Sammlung *Images* – »Bilder« – schrieb der Komponist: »Ich glaube, daß diese ... Stücke gut gelungen sind und daß sie einen Platz in der Klavierliteratur einnehmen werden ... zur Linken Schumanns und zur Rechten Chopins ... as you like it.« Heft II besteht aus drei Stücken, von denen die ersten beiden ausgezeichnet in unseren Zusammenhang passen. In *Cloches à travers les feuilles*, »Glocken, durchs Laub klingend«, lockt eine imaginäre Ferne, und es herrscht auch hier die leise Trauer des Herbstes. *Et la lune descend sur le temple qui fut*, »Und der Mond senkt sich über den Tempel von einst«, verbindet romantische Schwärmerei mit räumlichem wie zeitlichem Fernweh: Hier kombiniert Debussy sogar die Exotik Asiens mit der Mittelmeer-Antike, erstere symbolisiert durch die Fünfton-Musik (Pentatonik), letzte durch die dorische Tonleiter (heute noch als eine sogenannte Kirchentonart geläufig).

Nicht nur bei Debussy geht Melancholie gern einher mit Nostalgie, Fernweh, Sehnsucht und Meditation (dazu siehe auch die entsprechenden Kapitel). Ein Musterbeispiel für nostalgische Einfärbung schuf ROBERT SCHUMANN in dem Eichendorff-Lied »*Auf einer Burg*«. Die Zeit scheint stillzustehen, wie auf Dürers bekanntem Stich »Melancholia« mit der sinnenden Frau und den kabbalistischen Symbolen. Auch Eichendorffs Gedicht kreist um eine irrationale Stimmung, und es herrscht eine unerklärliche Wohl-Wehe-Stimmung, wenn der romantische Dichter das deutsche Mittelalter heraufbeschwört.

> Eingeschlafen auf der Lauer
> oben ist der alte Ritter;
> drüber gehen Regenschauer,
> und der Wald rauscht durch das Gitter ...

Er sitzt schon Jahrhunderte in dieser Ruine, längst versteinert; Vögel nisten in den leeren Fensterbogen.

> Eine Hochzeit fährt da unten
> auf dem Rhein im Sonnenscheine,
> Musikanten spielen munter,
> und die schöne Braut, sie weinet.

Im selben Zyklus *Lieder op. 39* gibt Eichendorffs rätselhaftes »*Zwielicht*« dem Komponisten Gelegenheit zu einem seltsamen »Claire obscure«, halb heimelig-anheimelnd, halb unheimlich:

> Dämmerung will die Flügel spreiten,
> schaurig rühren sich die Bäume,
> Wolken zieh'n wie schwere Träume –
> was will dieses Grau'n bedeuten?

Zuletzt zieht der Dichter die Analogie:

> Was heut gehet müde unter,
> hebt sich morgen neu geboren.
> Manches geht in Nacht verloren –
> hüte dich, sei wach und munter!

Um wieder aus dem Dämmerreich der melancholischen Stimmung herauszufinden, bediene man sich leidenschaftlicher Kantilenen und höre die langsamen Sätze von RACHMANINOWS *Klavierkonzerten Nr. 2* und *3*, oder die großen Pas-de-deux aus TSCHAIKOWSKYS *Balletten*, um schließlich bei ausgesprochener Motorik und rhythmischem Drive zu landen (die passende Musik entnehmen Sie dem Kapitel »Antriebsschwäche«).

Midlife-crisis und Neubeginn

»Er ist ausgebrannt. Nur noch die Wände stehen von ihm, worin ein gespenstisches Flämmchen herumzüngelt.«
Ferdinand Gregorovius über den 52jährigen Franz Liszt

Manchen Generationen haben es die heftigen Zeitläufe abgezwungen, von vorn anzufangen. Wer nach dem letzten Weltkrieg aus dem Feld zurückkam, der mußte bei Null beginnen. Und die Frauen, schon in der mehr oder weniger männerlosen Kriegszeit vor völlig neue Aufgaben gestellt, setzten als Trümmerfrauen das sichtbarste Zeichen für einen Neuanfang.

Auch unter weniger dramatischen Bedingungen kann heute jeder vor die Notwendigkeit gestellt sein, neu anzusetzen; Alter, Beziehung, Beruf und Rücklagen sind keineswegs mehr gleichbedeutend mit Sicherheit. Eine Arbeit kann man von heute auf morgen verlieren, eine Beziehung kann zerbrechen, ganze Berufsgruppen werden überflüssig, Rücklagen können durch Inflation oder durch neue Zahlungsverpflichtungen aufgezehrt werden. Also lieber die Umstellung bejahen als sich vor ihr fürchten.

Es gibt freilich Vorgänge im eigenen Inneren, die nicht weniger gebieterisch als äußere Zwänge totale Veränderung verlangen. Es bedarf allenfalls einer Anregung von außen, wenn Paul Gauguin plötzlich aus dem bürgerlich-gutsituierten Alltag eines Bankangestellten ausbricht und in die Südsee geht, um nur noch zu malen.

Weniger spektakulär, dafür aber zeittypisch ist ein anderer »Aufbruch«. Immer mehr Frauen fragen sich heute, wenn die Kinder flügge werden: Und das soll alles gewesen sein? Auch diese Frauen brechen auf, *müssen* einfach auf- und ausbrechen. Während sich die Männer im Berufsrad einfach weiterdrehen, wagen sie den Sprung ins Ungewisse – mit Vierzig und darüber in eine neue Ausbildung oder zurück in den fast gessenen Beruf, aus einem behüteten und »angebundenen« Dasein ins unbehütete, aber eben auch mündige Eigenleben (siehe hierzu auch das Kapitel »Freiheitsdrang«).

Zur selben Zeit fragt sich der Mann: Wozu habe ich mir eigentlich so wenig Zeit genommen, bin kopfüber vorangestürmt – um jetzt feststellen zu müssen, daß man einer Schimäre nachgejagt ist? Die Kinder? Kontakt nur noch formal. Die Frau? Sie konnte den alten Stil nicht mehr ertragen. Die Freundin? Ihr bist du zu alt und nicht mehr beweglich genug. Also könnte man nur noch in den alten Gleisen weiterleben. Aber die gibt es nicht mehr. Bestürzung und Ratlosigkeit, dazu die ersten Anzeichen für das Sinken der physischen Leistungskraft. (Das verflüchtigt sich gottlob oft vor der Midlife-crisis ...)

Was tun? Die vom Leben erzwungene Zäsur akzeptieren und als Chance nutzen! Bestandsaufnahme: Was war gut, was schlecht? Die Versäumnisse schonungslos herausstellen, die inneren Fehlkalkulationen zugeben (am einfachsten geht das mit einem einfühlsamen und psychologisch geschulten Dritten, denn der Partner ist hierfür kaum geeignet). Also nüchternes Abwägen und – durch Lauschen nach innen – Kurskorrektur nach der eigentlichen Lebensformel, dem »Auftrag« für die irdische Existenz. Da wird man plötzlich gewahr, daß einst durch die *eine* Weichenstellung vielleicht alles eine verhängnisvolle Richtung genommen hat. Geht man die Spuren zurück, so wird man bald an die entscheidenden Stationen kommen.

Midlife-crisis, Neubeginn in der Lebensmitte – welch eine Chance! Und dennoch ist diese Situation mit Ängsten behaftet: mit der Angst vor dem Älterwerden (siehe dieses Kapitel). Fast alle Menschen erleben in der Mitte ihres Lebens eine Umwertung, einen inneren Umbruch, der in manchen Fällen zu einer Klärung der eigenen Identität oder zu einem Neuansatz führt, in anderen zu Verlust von Vitalität und Schwung. Das ist jener rätselhafte Moment, wo plötzlich Sand ins psychosomatische Getriebe zu geraten scheint, wo man das Lebensfahrzeug plötzlich anhalten muß und vielleicht zum erstenmal in den Rückspiegel blickt. Und da sieht man dann hinter sich mitunter alles andere als eine gepflegte Landschaft oder einen sorgsam bestellten Garten, sondern einen chaotischen Dschungel.

Welche Rolle kann dabei nun die Musik spielen? Mit ihr kann man diesen Prozeß, der erst einmal alles über den Haufen wirft, leichter

Midlife-crisis und Neubeginn 163

bewältigen. Denn Sie stehen nicht allein: Blicken Sie sich um, nicht nur in der Bekanntschaft, sondern auch in der Musikgeschichte. Da können Sie nachlesen, wie souverän manche Komponisten mit gewaltiger Umstellung fertiggeworden sind. Und wenn bei Ihnen keine besondere Problematik ansteht – um so besser. Dann sind Sie gerüstet für mögliche spätere Konflikte. Nichts ist verschenkt, was man wach und aufnahmebereit durchlebt, sofern man sich für die Lektionen des Lebens offenhält ...

Ich möchte in diesem Kapitel vor allem russische Komponisten nennen, da sie die wohl spektakulärsten Fälle für mutigen Neuansatz bieten. Schon die Lebensläufe der drei Großen, die noch dem Ende des 19. Jahrhunderts entstammen, belegten das: Rachmaninow emigriert und wird Amerikaner. Strawinsky wechselt gleich zweimal die Staatsbürgerschaft. Prokofjew hält das Heimweh nicht aus, zieht einen Zickzackweg vor und findet schließlich unter großer Selbstverleugnung zurück – in die kommunistische Diktatur Stalins.

Eine erstaunliche innere Sicherheit, die er sich nach einer schweren seelischen Krise erworben hatte (siehe Kapitel »Krankheit«), gab SERGEJ RACHMANINOW 1917 die Kraft, sich dem Zugriff der Bolschewisten zu entziehen, mit seiner Familie, einem Hund und einigen Manuskripten über Nacht ins Ausland zu fliehen und sich dann mit 45 Jahren von den USA aus als Konzertpianist nochmals aus dem Nichts emporzuarbeiten. Bislang hatte er sich sein Renommee vorwiegend als Dirigent und Komponist sowie als Kammermusikbegleiter (etwa Schaljapins) erworben. Nun in der Neuen Welt paßte er seine Tätigkeit der aktuellen Marktsituation an und verzichtete darauf, in erster Linie zu komponieren oder zu dirigieren.

Rachmaninows großes Vorbild, PJOTR ILJITSCH TSCHAIKOWSKY, mußte eine andere, wohl noch schwerere Umstellung verkraften. Bis 1878 hatte er versucht, seiner homophilen Neigung beizukommen, und sogar geheiratet. Leider glaubte diese junge Frau, sie müsse ihn nur nachhaltig genug umwerben, um ihn auf den »rechten Weg« zu bringen. Das Gegenteil war der Fall: Der ohnehin schon hysterisch veranlagte Komponist schlidderte haarscharf am Selbstmord vorbei und nahm erstmals eine schonungslose Selbstanalyse vor. »Es hat keinen Sinn, ein anderer sein zu wollen, als man ist«, war seine Bilanz, die sich nunmehr in einer völligen Abschottung seines Privatlebens von der Außenwelt und einer eisernen Arbeitsdisziplin niederschlug.

Freilich hatte er zuvor seine Lebensbedingungen komplett verändern müssen; nach wenigen Wochen trennte er sich von seiner Frau, ging ins Ausland und quittierte sein Lehramt. Zehn Jahre nach der Katastrophe, die ihn fast das Leben gekostet hätte, war sein Selbstvertrauen schon so weit gefestigt, daß er wieder als Dirigent auftreten und sogar zwei ausgedehnte Europa-Tourneen absolvieren konnte. Und mit seiner *Fünften Sinfonie*, diesem ausgesprochenen Triumphgesang auf den menschlichen Willen, wurde er sogar eingeladen, den größten Konzertsaal New Yorks einzuweihen – die Carnegie-Hall.

Abschließend eine Anmerkung in Herzenssachen. Die angenehmste Version einer Zäsur in der Lebensmitte ist zweifellos eine neue Liebe.

Sich neu zu verlieben – was geht's die Umwelt oder auch nur die Betreffende selbst an? Für seine Goethe-Vertonungen wählte LUDWIG VAN BEETHOVEN nicht zufällig das Gedicht *»Neue Liebe, neues Leben«* aus.

> Herz, mein Herz, was soll das geben?
> Was bedränget dich so sehr?
> Welch ein fremdes, neues Leben!
> Ich erkenne dich nicht mehr.
> Weg ist alles, was du liebtest,
> weg, darum du dich betrübtest,
> weg dein Fleiß und deine Ruh –
> Ach, wie kamst du nur dazu!

Da haben wir die komplette Verwirrung, die gründliche Beunruhigung in allen Lebens- und Arbeitsbereichen. Fleiß schwindet ebenso wie innere Ausgeglichenheit: Symptome des Verliebtseins. Und Liebe war noch immer der beste Führer und Helfer durch dunkle Zonen, auch die der Midlife-crisis.

Schlafstörungen und Einschlafhilfen

»Gelassen stieg die Nacht ans Land,
lehnt träumend an der Berge Wand,
ihr Auge sieht die goldne Waage nun
der Zeit in gleichen Schalen stille ruhn ...«
Eduard Mörike/Hugo Wolf: »Um Mitternacht«

Sie sehnen ihn herbei, finden nur schwer Eingang in sein Zauberreich. Und wenn Sie dann endlich doch in »Morpheus' Armen« gelandet sind, werden Sie womöglich durch beklemmende Träume geschreckt. Vielleicht fürchten Sie sich direkt vor dem Einschlafen, weil Sie Alpträume haben? Dafür oder besser: dagegen gibt es ein uraltes Hausmittel, das Schlaflied (wir werden noch darauf zurückkommen). Es hat eine lösende Wirkung, die gewissermaßen in die Urgründe des Seins zurückführt: gleichmäßiges Metrum, wiegender Rhythmus, sanfte und besänftigende Melodie. Diese typischen Merkmale der Schlaflieder finden Sie auch in klassischer Musik – in den meisten langsamen Sätzen von Sinfonien, Konzerten, Sonaten und auch Streichquartetten Ende des 18. und des gesamten 19. Jahrhunderts.

Bevor es um die konkrete Musik geht, eine einschränkende Bemerkung. Es gibt passionierte Naturliebhaber, die eine Wanderung durch den Wald wie einen Gottesdienst erleben. Freilich, wenn sie Zahnschmerzen haben, ist es damit vorbei. Nicht anders verhält es sich mit der Musik. Ebensowenig wie Sie einen hämmernden Oberkiefer mit rauschenden Wipfeln besänftigen können, werden Ihnen die »vereinten polyhymnischen Heerscharen« zu Hilfe eilen, wenn organische Ursachen Sie am Einschlafen hindern. Aber geeignete Klänge können Sie wenigstens entspannen und auf angenehme Gedanken bringen.

Sie legen sich auf den Rücken, hören entspannende, einschläfernde Musik, lassen dabei die Gedanken frei schweifen, verweilen bei heiteren, dankbaren, wärmenden Gedanken, relativieren problemhafte Überlegungen (Morgen sieht alles ganz anders aus. Du bist schließlich noch gesund! – Wie geringfügig wirkt das alles aus der Distanz!) und schaffen so die Voraussetzungen für einen unbeschwerten, unverspannten Verlauf der nächsten Stunden. Gewöhnlich wird sich dann auch der Traum entsprechend freundlich gestalten, da er ja von Ihrem Unterbewußtsein diktiert wird, das Sie soeben mit Hilfe der Musik freundlich beeinflußt haben.

Es gibt direkte Einschlafmusiken. Nicht, daß sie so langweilig wären, daß man sich gegen das Einnicken nicht mehr wehren könnte. Sicher hätte Graf Keyserling weniger Begeisterung gezeigt, wenn es bei JOHANN SEBASTIAN BACHS *Goldberg-Variationen* die Monotonie gewesen wäre, die ihm zur wohltuenden Entspannung verhalf (Keyserling, nacheinander russischer Gesandter in Dresden und Berlin, litt an Schlaflosigkeit). Sein knapp 16jähriger hochmusikalischer Sekretär Goldberg war Schüler bei Bachs Ältestem, Friedemann, gewesen, hatte wohl auch einige Stunden beim Thomaskantor selbst genommen und muß äußerst achtbar Cembalo gespielt haben. Ihn jedenfalls hatte Bach senior vor Augen, als er für seinen gräflichen Gönner das wohl kunstvollste und kniffligste Variationenwerk vor Brahms und Reger schuf. Wer Ohren hat zu hören, der wird hier bei teilweise direkt deftiger Melodik so raffiniert geführte Linien vernehmen, daß er sogleich von seinem augenblicklichen Dilemma – nicht entspannen, nicht einschlafen zu können – abgelenkt, geistig gefordert, ästhetisch zufriedengestellt und durch dieses aktive Genießen schließlich verdientermaßen müde wird.

Musik wirkt durch ihre stets disziplinierte, mehr oder minder gleichmäßige Unterteilung, durch die präzise Organisation von Zeit, die sich dem Hörenden unbewußt als Modell mitteilt. Ein fliegender Puls, ein hektischer Atem wird sich bei geeigneter Musik beruhigen. Weite Melodiebögen und wohltuende, nicht aggressive Harmonien tun das übrige, um innere Erregung abklingen zu lassen und Wogen zu glätten.

Es gibt eine Legion an Schlummer- und Traummusiken. Zu den zärtlichsten gehört die Sinfonische Dichtung *Psyché* von CÉSAR FRANCK, auch wenn die Schöne dann unter den Küssen des Liebesgottes Amor erwacht. Nehmen Sie den ersten Teil: »*Der Traum der Psyche*«. Nirgendwo ist sanfte Berührung, kosendes Streicheln so sinnfällig und doch keusch vertont worden. (In der bildenden Kunst erscheinen mir die

Schlafstörungen und Einschlafhilfen 167

makellosen Skulpturen des Klassizisten Canova als eine Art Pendant hierzu). Franck war zeitlebens Organist an verschiedenen Pariser Kirchen, am längsten an St. Madeleine, und schon bald hatte der fromme Mann mit den engelhaften Klängen seinen Beinamen – frei nach Goethes »Faust II«: »Pater seraphicus«. Schwüle Wirkungen hätte er gar nicht angesteuert, geschweige denn zustandegebracht.

Mit César Franck ist er harmonisch verwandt, aber ansonsten trennen beide Komponisten ganze Welten: RICHARD WAGNER. In seinem Musikdrama *Walküre* versetzt Wotan die unbotmäßige Walküre in Schlaf und schützt sie vor Unwürdigen durch eine Feuerwand. Nur der Kühnste, der selbst vor ihm, dem höchsten Gott, nicht zurückschreckt, solle diese Barriere überwinden und zur Walküre vordringen.

»*Wotans Abschied*« und »*Feuerzauber*« sind nicht nur tragische Monologe des unfreien Gottes, nicht nur ein wehmütiges »Leb wohl, du kühnes, herrliches Kind«, sondern zugleich ein suggestiver Klangzauber, der die Walküre in tiefen, vielleicht ewigen Schlaf versetzen soll.

Es gibt überwältigend schöne, wenngleich oft nur kurze Stücke, die in unseren Kontext passen und beim Einschlafen helfen können. Von MAURICE RAVEL ist es die berühmte *Pavane pour une infante défunte*, aus MODEST MUSSORGSKIS Zyklus *Bilder einer Ausstellung* »*Das alte Schloß*« (siehe das Kapitel »Erinnerung und Nostalgie«). Aus GEORGE GERSHWINS epochemachender Oper *Porgy and Bess* empfiehlt sich »*Summertime*«, ein unverwüstlicher »Standard« (Vorlage für jeden Jazzmusiker; am besten, Sie hören tatsächlich eine ausgedehnte, gleichmäßige fließende Instrumental-Improvisation).

Und selbstverständlich ist hier der Kopfsatz von LUDWIG VAN BEETHOVENS sogenannter *Mondschein-Sonate* op. 27,2 cis-moll am Platze. Womit wir das berückende Reich der Mond- und Nachtmusiken betreten.

Gewissermaßen Ehrenbürger sind hier die französischen Nuancenzauberer Debussy und RAVEL. Letzterer schuf mit dem 1. Satz »*Prolog zur Nacht*« seiner *Rhapsodie espagnole* ein Tongemälde, das Duft, Stille, Sternenlicht, leicht fächelnden Wind, Klangfarbe, Sehnsucht und Sinnlichkeit ineinander verfließen läßt.

Ähnliches erreicht mit rein pianistischen Mitteln CLAUDE DEBUSSY in der Impression »*Claire de lune*« aus seiner *Suite bergamasque*: ein vertonter Duft, alles schwebt und gleitet, Raum, Zeit und Schwerkraft scheinen aufgehoben, Chagalls »Liebespaar im Fliederstrauß« zieht vorbei ... Wie dringend Menschen solche Musik brauchen, geht aus der Tatsache hervor, daß diese originale Klavierkomposition eine Unzahl von Bearbeitungen und Arrangements erlebt (und unbeschadet überstanden) hat! Bei Debussy dürfen wir zwei weitere, suggestiv statische, magisch beschwörende Stücke nicht übergehen, beides Klavier-Préludes: »Les sons et les parfums tournent dans l'air« (Nr. 4 aus Heft I) – »Die Klänge und Düfte drehen sich in der Luft«. Dieses Motto (wie immer bei seinen Préludes hat es der Komponist diskret als Untertitel nachgestellt) stammt aus Baudelaires »Blumen des Bösen« und lautet in der Übertragung durch Stefan George:

Die stunde erscheint wo auf ihren stengeln sich biegen
die blumen. Die schalen auf denen ein weihrauch verpufft.
Im abendwinde drehen sich klang und duft;
schwermütiger walzer und schmerzliches sichwiegen!

Am Schluß überrascht der »Hörnerklang« – das Horn als romantisches Symbol für Fernweh und Sehnsucht –, seit Eichendorff vertraut und noch von Mahler genutzt.

Diesem Klangstück aus Heft I seiner *Préludes* fügte Debussy in Heft II mit *»La terrasse des audiences du claire de lune«*, – »Die Terrasse für Mondscheinempfänge«, eine analoge Licht- und Duftstudie hinzu, angeregt vom Reisebericht eines Indienfahrers, der von nächtlichen Empfängen unter dem Schein des Mondes erzählte. Man kann sich bei dieser Gelegenheit gleich noch das nachfolgende bewegtere *Prélude Nr. 8* zu Gemüte führen (was hier wörtlich gemeint ist): *»Ondine«* – »Undine«; denn im Unterschied zu Ravels gleichnamigem, fast quirligem Stück (entstanden 1908, also wenig früher) zeichnet Debussy seine Nixe im Sinne der Eichendorffschen Nachtdämonie – magisch-dunkel, zu geheimnisvollen Gründen lockend.

Wenn wir schon bei Nixen, und dazu noch in Verbindung mit dem zauberischen Nachtgestirn, angelangt sind, darf das an Innigkeit unübertroffene »Du lieber Mond« aus *der* romantischen böhmischen Oper *Rusalka* von ANTONIN DVOŘÁK nicht fehlen: sowohl ganz neuartig harmonisiert als auch tief empfunden, weil aus einer natürlichen Sinnlichkeit geboren. Hier sickern die Strahlen des kühlen Gestirns durch das Blattwerk, ein leichter Nachtwind bringt die Zweige zum Zittern, der Widerschein des Mondes bebt in der sanft sich kräuselnden Spiegelfläche des Weihers. Auf dessen Grund beklagen die Nixen das Schicksal ihrer Schwester, die sich auf das Gefährlichste eingelassen hat, was es in der Welt der Menschen gibt – auf die Liebe. Und am tragischen Ausgang dieser Leidenschaft zweifelt da unten niemand mehr, weder die Schönen mit den Fischleibern noch der Wassermann, der schon im voraus seine Verwünschungen gegen den ungetreuen Prinzen ausstößt ...

Wenn Ihnen klingende Märchen behagen, dann sollten Sie noch eine feinsinnige Klaviersuite zu vier Händen hören, eventuell in des Komponisten eigener Orchesterfassung: MAURICE RAVEL schrieb *Ma mere l'oie* für die klavierspielenden Kinder eines befreundeten polnischen Ehepaares. »Der Plan, in diesen Stücken die Poesie der Kindheit heraufzubeschwören, hat mich von selbst dazu geführt, meinen Stil zu vereinfachen und meine Schreibweise zu verdünnen.« Eine glücklichere Titelversion als die wörtliche Übersetzung »Meine Mutter, die Gans« wäre vielleicht »Mutter Gans erzählt«. Denken Sie an Ihre eigene Kindheit, wo es – sofern Sie brav waren – vor dem Einschlafen noch ein Märchen gab. Bei *»Mutter Gans«* hören Sie Dornröschen schlummern – unter einer an Ravels berühmte *Pavane* erinnernden Musik –, dann den Däumling trippeln und die Vögel seine Brotkrumen aufpicken; Sie vernehmen einen chinesischen Marsch für eine (häßliche) Pagodenkaiserin, lauschen der Unterhaltung zwischen »der Schönen und dem Tier«, erleben zuletzt dessen Rückverwandlung und dürfen schließlich mit allen artigen Kindern und guten Menschen im Zaubergarten lustwandeln ...

Sie sind schon etwas schläfrig geworden? Recht so, nun können Sie selbst weiterspinnen, Ihre eigenen Geschichten nacherleben oder erfinden, können bedauern, was Sie versäumt, sich versagt oder falsch gemacht haben, können sich ausmalen, was Sie Schönes noch erwarten dürfen... Dem Traum sind keine Grenzen gesetzt. Ist er doch die Brücke zur anderen, ewigen Welt. Ausbruch aus Zeit und Raum, Einstieg ins eigene Unterbewußtsein. Viele Träume werden unwillkürlich von Musik begleitet. Und es gibt entsprechend viele traumhafte oder direkt programmatische Traummusiken.

Erwähnt seien neben der bekannten, ebenso kurzen wie meisterhaften *Träumerei* von ROBERT SCHUMANN noch ein kaum geläufiges Orchester-Zwischenspiel aus pikanter Feder: »Der Traum des Königs« aus der Oper *König Roger* des polnischen Komponisten KAROL SZYMANOWSKI, die der exotisch gefärbten, impressionistisch-schwelgerischen Periode des Komponisten entstammt. Von ihm möchte ich aus eben dieser Periode hier noch nachdrücklich die rauschhafte *Dritte Sinfonie »Das Lied von der Nacht«* auf Texte des mittelalterlichen persischen Dichters und Mystikers Dschelâ Rumi empfehlen.

Doch auch nichtprogrammatische und textlose Musik ist reich an geeigneten Stücken. Meist sind es langsame oder sanft bewegte (Mittel-)Sätze aus Serenaden, Sinfonien, Konzerten oder Sonaten. Wenn Sie Zeit und Möglichkeit haben (oder unter Ihren Kindern, Neffen oder Enkeln ein Technik-»Freak« ist, der es Ihnen abnimmt), dann sollten Sie sich solche Musiken auf Band schneiden (natürlich nur für Ihren privaten Gebrauch, das ist die urheberrechtliche Voraussetzung!). Das könnte dann Ihr »Gute-Nacht-Band« werden.

Speziell empfehle ich die langsamen Sätze von SERGEJ RACHMANINOWS *Zweitem Klavierkonzert* und *Zweiter Sinfonie* sowie aus MAURICE RAVELS *G-dur-Klavierkonzert*, um nur einige herausragende Beispiele zu nennen.

Arm ist eine Kindheit ohne ein Schlaflied am Bett. Doch auch als Erwachsener haben Sie noch Anspruch auf den begütigenden, versöhnenden Zauber eines Schlafliedes, das für friedvolle, tröstende Gedanken und Gefühle beim allmählichen Einschlummern sorgen wird: Der nun folgende Schlaf wird ein erholsamer sein!

Da ich als »Musikapotheker« mehr Pharmazeut als Schamane sein will, habe ich hier natürlich nicht die originalen Weisen Ihrer frühen Lebensjahre, sondern zur Einstimmung auf den Schlaf geeignete Kunstlieder zusammengestellt. Es empfiehlt sich, die folgenden klassischen Nacht- und Traumgesänge einen nach dem anderen kennenzulernen und zu verinnerlichen, so daß man sie bald schon vor dem inneren Ohr Revue passieren lassen kann. Die Wirkung wird dann ebenso intensiv, wenn nicht sogar effektiver als beim äußeren Hören sein.

Das zum Volksgut gewordene Abendlied »*Der Mond ist aufgegangen*« von Matthias Claudius/JOHANN ABRAHAM PETER SCHULZ verbindet staunende Naturschau und Demut gegenüber dem Schöpfer mit der Dankbarkeit für den gelebten Tag und der Freude auf den morgigen. Sogar für den »kranken Nachbarn« ist Platz.

Schlafstörungen und Einschlafhilfen 171

In FRANZ SCHUBERTS Zyklus *Die schöne Müllerin* sorgt für den versöhnlichen, sanften Ausklang »*Des Baches Wiegenlied*«:

Gute Ruh, gute Ruh! Tu die Augen zu!
Wandrer, du müder, du bist zu Haus.
Die Treu ist hier, sollst liegen bei mir,
bis das Meer will trinken die Bächlein aus ...

... Gute Nacht, gute Nacht! bis alles wacht,
schlaf aus deine Freude, schlaf aus dein Leid!
Der Vollmond steigt, der Nebel weicht,
und der Himmel da oben, wie ist er so weit.

Der Bach, der treue, bewahrt den unglücklich Liebenden vor schlechten Träumen: Was soll er bei den unzuverlässigen Menschen suchen, wenn er es bei ihm finden kann!

Goethes Nacht-Gedichte inspirierten zahlreiche Musiker; den Rekord halten wohl die beiden mit der gleichen Überschrift: *Wanderers Nachtlied*. Das erste mit dem Anfang »Über allen Gipfeln ist Ruh...« vertonten FRANZ SCHUBERT, Carl Friedrich Zelter, Robert Schumann, Franz Liszt und noch in diesem Jahrhundert Ernst Pepping.

Das andere *Wanderers Nachtlied* vertonten neben Schubert die beiden Musikberater des Dichterfürsten, Reichardt und Zelter, ferner Liszt, Hugo Wolf, Joseph Marx, Pepping, Hans Pfitzner und Winfried Zillig:

Der du von dem Himmel bist
alles Leid und Schmerzen stillest,
den, der doppelt elend ist,
doppelt mit Erquickung füllest,
ach, ich bin des Treibens müde!
Was soll all der Schmerz und Lust?
Süßer Friede,
komm, ach komm in meine Brust.

Der unbestrittene Meister des buchstäblich »unheimlich schönen« Nachtzaubers heißt Eichendorff; und sein Gedicht mit dem Titel »*Nachtzauber*« fand adäquate Klänge bei HUGO WOLF:

> Von den Bergen sacht hernieder
> weckend die uralten Lieder,
> steigt die wunderbare Nacht,
> und die Gründe glänzen wieder,
> wie du's oft im Traum gedacht ...

Dazu steigen schwärmerische, sehnsüchtig schwelgende Harmonien auf, ein durchlaufendes Sechzehntel-Band suggeriert das Plätschern der Springbrunnen.

Eichendorff hatte schon ROBERT SCHUMANN zu hochromantischen Kompositionen angeregt. Ein Höhepunkt der gesamten Liedliteratur und nicht nur des *Liederkreises op. 39* ist die »*Mondnacht*«:

> Es war, als hätt' der Himmel die Erde still geküßt ...
> ... Die Luft ging durch die Felder, die Ähren wogten sacht,
> es rauschten leis' die Wälder, so sternklar war die Nacht.
> Und meine Seele spannte weit ihre Flügel aus,
> flog durch die stillen Lande, als flöge sie nach Haus.

Die Seele breitet die Flügel aus, die Brust wird weit, das Herz »atmet« durch. Beim Hören dieser Klänge seufzt man vielleicht auf, aber nicht aus Bedrücktheit, sondern aus der Weite des Gefühls heraus.

Nur selten findet sich bei Heinrich Heine ein Gedicht, wo er nicht eine kunstvoll erzeugte, innige Stimmung zuletzt ironisch bricht. Zu diesen Ausnahmen gehört die »*Lotosblume*«, die Schumann in seinen Liederzyklus *Myrten* aufnahm.

> Die Lotosblume ängstigt sich vor der Sonne Pracht ...
> ... Sie blüht und glüht und leuchtet,
> und starret stumm in die Höh';
> sie duftet und weinet und zittert
> vor Liebe und Liebesweh.

Was Wilhelm Müller für Franz Schubert, Heine für Schumann, war Mörike für HUGO WOLF. 1888 vertonte er dessen deutlich von Eichendorff inspiriertes Gedicht »*Um Mitternacht*«:

Gelassen stieg die Nacht ans Land,
lehnt träumend an der Berge Wand,
ihr Auge sieht die goldne Waage nun
der Zeit in gleichen Schalen stille ruhn;
Und kecker rauschen die Quellen hervor,
sie singen der Mutter, der Nacht, ins Ohr
vom Tage,
vom heute gewesenen Tage.

Schöne, friedevolle Bewältigung des Tages – noch einmal läßt man das Geschehene an sich vorüberziehen und streift es freundlich ab, der Gleichlauf des Wassers zieht es mit sich, und man wird frei von jeglichem Ballast und darf sich treiben lassen – in das Reich der Träume.

Sehnsucht und Heimweh

»Nur wer die Sehnsucht kennt,
Weiß, was ich leide!«
Johann Wolfgang von Goethe: Lied der Mignon
Vielfach vertont

Sehnsucht hat man nach Liebgewonnenem. Wo ein Mensch oder seine Seele zu Hause ist, danach hat er Heimweh, wenn er anderswo lebt. Die sentimental-retrospektive Sehnsucht nach entschwundenen, vergangenen Zeiten bezeichnet man heute als Nostalgie (das altgriechische Wort für Heimweh; dazu siehe das Kapitel »Erinnerung und Nostalgie«). Und die vage Sehnsucht nach der Ferne, nach anderen Kontinenten und Ländern, teilweise im Sinne von Schuberts Lied *Der Wanderer* – »Dort wo du nicht bist, dort ist das Glück« –, und oft verbunden mit der Tendenz zu Ausbruch und Aussteigen aus der Zivilisation, kann man als Fernweh bezeichnen (siehe dazu »Freiheitsdrang und Fernweh«). Richtig gehandhabt, sind alle diese Formen der Sehnsucht mächtige Kraftwerke, falsch gehandhabt werden sie zur Marter.

Seßhafte Komponisten sind eine Rarität; je später die Uhr der Musikgeschichte anzeigt, desto seltener werden sie. Bach konnte noch sein ganzes Leben in deutschsprachigem Gebiet verbringen, der dritte der berühmten Bach-Söhne blieb gar 50 Jahre in derselben Kleinstadt Bückeburg, aber schon der jüngste teilte sein Leben zwischen Italien, Frankreich und England. Und zahlreiche Ortswechsel von Mozart, Liszt oder Tschaikowsky geben nur das Extrem für die generelle Mobilität der Musiker, die mit dem Zusammenrücken Europas zunimmt. Oft sind sie aus beruflichen oder politischen Gründen ins Ausland gegangen. Wenngleich sie eine internationale Sprache beherrschten – ihre Musik –, so wirkte die Fremde doch oft kalt und abschreckend auf sie, abschreckender zumindest als auf so manchen robusten Weltreisenden. Andererseits war für viele Komponisten gerade das Heimweh eine nicht zu unterschätzende Quelle der Inspiration. Ihr Bemühen, die Heimat wenigstens in Klängen zu beschwören, brachte hochinteressante Partituren hervor.

Aus oder unter Heimweh schufen viele russische Komponisten. Von allen Europäern hängen sie wohl am meisten an ihrem Land. Die Größten unter ihnen wurden durch die Bolschewisten außer Landes gezwungen. Strawinsky überlebte souverän in der Neuen Welt; Rachmaninow profilierte sich im Exil zum Starpianisten seiner Zeit, der jährlich zwischen dem Alten und Neuen Kontinent pendelte; Prokofjew trieb das Heimweh sogar zurück, in verhaßte politische Verhältnisse und beträchtliche Einschränkungen – aber die Sehnsucht nach der »russischen Sprache, dem russischen Frühling« war stärker als die Angst vor dem, was ihn in der Heimat erwartete.

Paul Whiteman, der schon Gershwin zu seiner epochalen *Rhapsodie in Blue* angeregt hatte und dem es auf eine Synthese aus Jazz und Klassik ankam, bestellte bei IGOR STRAWINSKY 1944 ein *Scherzo à la russe*. Was Wunder, daß der inzwischen naturalisierte Amerikaner, der im Herzen immer Russe geblieben war, hier ein Stück Heimatmusik schrieb.

Doch noch stärker spricht das Heimweh aus den amerikanischen Partituren SERGEJ RACHMANINOWS, so im langsamen Satz der *Dritten Sinfonie* sowie in den *Drei russischen Volksliedern* und der *Paganini-Rhapsodie* für Klavier und Orchester.

Zahlreiche europäische Künstler verschiedenster Nationalitäten wurden zwischen 1933 und 1945 durch den Faschismus zur Emigration gezwungen. Die beiden folgenden konnten sich nicht mit der amerikanischen Realität abfinden und brachten es nicht fertig, sich dem Markt anzubieten. Arnold Schönberg blieb in den USA isoliert und endete enttäuscht und erfolglos, während sein beträchtlich erfolgreicherer Antipode Strawinsky klug genug war, beispielsweise von seinen sämtlichen großen Werken eine amerikanische Fassung anzufertigen, damit sie – weil in den USA entstanden – nach dortigem Recht auch urheberrechtlich schutzfähig waren und Tantiemen einbrachten.

Der andere, ein Ungar, verkraftete den Wechsel der sozialen und geistigen Umgebung nicht und starb unglücklich und verarmt in den Staaten. Aus schwieriger innerer Verfassung, inmitten einer entfremdeten Umwelt und wohl auch unter der Vorahnung des eigenen Endes schrieb

BELA BARTÓK sein *3. Klavierkonzert*, das er nicht mehr selbst vollenden konnte (die letzten 17 Takte des Finales wurden von fremder Hand hinzugefügt). Der *Choral* deutet schon an, daß der Komponist Halt und Trost in einer tief verwurzelten Frömmigkeit gefunden hat, wenn auch mehr im emotionalen als konfessionellen Sinne. Besonders der 2. Satz mit der seltenen Überschrift *Andante religioso* spricht davon.

Das *Finale* zitiert Heimatklänge und lenkt den Blick zurück auf vitale Jahre: hier klingt eine keineswegs bittere, sondern innige, friedvolle Sehnsucht nach vergangener Zeit und einer fernen Heimat an. Was mag Bartók die heimatliche Pußta mit ihren Ziehbrunnen und dem unendlichen Horizont bedeutet haben – Bartók, der sich jetzt als Fremder in der Betonwüste New York befand, zwar geehrt, aber tief einsam ... Doch hier springt seine Klangwelt, seine Erinnerung ein, die ihm zur zweiten, zur schaffenden Realität wird.

Sechzig Jahre früher schrieb ein böhmischer Meister, ANTONIN DVOŘÁK, zehn Stücke für Klavier zu vier Händen mit dem Titel *Legenden*. Da er sie seinem Förderer, dem gefürchteten Kritiker und Verfechter einer »absoluten« Musik, Eduard Hanslick, widmen wollte, wagte er freilich nicht, ihnen programmatische Überschriften zu geben. Dennoch klingen deutlich Landschafts- und Folklorebezüge an: Stimmungsbilder aus der geliebten Heimat und ihrer Geschichte, in die sich der Komponist zurücksehnt ...

Zu Goethes meistvertonten Liedtexten gehört das folgende »Lied der Mignon« (aus »Wilhelm Meister«):

Nur wer die Sehnsucht kennt,
weiß, was ich leide ...
Ach! der mich liebt und kennt,
ist in der Weite ...

Dem Zauber dieser Zeilen konnten sie alle nicht widerstehen: Beethoven, Schubert, Schumann, Zelter, Wolf und – sogar PJOTR ILJITSCH TSCHAIKOWSKY. Wer es nicht kennt, wird von *seinem* Lied der Mignon überrascht sein. Denn hier hört man die sehnsüchtigen Wendungen aus der zauberhaften lyrischen Oper *Eugen Onegin*. Und verblüffenderweise läßt sich der deutsche Originaltext silbengenau der russischen Übertragung unterlegen, so einfühlsam hat deren Verfasser Fjodor Tschutschew gearbeitet.

Sehnsucht und Heimweh

Der romantische Dichter Heinrich Heine und der romantische Tonkünstler ROBERT SCHUMANN vereinigen sich in der *Dichterliebe* in romantischer Rückwärtsschau und Sehnsucht nach einer heilen Zauberwelt. (Liszt sagte später, als Schumann schon in der Nervenheilanstalt zu Endenich verstorben war, er habe sich zu lange mit Geistern beschäftigt.) Im folgenden Lied entführt uns ein zauberhaft leichter Reiter-Rhythmus in seltsame Gefilde.

Aus alten Märchen winkt es
hervor mit weißer Hand,
da singt es und da klingt es
von einem Zauberland ...

... Ach! jenes Land der Wonne,
das seh ich oft im Traum,
doch kommt die Morgensonne,
zerfließt 's wie eitel Schaum.

Die keusche, vage Sehnsucht eines Mädchens in anmutiger Verknüpfung mit einem Naturbild – Schumann vertonte Julius Mosen in Nr. 3, »*Der Nußbaum*«, seiner *Myrten* und nutzte das Bild vom rauschenden Blattwerk zu einer meisterhaft sparsamen, auf beide Hände verteilten Sechzehntel-Girlande mit nur zart angedeuteten Harmonien:

... Das Mägdlein horchet, es rauscht im Baum;
sehnend, wähnend sinkt es
lächelnd in Schlaf und Traum.

Durch die (posthume) Zusammenstellung des dritten Liederzyklus von Franz Schubert, *Schwanengesang*, steht die Sehnsucht am Ende seines Liedschaffens: »*Die Taubenpost*« (Text von Johann Gabriel Seidl). Der nimmermüde Bote wird durch einen geradezu beflissenen durchgehenden Rhythmus symbolisiert:

Ich hab eine Brieftaub' in meinem Sold,
die ist gar ergeben und treu,
sie nimmt mir nie das Ziel zu kurz
und fliegt auch nie vorbei.

Ich sende sie vieltausendmal
auf Kundschaft täglich hinaus,
vorbei an manchem lieben Ort,
bis zu der Liebsten Haus ...

... Drum heg ich sie auch so treu an der Brust,
versichert des schönsten Gewinns;
Sie heißt – die Sehnsucht!
Kennt ihr sie? Die Botin treuen Sinns.

Streit

»Wo man singt, da laß dich ruhig nieder,
böse Menschen haben keine Lieder.«
Deutsches Sprichwort

Streit, dieses notwendige Übel, das man im menschlichen Leben nicht ausschalten kann, aber beherrschen sollte, möchte ich am Beispiel des häufigsten Konfliktes erläutern: an den Querelen und Streitereien innerhalb einer Partnerschaft. Sonstige Konfliktsituationen werden teilweise im Kapitel »Aggression« gestreift. Generell gilt: Nicht *die* Partnerschaft ist gut, in der keine Konflikte stattfinden, sondern die, wo beide mit Konflikten umzugehen gelernt haben oder bereit sind, das zu lernen. Kurz: Streit*kultur* muß sein.

Nun gibt es konfliktfähige und konfliktscheue Menschen. Letztere, die sogenannten Konfliktvermeider, gehen einen scheinbar störarmen Weg, lernen aber in Wahrheit nichts dazu. Sie werden immer halbe Kinder bleiben, denn sie haben etwas Wichtiges nicht gelernt: sich auseinanderzusetzen.

Wer Scheu hat, sich verbal zu streiten, kann seine Gedanken, Kritiken, Wünsche und Bitten auch schreiben. Das hat den Vorteil, daß man sich seine Worte genau überlegen kann. Wie auch immer, ob direkt oder vermittelt: Erst durch Streit, durch faire und kultivierte Auseinandersetzung, die die Achtung vor dem anderen nicht vermissen läßt, kann die eigene Kompromißfähigkeit gelernt und ausgelotet werden.

Musik kann auch in akuten Fällen Schlimmeres verhüten und zumindest einen Konsens im Prinzipiellen herstellen. Auf jeden Fall aber hilft sie, die gegenseitige Einfühlung und Toleranz zu entwickeln. Auch für den Partnerstreit gilt: besser vorbeugen als heilen. Das heißt nicht etwa, jeglichen Streit zu vermeiden, sondern die *gemeinsame Basis* auszubauen, zu festigen, so daß ein Streit nie die Fundamente erschüttern kann und nicht eskalieren muß. Nichts kann die emotional-seelische Zweisamkeit besser entwickeln als gemeinsames Hören und Genießen von Musik. Abends, wenn die Kinder schlafen, machen es sich beide auf dem großen Teppich bequem und hören sich durch ihre Musik. Dazu ein Glas Wein, ein bißchen Handarbeit. Fernsehen ist uninteressant, es sei denn, man hat sich eine bestimmte Sendung vorgenommen, die kann ja noch eingebaut werden. Aber diese Stunde, in der man sich eine Neuerwerbung zeigt oder eine bestimmte Musik heraussucht, die man kürzlich oder beim ersten Kennenlernen gehört hat, die also assoziativ besetzt ist – diese Stunde gibt einen unerschütterlich festen Boden für eine anschließende Diskussion oder bestätigt die gemeinsame Basis nach einer bereits geführten Auseinandersetzung.

Dieses gemeinsame Hör-Erleben ist mindestens so folgenreich und heilsam wie die körperliche Gemeinschaft. Denn es ist schier unmöglich, einen Dauerkonflikt aufrechtzuerhalten (was ohnehin anstrengend, liebes- und lebenstötend wäre), wenn man sich gemeinsam in das ordnende, relativierende und kräftigende Klangbad der Musik begibt. Diesen therapeutischen Dienst kann allerdings die vorwiegend auf Bewegung oder Backgroundfunktion abgestellte Unterhaltungsmusik nicht leisten. Hierzu sind Kunstwerke erforderlich, die von inneren Konflikten gezeichnet und von einer überzeugenden Dramaturgie getragen sind. Es muß ja nicht gleich Beethovens titanisches *Durch Nacht zum Licht* sein, aber es bedarf auch hörbarer und nachvollziehbarer Auseinandersetzungen.

Die Musikgeschichte liefert uns ein reiches, wenn auch keineswegs nur positives Anschauungsmaterial konfliktreicher Beziehungen vieler Komponisten. Manche von ihnen waren überhaupt nicht in der Lage, eine auch nur geringfügige Beeinträchtigung ihrer persönlichen Lebens- und Arbeitsweise zu ertragen. Es war nicht nur die Taubheit und die damit verbundene äußere Menschenflucht, die Beethoven von einer dauerhaften Beziehung abhielt. Den meisten Komponisten stand gerade ihre Egozentrik im Wege, wenn es darum ging, gleichberechtigte Beziehungen im heutigen Sinne aufzubauen oder durchzuhalten. Mahler unterdrückte seine Frau, die sich denn auch nach seinem Tode dafür direkt schadlos hielt. Schumann hat seine angebetete Clara zum Komponieren sogar noch ermuntert, aber mit einer stattlichen Kinderschar vom Konzert-

Streit

podium, das ihm ja verschlossen blieb, fernzuhalten versucht. Nein, Komponisten sind kaum Bilderbuch-Partner gewesen. Konflikte schienen sie manchmal direkt zu suchen als Zündstoff für ihr Schaffen. Das machte freilich nicht jede Frau mit, und manche von denen, die sich im Dienst an ihren komponierenden Männern total aufrieben, wurden für die Partner uninteressant, weil dann der Konflikt fehlte. Minna Planer etwa dürfte das mit Wagner erlebt haben. Wut oder Groll als schöpferische Antriebskraft – betrachten Sie unter diesem Aspekt einmal die teilweise gigantischen Kopfsätze der großen Sinfonien. (Ich verweise auf das Kapitel »Gedächtnis und Konzentration«.) Leicht werden Sie die meist zwei Themen der Exposition bemerken, die bewußt gegensätzlich angelegt sind – Konfliktmaterial für die Durchführung. Bei Diskussionen soll es ja nicht um Unterwerfung, sondern um das Finden der optimalen Lösung gehen. Meistens kommt es zu einem Kompromiß. Wie patriarchalisch es gerade in der Musikgeschichte zuging, erhellt der Umstand, daß das fast immer siegreiche erste Thema gewöhnlich dem männlichen und das unterliegende zweite dem weiblichen Prinzip zugeordnet wurde. In der Reprise erscheint es, gleichsam annektiert, in der Tonart des ersten Themas! Eine aufschlußreiche Ausnahme von dieser dramaturgischen Hierarchie findet sich bei FRANZ LISZT, der in seinem *A-dur-Klavierkonzert* mit nur *einem* Kernthema arbeitet – das ist von Haus aus weiblich und gewinnt zuletzt geradezu maskuline Eigenschaften: es kommt als Marsch daher – ein klingender Hermaphrodit ... Nicht umsonst war Liszt, der Vielumschwärmte, auch der erste Komponist, der im großen Stil in seiner *Faust-Sinfonie* die Schlußszene aus »Faust II« vertonte. Aus vollem Herzen konnte er da den Tenor mit wiederholendem Chor singen lassen: »Das Ewig-weibliche / Zieht uns hinan.«

Zurück zu den zwei gegensätzlichen Themen, deren Verhältnis zueinander ich im folgenden etwas ironisiert darstellen möchte. Denn es sollte doch zu denken geben, daß in der Sonatenform gewöhnlich immer nur das zweite Thema, quasi die Frau, sich wandeln und fügen muß – daran krankte ja die gesamte Zivilisation der letzten Jahrhunderte. Aber die Dame kann entweder in der Dominante erscheinen – dann steht sie eine Quinte über ihm, ist damit im Grunde genommen seine Beherrscherin – oder in der parallelen Moll-Tonart. Dann allerdings steht sie (gleichsam etwas geknickt) eine kleine Terz unter der Grundtonart (Tonika), erscheint aber nach der Durchführung in der Reprise nicht nur überraschend in der Tonika, in der Tonart ihres »Gebieters«, sondern auch nicht minder strahlend als der Herr Gemahl in seinem Tongeschlecht: in Dur! Das wäre dann also der raffinierte Weg: Ergebenheit, eine Träne im Knopfloch zuerst, dann in den Clinch mit ihm, zuletzt auf seiner Höhe und mit deutlichem Siegesbewußtsein ...

Eine besondere Form des Streites und heute besonders aktuell ist der Generationskonflikt, denn die alten hierarchischen Gefüge sind weitgehend verschwunden. In unserem Zusammenhang soll es um den *musikalischen* Konflikt zwischen den Generationen gehen. Anlaß zu tagtäglichen Reibereien und Streitereien sind die auseinanderdriftenden Hörgewohnheiten der Alten und der Jungen. Wobei ich bewußt »Alte« sage, weil aus der Sicht des Halbwüchsigen ein Mann in den sogenannten besten Jahren ein »Greis« und ein Mittdreißiger ein »Alter« ist.

Bei näherem Hinhören handelt es sich um die uralte Rivalität zwischen Pan und Apoll, die heute in fast jeder Familie ausgetragen wird. Die Eltern greifen zur Klassik, die Kinder zu Rock oder Pop in den farbigsten Varianten, vom animalischen Urschrei bis zur abgehobenen indischen Meditationsmusik. Dabei gerät der häusliche Friede mitunter ernst ins Wanken. Vielleicht sagt keiner was, dann staut sich Ärger an, der sich irgendwann mal in Aggression entlädt und Luft macht. Doch muß das eigentlich sein? Saulus-Paulus-Metamorphosen werden die Ausnahmen bleiben. Normalerweise durchlaufen die Kinder ihre generationsbezogene zweite Phase des Musikhörens, in der sie nicht mehr den häuslichen Riten folgen, sondern sich bewußt von ihnen (und den sie diktierenden »Alten«) emanzipieren wollen und auch müssen. Die Alten wiederum sollten mit Toleranz den Sprößlingen mal zeigen, wie es laufen könnte. Nicht jede Klassik ist langweilig, und nicht jede Pop-, Rock- oder Beatmusik ist primitiv. Da hätten wir schon mal zwei Minimalangebote an gegenseitiger Verständnisbereitschaft. Also stellt doch mal die Lauscher auf und führt euch gegenseitig vor, was ihr für besonders interessant haltet! Sicher können da beide Seiten noch was lernen! Musik im Grenzbereich gab's schon immer. Die Zauberbrücken zu den angeblich verfeindeten Reichen »E« und »U« (Ernste und Unterhaltungsmusik) heißen Synkope, Mischungen aus Dur und Moll, sowie Kirchentonarten. Es waren die Beatles, die letztere wieder volkstümlich gemacht und in die Unterhaltungsmusik eingeführt haben.

Nachdrücklich möchte ich Ihnen empfehlen, sich in zwei Amerikaner einzuhören: GEORGE GERSHWIN hat nicht nur die *Rhapsody in Blue* geschrieben, sondern auch eine witzige Hommage an den Alten Kontinent. In seinem *Amerikaner in Paris* schlendert der Komponist als Yankee durch die Champs Élysées, schlängelt sich durch die Autos (deren Hupen in der Partitur stehen und die er extra in vier Tonhöhen zur New Yorker Uraufführung aus Paris hatte kommen lassen), zitiert einen Charleston für die Seinemetropole und einen Blues als Reminiszenz an zu Hause... Und hören Sie sein rassiges *Klavierkonzert F-dur* oder, wie es offiziell heißt: *Concerto in F* mit einem abwechslungsreichen, temperamentvollen Allegro zu Beginn, einem erotischen Mittelsatz mit grandioser Steigerung und einem motorischen hämmernden Finale.

Der andere hat als einziger »Klassiker« der Gegenwart die Brücke zwischen Broadway und Konzertsaal geschlagen und das Kunststück fertiggebracht, auf beiden Seiten ernst- und angenommen zu werden. Ein Verschwender seiner Gaben, der sie durch Hingabe an die Menschen zu vermehren schien: LEONARD BERNSTEIN. Die *West Side Story* ist der legitime Nachfahre von Gershwins Oper *Porgy and Bess* und enthält wie diese zu Herzen gehende, tief empfundene Songs (»*Maria*«). Ferner darf ich auf die (nicht unumstrittene) *Messe* dieses Urmusikanten hinweisen – ein von Jazzelementen getragenes, dem Musical ebenso wie der freien Tonalität des 20. Jahrhundert verpflichtetes Werk.

Ein »innerfamiliärer akustischer Generationenkonflikt« muß also nicht »blutig«, muß nicht einmal mit dem Sieg der einen und der Kapitulation der anderen Seite enden, sondern sollte zu einer fruchtbaren, experimentierfreudigen Koexistenz führen. Die Eltern können ruhig mal mit dem Nachwuchs ein Rock-Konzert besuchen (zumal die »Kinder« zu schätzen wissen, wenn sie die teuren Karten nicht selbst bezahlen müssen) und sich zu Hause neue Bänder oder Platten vorspielen lassen – über die Lautstärke kann man sich ja einigen. Und Jugendliche kommen, wie Umfragen erweisen, nicht nur durch so unkonventionelle Streifen wie »Amadeus« zunehmend dahinter, daß klassische Musik weit besser ist als ihr Ruf, und werden ihrerseits mal mit in ein Klassik-Konzert gehen.

Tod

»Sei guten Muts! ich bin nicht wild,
sollst sanft in meinen Armen schlafen!«
Matthias Claudius/Franz Schubert:
»Der Tod und das Mädchen«

Beide gehören zusammen: Leben und Tod, Yin und Yang, Licht und Schatten, Tag und Nacht. Eine Brücke zwischen beiden einander scheinbar ausschließenden Welten ist die Musik, die selbst ambivalent ist, selbst beiden angehört und sie zur großen Einheit zusammenführt.

Es gibt eine Vorform des Todes, den Schlaf. Wer an das Weiterleben der menschlichen Seele glaubt, der kann sich den Tod als Eintritt in einen langen, friedevollen Schlaf vorstellen, der einem neuen, ewigen Leben oder der Rückkehr in die irdische Welt vorausgeht. Schon bei Cicero heißt es: »Der Schlaf ist das Bild des Todes«, und vom dänischen Klassizisten Thorwaldsen gibt es zwei beeindruckende Medaillons – im Bildaufbau identisch. In beiden Fällen hält ein weiblicher Genius einen Knaben im Arm, einmal schlummert er, das andere Mal schläft er den ewigen Schlaf. Beide Körper sind völlig gelöst, entspannt. Der einzige Unterschied ist das Inkarnat, die Farbe der Haut.

Jedem, ob er den Glauben an die Unsterblichkeit beziehungsweise die Wiederkehr der Seele teilt oder den Tod für den absoluten Schlußakkord hält, vermag die Tonkunst als Begleiter und Tröster auf dem letzten Weg zu dienen, beim Herannahen des eigenen »Endes« ebenso wie beim bevorstehenden Abschied von einem geliebten Menschen. Schließlich lebt Musik von Spannung und Lösung, Dissonanz und Konsonanz. Die Verdrängung des Todes, kennzeichnend für die moderne abendländische Zivilisation, ist ebenso unsinnig, als wollte man aus der Harmonik die Dissonanzen oder aus dem Alltag Schatten, Kälte und Schmerz beseitigen. Für die Kunst, speziell die Musik, besitzt das irdische Ende des Menschenlebens eine ebenso zentrale Bedeutung wie für den Glauben. (Vielleicht kann man sogar eine weitere Analogie wagen: Wenn es um die Unsterblichkeit der Seele geht, darf man von allen Leistungen des menschlichen Geistes wohl am ehesten der Kunst eine gewisse Zeitlosigkeit zugestehen.)

Unübertroffen in seinem klassizistischen Eben- und Gleichmaß, das auch ohne Kenntnis des dramaturgischen Hintergrundes trostreich wirkt, ist der »*Reigen seliger Geister*« aus dem Hauptwerk *Orpheus und Euridike* des in Paris wirkenden Opernreformators CHRISTOPH WILLIBALD RITTER VON GLUCK. Diese wahrhaft elysischen Klänge wirken in Frankreich noch nach bis etwa zu RAVEL und seiner berühmten *Pavane für eine ertrunkene Prinzessin*, die schon an anderer Stelle ausführlich gewürdigt wurde.

In seiner späten, introvertierten Lebens- und Schaffensphase ließ sich FRANZ LISZT durch die hochaufragenden Zypressen der Villa d'Este in Tivoli bei Rom, die schon Karl Blechen eindrucksvoll gemalt hatte, zu zwei *Threnodien* – »Klagegesängen« –, inspirieren. Diese pianistischen Klangimpressionen von düsterer Erhabenheit sind im dritten Band der *Années de pèlerinage* zu finden. Doch gibt es gerade in seinem Klavierschaffen auch Tröstliches, etwa sechs populär gewordene, ein Vierteljahrhundert früher entstandene kurze Stücke noch aus der ersten Weimarer Zeit des Komponisten, die er direkt *Consolationen* – »Tröstungen« – überschrieb.

Dem Tod gewidmet sind unter anderem drei klangschöne Tondichtungen, um die Jahrhundertwende entstanden und zwei davon nach derselben Vorlage aus der bildenden Kunst: Arnold Böcklins damals allgemein bekannte *Toteninsel* fand bei RACHMANINOW und bei REGER packende Wiedergabe (ein Hörvergleich lohnt). Die dritte stammt von dem Finnen JEAN SIBELIUS. Er schuf mit seinem *Schwan von Tuonela* eine elegische Reflexion über das Ende des irdischen Lebens. Tuonela – das Reich des Todes in der finnischen Mythologie – ist von einem breiten Fluß mit schwarzem Wasser und reißendem Lauf umgeben, auf dem ein Schwan majestätisch und singend dahinzieht. Unvergeßlich die klagende Melodie des Englischhorns.

Die musikalische Behandlung der Todesthematik fällt meist versöhnlich und friedvoll aus, oft genug wird der Tod eines Bühnenhelden Anlaß zu Vergebung und Versöhnung. Hier steht Shakespeare Pate. Tod und

Tragik brechen harte Herzen auf, verändern die Menschen. Und manch einer der zeitlebens angefeindeten oder unverstandenen Künstler hat den Tod schon früh als Vertrauten begrüßt.

Todesahnung durchzieht das reife Schaffen WOLFGANG AMADEUS MOZARTS. Das *Requiem* wurde sein eigener Grabgesang; schon ein Jahrzehnt lang hatte er sich mit seinem frühen Ende beschäftigt.

Das imposante sinfonische Lebenswerk ANTON BRUCKNERS endet mit einem Torso, dem freilich nichts mehr zuzufügen wäre – die *Neunte Sinfonie* ist »dem lieben Gott« gewidmet und einer der tröstlichsten Abschiedsgesänge vom irdischen Leben, der aber doch zugleich erfüllt ist von einer unüberhörbaren, inbrünstigen Hoffnung, ja Zuversicht in das andere, ewige Leben. Es ist eine gute Sitte, an die Stelle des nicht mehr komponierten Finales Bruckners *Te Deum* zu setzen. (Näheres hierzu in den Kapiteln »Glaube« und »Hoffnung«)

JOHANN SEBASTIAN BACH, den ein deutscher Theologe als den »fünften Evangelisten« bezeichnete, hatte zum Tod ein unverkrampftes Verhältnis: Mit neun Jahren wurde er Vollwaise; später mußte er miterleben, wie dreizehn seiner zwanzig Kinder aus zwei Ehen das zehnte Lebensjahr nicht überstanden... Die sogenannte Sterbekantate (BWV 106) mit dem Titel *Actus tragicus*, ein frühes Meisterwerk noch aus der Weimarer Zeit, beginnt nach einer elegischen Instrumentaleinleitung mit einem ausgedehnten Chorsatz auf das Bibelwort: »Gottes Zeit ist die allerbeste Zeit.« An anderer Stelle heißt es vom Moment des Todes sogar: »Schlage doch, geliebte Stunde!«

Den Lutherschen Gedanken: »Mitten wir im Leben sind / Von dem Tod umfangen« greift der pensionierte Landpfarrer Eduard Mörike in einem überraschenden Bild auf: »*Denk es, o Seele*«. HUGO WOLF vertont diesen Text, selbst erst 28jährig, im Jahre 1888. Es ist kein verzweifeltes Sichaufbäumen über das eigene Ende, sondern ein heiter ausgewogenes Reflektieren, das dem Tod den grausigen Beigeschmack des Für-immer-Vorbei nimmt und ihn als Übergang, als Tor zu einem anderen Leben, versteht.

Ein Tännlein grünet wo,
wer weiß, im Walde,
ein Rosenstrauch, wer sagt,
in welchem Garten?

Tod

> Sie sind erlesen schon,
> denk es, o Seele!
> Auf deinem Grab zu wurzeln
> und zu wachsen.

Zehn Jahre nach der Komposition dieses Liedes melden sich bei Hugo Wolf die ersten Symptome der Syphilis, die zu geistiger Umnachtung und seinem frühen Ende führen wird.

Die literarische Gunst der großen Tonsetzer gibt uns zuweilen Rätsel auf. Bekannt ist die Ratlosigkeit, um nicht zu sagen: Wahllosigkeit von Brahms, der zuweilen Unsägliches vertont hat. Aber auch bei RICHARD STRAUSS als Liedschöpfer gibt es manche fragwürdige Textwahl. Schlechthin unbegreiflich ist, daß er nicht nur zuließ, sondern sogar schätzte, was sein Freund Alexander von Ritter auf die Tondichtung *Tod und Verklärung* reimte. Der Komponist hat das Gedicht in der Partitur abdrucken lassen, weshalb man nun glaubt, es ewig mit herumschleppen zu müssen. Wir brauchen das in unserer *»Musikalischen Hausapotheke«* glücklicherweise nicht. Der Schauder, den die musikalische Darstellung des Todeskampfes bei Strauss auslöst, ist ein grundsätzlich anderer als der, den Ritters Poem auslöst. Strauss schildert einen ganz unbeschönigten, »natürlichen« Abschied vom Leben. Reminiszenzen an frühere eigene Kompositionen klingen an, etwa an *Don Juan*. Diese thematischen Gedanken werden weder eingeführt noch verarbeitet. Faszinierend die naturalistischen Details: fliegender Puls, stockender Atem, Ringen mit dem Tod bis zur Aufgabe der physischen Existenz. Dabei keimen Trost und Hoffnung auf: Mit einem sinnfällig steigenden Akkordmotiv wird die unsterbliche Seele entrückt – Frieden kehrt ein. Großartig dann die klangliche Umsetzung von gleißendem Licht, unfaßbarer Helligkeit – Symbol für ein astrales Reich, dessen Darstellung von allen Künsten wohl am überzeugendsten der Musik gelingt.

Aber es braucht ja nun kein metaphysisches oder sakrales Ende zu sein. Derselbe Richard Strauss, dem ein selten reiches, erfülltes Leben beschieden war, formuliert mit seinen *Vier letzten Liedern* einen ergreifenden Abschiedsgruß. Das dritte beginnt (nach Hermann Hesse):

> Nun der Tag mich müd gemacht,
> soll mein sehnliches Verlangen

freundlich die gestirnte Nacht
wie ein müdes Kind empfangen ...

Gevatter Hein wird von Dichtern oder Komponisten gern in sanftem, mildem Licht gezeigt. So im berühmten Zwiegespräch von FRANZ SCHUBERTS Lied *Der Tod und das Mädchen* (1817 nach Matthias Claudius), zu dem er auch packende, doch trotz ihres Ernstes nicht niederdrückende Sätze für Streichquartett schrieb. Sie sind überstrahlt von einem Licht, das freilich nicht mehr von der Sonne kommt, sondern dem Mond, der ewigen Nacht, angehört:

Sei guten Muts! ich bin nicht wild,
sollst sanft in meinen Armen schlafen!

Hier sträubt sich das Mädchen noch, das vor der Zeit abberufen wird:

Ich bin noch jung, geh, Lieber!
Und rühre mich nicht an.

Doch im Analogwerk aus demselben Jahr, *Der Jüngling und der Tod* (nach Josef von Spaun), wird das irdische Ende direkt herbeigesehnt:

Die Sonne sinkt,
ach, könnt ich mit ihr scheiden,
mit ihrem letzten Strahl entfliehn!
Ach diese namenlosen Qualen meiden
und weit in schön're Welten ziehn!
O komme, Tod,
und löse diese Bande!
Ich lächle dir, o Knochenmann,
entführe mich leicht in geträumte Lande!
O komm und rühre mich doch an ...

Als Erlöser gepriesen wird der Tod auch bei Heine, der jahrelang in seiner Pariser »Matratzengruft« dahinsiechte. JOHANNES BRAHMS hat Heines Abschied von der Welt in eindringliche Klänge umgesetzt. In seinem Lied »*Der Tod, das ist die kühle Nacht*« beschwört er – wie bereits im Kapitel »Abschied« beschrieben – zwei Welten:

Tod

Der Tod, das ist die kühle Nacht,
das Leben ist der schwüle Tag.
Es dunkelt schon, mich schläfert,
der Tag hat mich müd gemacht.

Doch der Abschiednehmende ist noch empfänglich für die Schönheit des Lebens.

Über mein Bett erhebt sich ein Baum,
drin singt die junge Nachtigall;
sie singt von lauter Liebe,
Ich hör es sogar im Traum.

1881 schrieb Brahms eine sanfte, mild verklärte Hommage an den Tod auf Schillers antikisierende, in Distichen gefaßte *Nänie*. »Auch das Schöne muß sterben«, verkündet der Chor in gemessenen, doch nicht dunklen, sondern seltsam lichten Klängen. Und selbst über dem Tod strahlt der alles erwärmende Eros: »Auch ein Klagelied zu sein im Mund der Geliebten ist herrlich.« Eine vorzügliche Partitur, geeignet, sich mit dem Todesgedanken »freundlich«, ohne Angst und Bitterkeit zu befassen.

Es gibt eine Fülle von Musik, die dem Tod seine Schrecken nehmen und jene heitere Gelassenheit ausstrahlen kann, die den Menschen befähigt, Licht und Schatten, Werden und Vergehen als natürlich und unabdingbar zu begreifen. Ausdruck dieser philosophischen Heiterkeit ist Goethes Gedicht *»Anakreons Grab«*, von HUGO WOLF einfühlsam vertont – schwärmerisch, mit nostalgischem Rückblick in die Antike. Da heißt es zuletzt:

Frühling, Sommer und Herbst
genoß der glückliche Dichter;
vor dem Winter hat ihn
endlich der Hügel geschützt.

Unausgeglichenheit

»Morgens lacht ich vor Lust,
und warum ich nun weine,
bei des Abends Scheine,
ist mir selb' nicht bewußt.«
Friedrich Rückert/Franz Schubert: »Lachen und Weinen«

»Himmelhoch jauchzend, zu Tode betrübt« – in diesem wechselstromartigen Zustand darf man sich durchaus mal befinden, allerdings unter zwei Voraussetzungen: Entweder man ist verliebt, und davor schützt weder Alter noch Position. Oder man ist vierzehn, und da muß man ja erst einmal seinen Gefühlsradius abschreiten. Wenn es aber einem nichtverliebten Erwachsenen noch immer so geht, wird er für die Umwelt kompliziert, belastend und letztlich auch für sich selbst schwer erträglich, denn emotionale Unberechenbarkeit ist anstrengend. Hier gilt es zu stabilisieren. Für jede Gemütsverfassung gibt es Musiken, die man einsetzen kann, um Stimmungsschwankungen verdichtet zu erleben und dadurch zu festigen. Erst was Umrisse, klare Konturen hat, kann bewältigt werden. Sie sollten aus der Fülle der Sie bestürmenden Gefühle und Stimmungen einzelne isolieren, quasi herausfiltern und – genießen! Nach der alten Devise der Römer: *Divide et impera!* – »Teile und herrsche!« Oder in unserem Fall: Unterscheide und bewältige. Arbeiten Sie sich durch dialektische Stimmungspaare wie Verzweiflung – Heiterkeit oder Aggression – Entspannung!

Ebenso wie Ausgeglichenheit das Getriebeöl unserer Seele ist – die große Versöhnung der inneren Gegensätze und das gelassene Hinnehmen, ja genußvolle Umgehen mit den Gegensätzen im eigenem Ich –, so wird Ausgeglichenheit auch zur wichtigen Voraussetzung für verständnisvollen Umgang zwischen den Geschlechtern, Menschen und Völkern.

Von einer gerade im Kontext der *Schicksalssinfonie* überraschenden Ruhe und Harmonie ist das Andante con moto von LUDWIG VAN BEETHOVENS *Fünfter Sinfonie* getragen. Die Tonart As-dur wird von Musikern häufig als warm und balanciert empfunden: Wagner stellt im *Tristan* die Liebesnacht in diesen tonalen Rahmen, und Beethoven selbst plaziert den langsamen Satz seiner »leidenschaftlichen« Klaviersonate (die *Pathétique* wird nach ihrem Eingangssatz ebenso wie die *Fünfte Sinfonie* unter c-moll geführt) gleichfalls nach As-dur. Doch es geht hier ja nicht um ausgesprochene Beruhigungsmusik, sondern um Ausgewogenheit. Das kraftvolle, energische Pendant liefert das zweite Thema mit seinen Fanfarenstößen. Ruhe und Energie halten sich so die Waage. Interessant ist die Kernverwandtschaft beider Themen. Hören Sie die sogenannte Auftaktgruppe mit derselben Dreiklangsbrechung – ein weiteres Indiz für die Ausgewogenheit.

Beträchtlich schlichter ist die Konzeption des 2. Satzes »*Szene am Bach*« aus der nachfolgenden *Sechsten Sinfonie*, der *Pastorale*. Ein ungebrochenes Idyll malt das Murmeln des Baches, der getreu nachgebildete Gesang von Wachtel, Nachtigall und Kuckuck (drei solistische Holzbläser). Hier verhilft die Natur wieder zur inneren Ruhe.

Ausgewogen muß nicht leise oder weich heißen. Ein In-sich-Ruhen kann durchaus auch kraftvoll sein. Das trifft auf den Kopfsatz des *2. Klavierkonzerts* von JOHANNES BRAHMS zu. Beide Themen wirken weich *und* kraftvoll – das erste durch das Horn und die konsonanten Klänge des echoartig antwortenden Klaviers, das zweite durch die schön geschwungene Melodieführung. Selbst die Durchführung bringt keine Härten, alles ist von einer wundervollen Rundung bestimmt.

Friedevoll geht es auch im 2. Satz der *Ersten Sinfonie* desselben Komponisten zu – in langsamem Dreiertakt entfaltet sich eine liedhafte Melodie, die sich im Verlauf des Satzes erfolgreich gegen aufziehende Melancholie behauptet. Diese Ruhe ist mehr als Idylle, es ist ein innerer Frieden, der auf einem über das Individuelle hinausreichenden Harmonieempfinden zu beruhen scheint.

Fast eine Generation vor Brahms wurde FRÉDÉRIC CHOPIN geboren. Wie es häufig vorkommt bei hochempfindsamen Menschen, war er von äußerst schwacher körperlicher und seelischer Konstitution. Um so sehnsüchtiger gestaltete er den Zustand innerer Harmonie und Ausgeglichenheit. In seinem *e-moll-Klavierkonzert Nr. 1* bietet er gleich zwei Versionen von Balance an – im träumerischen Larghetto und im elegant verspielten Finale.

Schon bei GEORG FRIEDRICH HÄNDEL ist die Darstellung eines Naturidylls Ausdruck innerer Ausgewogenheit. Sein *Concerto grosso* Nr. 2 aus op. 6 in der später auch von Beethoven genutzten Tonart F-dur wurde von Romain Rolland als Stammvater von dessen *Pastorale* bezeichnet.

Idyllisch und »in recht gemächlichem Zeitmaß« entfaltet sich der 1. Satz der *Vierten Sinfonie* von GUSTAV MAHLER: eine innere Heiterkeit, die geradezu an Haydn erinnert. Und obgleich mehrfach das Tempo wechselt, ändert sich der ausgeglichene Grundcharakter nicht. Hier ist der Begriff »Ausgewogenheit« besonders zutreffend, denn es werden durchaus verschiedenartige musikalische Elemente und Stimmungen gegeneinander abgewogen.

Der Klassizist unter den deutschen Komponisten des 19. Jahrhunderts hat für unser Stichwort besondere Bedeutung: FELIX MENDELSSOHN BARTHOLDY. Er schuf mit seinem *1. Klavierkonzert* ein in sich abgerundetes, doch keineswegs spannungsarmes Werk, dessen wohlproportionierte Abläufe sich dem Hörer mitteilen.

Mit Kontrasten, die aber gut gegeneinander abgesetzt und im Gleichgewicht gehalten werden, arbeitet das Finale von WOLFGANG AMADEUS MOZARTS *d-moll-Klavierkonzert* KV 466. Wenn dieser Satz etwas düster in der Grundtonart (Tonika) beginnt, so schließt er in der heiteren Variante D-dur: Auch eine vorübergehende Trübung nach f-moll (welch eine harmonische Entfernung von der Tonika!) vermag das Gleichgewicht nicht zu stören.

»Es schien mir, daß Haydn, wenn er jetzt noch lebte, seinen Stil beibehalten und gleichzeitig mit Neuem ergänzt hätte. Eine solche Sinfonie wollte ich komponieren: im klassischen Stil.« So schrieb SERGEJ PROKOFJEW von seiner *Ersten*. Mit dieser *Symphonie classique* lag er durchaus im Trend der Zeit: Man denke an Strawinskys *Geschichte vom Soldaten* oder an *Ariadne* von Richard Strauss. Eine museale Nachahmung der Haydnschen Diktion wird vermieden durch das Eindringen pikanter »falscher« Töne, gewagter und verfremdeter Harmonien und Modulationen – erfrischend und delikat zu hören (die Uraufführung fand 1918 in Petrograd statt).

Der Name Prokofjew steht in der Musikgeschichte für übermächtiges und schließlich sich durchsetzendes Heimweh. Nach seiner Rückkehr in das zwar stalinistische, aber eben doch heimatliche Rußland entstand als eines der ersten Werke das *2. Violinkonzert* – ein Hohelied lyrischer Balance. Hier deutet sich schon die glücklich-gelöste Stimmung an, aus der heraus Prokofjew nunmehr schaffen wird. Im Sowjetstaat war er durchaus eine Persona grata, denn seine spektakuläre Rückkehr stellte einen beträchtlichen Prestigegewinn für das Land dar. Dafür ließ man ihn denn auch (für eine Diktatur relativ weitgehend) ungeschoren, anders als etwa Schostakowitsch.

Der folgende Komponist, ein Italiener, war wie Prokofjew ein Schüler von Rimski-Korsakow, dem »großen alten Mann« der russischen Musikgeschichte: OTTORINO RESPIGHI. Das Idyll eines bezaubernden Morgens auf dem Lande eröffnet seine viersätzige Sinfonische Dichtung *Fontane di Roma*. Im Guilia-Tal ziehen Schafe vorbei; allmählich lichtet sich der Morgennebel und läßt die ersten zaghaften Sonnenstrahlen hindurchdringen. Am *»Brunnen des Giuliatals in der Morgendämmerung«* herrscht schläfrig-ausgewogene Stimmung, noch schlummert die Aktivität. In diesem Grenzbereich, dämmernd zwischen Tag und Nacht, liegt der Urgrund unserer Kraft und Energie, gespeist aus dem Unterbewußtsein.

Vier Jahre älter als Respighi und ebenso wie er von südlichen Licht- und Landschaftswirkungen inspiriert war MAURICE RAVEL. Meist wird er zusammen mit seinem Landsmann Debussy genannt, doch schreibt er transparenter, man möchte sagen: klassizistischer als jener. Verschwommene, vage Klänge – wie man sie an Debussy liebt – gibt es bei ihn nur selten (etwa in *La Valse*). So fasziniert seine schlanke, mit sparsamsten Mitteln auskommende *Sonatine fis-moll* durch die Klarheit der Linienführung, aber auch durch die Vielfalt der Stimmungen. Der Kopfsatz ist zwar schwebend bewegt, atmet aber eine leise Melancholie. Interessant zu beobachten, wie Ravel durch die Parallelführung der Hände gleich zu Beginn den Eindruck von Schwerelosigkeit erzeugt. Der Mittelsatz verstärkt die Melancholie zur Elegik und färbt sie zugleich seltsam antik – man höre zum Vergleich DEBUSSYS »Tänzerinnen von Delphi« *(Prélude Heft 1, Nr. 1)*. Der Finalsatz wirbelt wie Gischt auf und fegt Schatten und Wolken hinweg. Ravels Sonatine bietet eine vortreffliche Mischung von Stimmungen und vermag dem Hörer zur inneren Balance mit endlicher Kräftigung der seelischen Energien zu verhelfen!

Ein in sich gefestigter Komponist wie RICHARD STRAUSS ist besonders geeignet für unseren Kontext. Nicht nur, daß es bei ihm daheim relativ ausgewogen zuging – das Haus Strauss bot eines der seltenen Beispiele für eine langjährig funktionierende Künstlerehe. Die resolute Ehefrau war ihm freilich auch eine unerbittliche Kritikerin und hatte Haare auf den Zähnen, wenn's darauf ankam. Ein Komponist, der sein Privatleben ausdrücklich »ernstgenommen« wünscht und ihm sogar eine ganze Sinfonie widmet *(Sinfonia domestica),* der kann auch in nichtprogrammatischen Werken Ausgewogenheit verbreiten. Da ist das *2. Hornkonzert* zu nennen, das der Komponist reichlich sechzig Jahre nach dem ersten schrieb. (Dieses hatte er als Siebzehnjähriger seinem Vater, einem Hornisten der königlichen Bayerischen Hofkapelle, zugeeignet.) In der Partitur von 1942 vereinen sich gemäßigtes Temperament, Klangschönheit und weise Abgeklärtheit.

Für eine geradezu delikate Besetzung schuf Strauss ein anderes für unseren Zusammenhang wichtiges Werk, seine letzte Instrumentalkomposition überhaupt: ein *Duett-Concertino für Klarinette und Fagott, Streichorchester und Harfe* von 1947. Nicht genug mit dieser schon geschmäcklerischen Besetzung, hebt Strauss aus den Streichern noch gesondert ein Sextett hervor: eine Fülle von Nuancen bei gleichmäßigem Klangfluß und ruhigem Puls.

Ausgewogenheit geht von den meisten Spätwerken der Komponisten aus (siehe das Kapitel »Älterwerden«). Aber auch nach exzessiven Phasen kann eine Rückkehr zum apollinischen Prinzip der Schönheit und Proportionalität, zum Klassizismus, wohltuend und stilistisch »blutreinigend« wirken.

Als Ausgleich zu Wildheit und extremem Pathos sind immer wieder Disziplin, Mäßigung und Balance gefragt. So verwundert nicht, daß IGOR STRAWINSKY nach seiner rebellischen Partitur zu dem Ballett *Sacre du printemps* wenige Jahre später Gefallen an der schlanken Musik des Italieners Pergolesi findet und diese – ähnlich wie Prokofjew den vermeintlich Haydnschen Stil – in seinem Ballett *Pulcinella* mit »falschen« Noten versieht. Er rechtfertigt sein Vorgehen, das damals von nicht wenigen als Grabschändung gebrandmarkt wurde: »Respekt allein ist immer steril, er kann niemals als schöpferisches Element wirken. Um zu schaffen, bedarf es einer Dynamik, eines Motors, und welcher Motor wäre mächtiger als die Liebe?« Strawinsky nennt sich selbst sogar den »Bräutigam der italienischen Musik«. Es entstand ein mediterran durchsonntes Klanggemälde aus altehrwürdiger Vorlage und moderner Farbgebung (Harmonik, Instrumentation), reizvoll und vollendet ausgewogen.

Geradezu räumlich ausbalanciert wird das Klanggewebe im langsamen Satz des wohl berühmtesten Klavierkonzerts der Weltliteratur überhaupt, des *b-moll-Konzerts* von PJOTR ILJITSCH TSCHAIKOWSKY. Angenehm verhangen und schläfrig-schwerelos gleitet, im Charakter einer Barkarole, der 6/8-Takt des Andantino simplice auf gedämpften Streichern hin. Eine Musik, die uns zu beruhigen vermag, die schroffe Seelenlandschaften glätten, Unebenheiten begradigen kann.

Auch die Liedlyrik kann zum inneren Ausgleich beitragen. Am Anfang stehe FRANZ SCHUBERT mit der Schilderung eines angesichts seiner Gemütsschwankungen ratlosen Menschen. Dabei ist er doch eindeutig verliebt, der junge Mann im Gedicht *Lachen und Weinen* von Friedrich Rückert.

> Lachen und Weinen zu jeglicher Stunde
> ruht bei der Lieb auf so mancherlei Grunde.
> Morgens lacht ich vor Lust,
> und warum ich nun weine,
> bei des Abendes Scheine,
> ist mir selb' nicht bewußt.

Natürlich läßt sich der Komponist bei diesen Gegensätzen die Gelegenheit zum Dur-Moll-Kontrast nicht entgehen, der denn auch unüberhörbar vorgeführt wird. Wer ein plastisches Beispiel für die beiden Tongeschlechter sucht, findet sie in den beiden Zeilen: »Morgens lacht ich vor Lust – und warum ich nun weine«, wobei Schubert auch noch mit der Gestik der Melodie arbeitet. »Lust« springt eine kecke Quarte nach oben, während sich in der Moll-Zeile das »weine« klagend, seufzend, stöhnend eine kleine Sekunde aufwärts schiebt ...

Wenn der Abend naht, man in sich jedoch noch nicht die rechte Balance gefunden hat, weil zuviel noch nachbebt und -zittert, wirken Goethes Worte mit der Musik von JOHANNES BRAHMS im buchstäblichen Sinne »sänftigend«:

Dämmrung senkte sich von oben.
Schon ist alle Nähe fern,
doch zuerst emporgehoben
holden Lichts der Abendstern.
Alles schwankt ins Ungewisse,
Nebel schleichen in die Höh',
schwarzvertiefte Finsternisse
widerspiegelnd ruht der See.

Nun am östlichen Bereiche
ahn' ich Mondenglanz und Glut,
schlanker Weiden Haargezweige
scherzen auf der nächsten Flut.
Durch bewegter Schatten Spiele
zittert Lunas Zauberschein,
und durchs Auge schleicht die Kühle
sänftigend ins Herz hinein.

Wiederum Friedrich Rückert schrieb den Text zu einem der ergreifendsten, aber auf jeden Fall friedevollsten Lied von FRANZ SCHUBERT:

Du bist die Ruh,
der Friede mild,
die Sehnsucht du,
und was sie stillt ...

Kehr ein bei mir
und schließe du
still hinter dir
die Pforte zu.

Treib andern Schmerz
aus dieser Brust!
Voll sei dies Herz
von deiner Lust.

Unausgeglichenheit 197

>Dies Augenzelt,
>von deinem Glanz
>allein erhellt,
>O füll es ganz!

Das gleichmäßige Achtel-Band in der Begleitung (einfaches Pendeln zwischen den Akkordtönen) sorgt für eine ruhevolle Stimmung. In langen Werten, ohne krasse Sprünge, entfaltet sich die schlichte, zu Herzen gehende Melodie. Erhebend wirkt dann der harmonische Um-, ja Aufschwung in der letzten Strophe.

Ungeduld

»Du mußt Vertrauen haben. Als ich jünger war,
und die Einfälle wollten nicht kommen,
bin ich verzweifelt und dachte, alles sei zu Ende.
Aber jetzt habe ich Vertrauen und weiß,
daß die Ideen kommen werden. Das Warten in Qualen ist der
Preis, den man zahlen muß.
Ich kann warten, wie ein Insekt warten kann.
Ich bin einer, der sein Leben lang wartet.«

Igor Strawinsky zu dem Geiger Samuel Dushkin

Im Zeitalter der Hast ist Geduld eine seltene Tugend. Ungeduld feiert Triumphe: Fast-food, Rush-hour, Sofortbefriedigung, in vierzehn Tagen Englisch perfekt, in wenigen Stunden von Paris nach New York, Raserei in diversen Verkehrsmitteln ... Raum und Zeit sind nur da, um überwunden zu werden, als habe sie der Herr dazu geschaffen. Dabei sollten wir sie ausschöpfen, möglichst mit der kleinen Kelle. Nur eins dürfte keiner anzupreisen sich wagen: Älterwerden nun noch schneller möglich als bisher!

Die Zahl der Menschen wächst, die der ständigen Aufforderung zur Eile leid sind. Und prompt reagiert der Markt und bietet Yogakurse aus Fernost an, von der Sache her durchaus erfreulich, wenn auch eine Bankrotterklärung westlicher Ideologien und Heilslehren. Das um Wissenschaft, Technik, Kunst und Wohlstand hochverdiente christliche Abendland hat es nicht vermocht, Geduld als Voraussetzung für Lebensbewältigung und bewußte Wahrnehmung der natürlichen und gesellschaftlichen Umwelt zu vermitteln. Und dabei ist diese Tugend doch im Christentum festgeschrieben ...

Musik setzt Geduld voraus, mehr als jede andere Kunst – schon beim Lernen eines Instruments. Ihre Ausübung – bei Literatur und Malerei fehlt ja die Vermittlungsposition des Interpreten – erfordert hingebungs- und oft auch entsagungsvolles Studium über Jahre hinweg. Allein die Notenschrift ist eine Geduldsprobe. Denn die Notwendigkeit, einander jagende Einfälle oder auch nur einzelne Klangvorstellungen – etwa ganze Akkorde – in ihren Bestandtönen zu notieren, was volle Konzentration verlangt, erzeugt Ungeduld. Die Folgen sind (neben teilweise kaum entzifferbaren Handschriften der Komponisten) verschiedene Systeme einer musikalischen Stenographie – was in der Vergangenheit der Generalbaß war, ist heute die Akkordschrift für Jazz- und Tanzmusiker.

Doch auch schon das bloße Hören von Musik ist gut geeignet, die verlorene Tugend Geduld zu üben: geduldiges, neugieriges, gespanntes Beobachten der musikalischen Abläufe, Abwarten der Höhepunkte, waches Erleben der sich steigernden Spannung und Überprüfen, inwieweit sich die jeweilige Hörerwartung bestätigt, ob man also richtig »vorausgehört« hat.

Es gibt Komponisten, deren Leben ein überragender Geduldsbeweis war. Der von einem tückischen Hirnleiden befallene Maurice Ravel konnte jahrelang nicht schlafen und hoffte inständig und unbeirrt auf Besserung. Sogar als ihm eine Nervenerkrankung das fließende Schreiben unmöglich machte, setzte er geduldig und mühevoll einzelne Buchstaben zusammen: mitunter brauchte er für ein Wort einen Tag. (Hierzu und zu folgendem siehe auch das Kapitel »Krankheit«.)

Beethoven gab nicht auf, trotz der Gewißheit, für den Rest des Lebens völlig ertaubt und von der menschlichen Gesellschaft isoliert zu bleiben.

Die meisten Komponisten warteten geduldig auf Erfolg, bei manchen kam er zu Lebzeiten nie. Oder nur ein einziges Mal, wie bei FRANZ SCHUBERT. *Eine* einzige öffentliche Aufführung seiner Orchestermusik für ein ganzes (wenngleich kurzes) Leben! Doch warten mußte er auch noch auf das eigene Reifen. Bedrückt durch den übermächtigen Zeitgenossen Beethoven, brauchte er lange, bis er zu dessen mitreißender Selbstbehauptung fand. Deshalb blieb die *h-moll-Sinfonie*, das bedeutendste Orchesterwerk des frühen 19. Jahrhunderts, ein Torso und ist als *Unvollendete* in die Musikgeschichte eingegangen. (Während immer noch die irrige Meinung herumspukt, Schubert sei über ihrer Partitur gestorben.) Zu einem dramatischen, ja heroischen Finale fehlte dem Sechsundzwanzigjährigen damals noch die Kraft, die innere Zuversicht.

Doch unmittelbar vor seinem frühen Ende, bereits im Sterbejahr 1828, hatte er die neue Stufe endlich erreicht und beendete mit seiner sogenannten *Großen C-dur-Sinfonie* ein abgerundetes, nicht nur anrührendes, sondern auch stärkendes, kraftvolles Werk.

Einer der originellsten russischen Musiker, ALEXANDER SKRJABIN, verdankte seine kompositorische Ausrichtung und das philosophische Programm seines eigenwilligen und faszinierenden Schaffens der Geduld: Als junger, erfolgreicher Konzertpianist, der schon auf Europa-Tourneen gegangen war, hatte er sich (wie Schumann) durch falsches Üben die rechte Hand verdorben: Die Karriere schien beendet. Doch durch zähes, klug dosiertes Training machte Skrjabin entgegen der ärztlichen Prognose die Hand wieder einsatzfähig. Solange er die Rechte nicht benutzen konnte (das war immerhin ein Jahr), übte er links und komponierte sogar für linke Hand allein ein hinreißendes Satzpaar mit raffinierten Klangwirkungen, die kaum ein Hörer auf nur fünf Finger zurückführen würde: *Prélude und Nocturne op. 9*. Dieses Grunderlebnis bestärkte ihn in dem Glauben an die Kraft des menschlichen Willens, dessen Triumph er fortan mit seinem Schaffen verkünden wollte. Man höre die noch während jener Krise entstandene, rebellische *Etüde Nr. 12 dis-moll* aus op. 8: Die rechte Hand ist ausschließlich in hier aufzuckenden, da donnernden Oktaven gesetzt, während die Linke die Hauptlast trägt und enorme Sprünge in rasenden Achtel-Triolen sowie extreme Dehnungen zu bewältigen hat. Diese bewußt »undemokratische« Arbeitsteilung zwischen den Händen wird für das gesamte weitere Klavierwerk dieses Komponisten typisch bleiben, denn schonen mußte er die einst gelähmte Rechte zeit seines Lebens.

Ein regelrechter Überlebenskünstler unter den neueren Komponisten verdankt seinen für einen *lebenden* Tonschöpfer unverhältnismäßigen Erfolg gerade der Tugend der Geduld: Igor Strawinsky konnte nach eigenen Worten warten »wie ein Insekt«. Eine der Geduld komplementäre zweite Tugend besaß er in ebenfalls erstaunlichem Maße: Flexibilität. Direkt listig muß man die Auftragspolitik des gebürtigen Petersburgers nennen. Er verstand es nämlich, potentielle »Kunden« im Gespräch dahin zu lenken, daß sie bei ihm bestellten, was er lange schon aus eigenen Antrieb geschrieben und sozusagen in der Schublade hatte. Und wenn er dann für besonders rasche Lieferung noch einen Zuschlag erhielt, um so besser ...

Ungeduld

In Sachen Geduld war Igor Strawinsky durchaus Realist und Pragmatiker. Es kann einem schließlich nicht ständig etwas einfallen, also habe man zu warten, meinte er: Hier war er sich im Kern mit seinem großen Landsmann Tschaikowsky einig, der sagte, daß man sich auf den Besuch der Muse, den man nicht erzwingen könne, ständig vorbereiten müsse. Denn sie komme nicht zu den Faulen. Und, so könnte man hinzufügen, ebensowenig zu den Ungeduldigen.

Unsicherheit – innere Souveränität

»Jede Bekanntschaft mit einem fremden Menschen war für mich stets die Ursache großer Qualen ... Vielleicht ist es die bis zur Manie gesteigerte Schüchternheit ... Gott allein weiß, was ich gelitten habe ...«
Pjotr Iljitsch Tschaikowsky 1879 an Nadeshda von Meck

Wenn wir die Minderwertigkeitskomplexe (»Minkos«) aus der Weltgeschichte eliminieren wollten, wäre diese wohl nur zu geringen Teilen so abgelaufen, wie wir sie kennen. Oft waren es banalste Ursachen, die Feldherren und Diktatoren zu dem schmiedeten, was sie waren. Ob Napoleon seinen kleinen Wuchs kompensieren mußte, Stalin seine mangelhafte Schulbildung und seinen Sozialstatus als »underdog« (um nur zwei eklatante Beispiele zu nennen) – es ist ein Panoptikum von Komplexen, das sich da auftut und auf die Menschheit niedergeht ...

Keiner ist gänzlich frei von Minderwertigkeitskomplexen. Nur selten freilich liegen sie offen zutage. Denn der Mensch wird gewöhnlich alles tun, um sie zu kaschieren. Besser aber als die beste Tarnung ist der lockere, heitere Umgang mit den eigenen Grenzen, das Sicheinrichten in der eigenen Haut. Wenn Sie sich zuweilen wünschen, aus ebendieser zu fahren und manchmal gern eine andere Identität besäßen, dann lassen Sie sich mit den folgenden Zeilen von Eugen Roth trösten:

Oft führ' man gern aus seiner Haut.
Doch wenn man forschend ringsum schaut,
erblickt man plötzlich lauter Häute,
in die zu fahren auch nicht freute ...

Also heißt es, mit seinen Komplexen zu leben. Es kommt ja tatsächlich nur darauf an, daß sie uns nicht terrorisieren, sondern daß wir sie unter

Unsicherheit – innere Souveränität

Kontrolle halten, durchschauen und nach Möglichkeit produktiv einsetzen. Wie man das macht?

Zuerst sollten Sie mal folgendes klären: Wer stellt eigentlich die Kriterien auf, nach denen Sie sich für minderwertig halten? Glauben Sie doch nicht den Illustrierten, die nur »jung-gesund-reich-hübsch« gelten lassen wollen. Diese Schablone trifft auf die meisten Zeitgenossen nicht zu und ist lediglich als verkaufsfördernde Maßnahme für Flachköpfe geeignet. Aber wenn man mit seinen Komplexen nachsichtig, freundlich verfährt und sie als liebenswerte kleine Schwächen nimmt, die eigentlich absurd sind, mit denen es sich aber leben läßt, wenn man also »zu sich selbst steht«, dann hat man schon gewonnen. Diese Erkenntnis verlangt keine Roßkur, sondern setzt nur voraus, daß Sie ein wenig an Ihrem Selbstvertrauen arbeiten, sich innere Souveränität erwerben.

Es ging und geht niemals darum, bestimmte Klischeevorstellungen der Zeit zu erfüllen, sondern um die Überzeugungskraft des Auftretens, um die Suggestivität einer in sich stimmigen Persönlichkeit, die natürlich durch Substanz und Leistung gedeckt sein muß. Sonst kommen Paradiesvögel heraus, befinden wir uns im Regenbogenmilieu, wo Auffallen um jeden Preis das Ziel ist und Absurdität mit Originalität verwechselt wird. Diese »Gimpel«, wie sie Strawinsky nannte, bevölkern die Vorhöfe gerade der Künste und zehren eine Zeitlang vom Bonus jenes Metiers, das sie nicht beherrschen; doch sie werden in der Regel bald entlarvt. »Er hat ja nichts an«, stellt das Kind in Hans Christian Andersens Märchen »Des Kaisers neue Kleider« fest.

Einige Komponisten litten an erheblichen Komplexen und sind bewundernswürdig mit ihnen fertiggeworden. Der Schöpfer des *Bolero*, Maurice Ravel, war sehr klein, hatte einen überproportional großen Kopf (Ansatz zu Hydrozephalos) und eine so schwache Konstitution, daß man ihn beim Heer als Freiwilligen zurückstellte. Paganini war von atemberaubender Häßlichkeit – und schlug daraus Kapital, indem er sich dämonisch gab und die Damen in Ohnmacht versetzte. Beethovens Gesichtszüge waren durch Pockennarben entstellt; in seinem gewöhnlich ungepflegten Aufzug bot der Schöpfer der *Neunten* auch sonst keinen erfreulichen Anblick, nicht einmal sein gesellschaftliches Verhalten war angenehm; aber er hatte Erfolg: weil er etwas zu bieten hatte und daraus ein natürliches Selbstbewußtsein, ein nicht gestörtes Selbstgefühl bezog.

Dem in seine romantischen Phantasien versponnenen, weltfremd gewordenen Schumann lief Wagner – damals Hofkapellmeister in Dresden – als Besucher davon, als der Gastgeber stundenlang kein Wort herausbrachte ...

Der umjubelte, sein Zeitalter triumphal durchmessende Franz Liszt litt unter drei Komplexen: Er kam vom Dorf, hatte so gut wie keine Schulbildung erhalten und mußte als Siebzehnjähriger eine tiefe Demütigung einstecken, die er zeitlebens nicht verwinden sollte und die ihn veranlaßte, Aristokratinnen zu sammeln wie andere Schmetterlinge. Der Vater seiner ersten großen Liebe hatte ihm klargemacht, daß auch die Erfolge als Virtuose den tiefen sozialen Abgrund zwischen ihm und der Tochter eines Ministers nicht überbrücken könnten.

Der große Sinfoniker Anton Bruckner war so unsicher, daß er noch als reifer Mann Kommissionen zusammensuchte und sogar honorierte, die ihn selbstgestellten kontrapunktischen Prüfungen unterziehen und ihm anschließend sein Können bescheinigen mußten. Und als die Kritiker über ihn herfielen, da flehte Bruckner den österreichischen Kaiser an, ihn zu beschützen!

Der erfolgreichste russische Komponist, Pjotr Ilitsch Tschaikowsky, war hypersensibel und brach bei jeder Bedrängung in Tränen aus. Menschenansammlungen flößten ihm Angst ein; als junger Mann hatte er solches Lampenfieber, daß er sich beim Dirigieren allen Ernstes den Kopf festhalten mußte, weil er fürchtete, er könne ihm sonst von den Schultern fallen. Über ein Jahrzehnt hat er keinen Taktstock mehr in die Hand genommen, dann aber allmählich wieder Mut gefaßt und ist schließlich als gefeierter Dirigent der eigenen Werke bis nach Nordamerika gereist, wo er in New York mit seiner *Fünften Sinfonie* die Carnegie-Hall einweihen durfte.

Um Ihr Selbst zu stärken, sollten Sie Musik von Bach hören und sich mit ihren stabilen, in sich gefestigten Abläufen identifizieren. Ihr Selbstgefühl ist nur aus irgendwelchen Gründen zur Zeit verschüttet oder gefährdet – legen Sie es wieder frei. Hören Sie in kritischen oder »gefährdeten« Situationen *nicht* Mahler, Chopin und alle betont subjektiven Komponisten des 19. Jahrhunderts. Gut zur Stärkung des Selbstgefühls sind die *Präludien und Fugen* für Orgel von BACH, sämtliche Kompositionen von REGER, bei TSCHAIKOWSKY die gesamte *Fünfte Sinfonie*, das *Violin-* und das *1. Klavierkonzert*. Ferner eignen sich generell die willenstriumphalen

Finalsätze der klassischen und romantischen Sinfonien, speziell das gesamte Orchesterwerk von ALEXANDER SKRJABIN, das den Triumph des menschlichen Willens verherrlicht.

Stehen Sie am Morgen nicht gleich nach dem Wachwerden auf, sondern beginnen Sie den Tag (und eine Woche lang jeden weiteren) mit einem *Concerto*-Satz von BACH, HÄNDEL oder VIVALDI. Versetzen Sie sich in die klaren, regelmäßigen, *lebendig* pulsierenden, nicht mechanisch ablaufenden Rhythmen. Schon beim dritten Hören werden Sie den harmonischen Bauplan durchschauen und bewußt den Aufbau des Satzes nachvollziehen. Es ist dies eine in sich stimmige, ja man könnte direkt sagen: eine *stämmige* Musik, resultierend aus einem runden Weltbild und intakten Selbstbewußtsein. Hören Sie diese Musik, als sei sie gezielt für Sie und nur für Sie aufgenommen, ja komponiert worden. Schon bald werden Sie sich in diese Klänge einfühlen, sich ihnen einordnen, und der innere Rhythmus kann sich formend, fördernd und unterstützend Ihrem »inneren Rhythmus« mitteilen, ihn gleichsam ins Schlepptau nehmen – eine Art rhythmisches Resonanzprinzip.

Nach diesem Start können Sie die weiteren Sätze etwa eines kompletten HÄNDELSCHEN *Concerto grosso* oder eines von BACHS *Brandenburgischen Konzerten* hören, während die üblichen Vorbereitungen des Tages ablaufen. Wechseln Sie diese Morgenmusik jede Woche. Nach einem Monat werden Sie spüren, daß Sie selbstsicherer geworden sind. Bedenken Sie dabei: Ein Gedanke, regelmäßig gedacht und durch die Intensität des Wunsches sowie durch eine geeignete Musik unterstützt, wird sich unweigerlich manifestieren – in Ihrer Einstellung der Umwelt und sich selbst gegenüber. Dazu tragen letztlich auch die Ablenkung von Ihrer Problematik und das gerechtfertigtermaßen stolze Begreifen dessen bei, was Sie hören. Denn sobald es Ihnen zeitlich möglich ist, sollten Sie am selben Tag abends diese Musik erneut hören – jetzt aber mit den Noten in der Hand. Dirigieren Sie dazu, das wird den Prozeß der Identifikation mit der betreffenden Musik noch verstärken. Lassen Sie die Klänge auf sich wirken, schmecken Sie sie ab – trinken Sie Ihren Schoppen dabei, lassen Sie dann die Gedanken schweifen und reflektieren Sie den vergangenen Tag – vielleicht stellen Sie fest, daß Sie sich in einigen Situationen schon souveräner als sonst verhalten haben.

Durch den wöchentlichen Wechsel (er kann natürlich je nach Bedürfnis auch eher stattfinden oder später) werden Sie sich nicht langweilen, sondern einen soliden Vorrat an autotherapeutischer Musik anlegen, der allmählich zu Ihrem inneren Besitz wird – abrufbar bei Bedarf und, da inzwischen verinnerlicht (also »auswendig gelernt«), unabhängig von realem Erklingen. Übrigens: Wenn Sie Familie haben, wird sich die Gewohnheit, den Tag mit einer solchen motorischen und dennoch beseelten Musik zu beginnen, geschmacksbildend auf Ihre Kinder auswirken. Die werden sich später an dieselben Quellen wenden – auch wenn sie zuvor eine Antiphase durchlaufen.

Mit dieser »inneren Musik« – hier konkret verstanden als Musik, deren Klang Sie sich vorstellen können – gebieten Sie über ein Reich, das Ihnen niemand nehmen kann, das Sie nach Belieben erweitern können und das Sie durch Ihr Leben begleiten wird. Je mehr Sie dieses Terrain ausbauen, desto reicher wird Ihr Assoziationsvorrat. Und plötzlich stellen Sie fest, daß sich Ihnen bestimmte Klänge aus diesem Reservoir unwillkürlich aufdrängen, wenn Sie in einer bestimmten Situation sind, eine bestimmte Landschaft oder ein Bild sehen oder einem Menschen in die Augen schauen. Das gehört zum Schönsten, was Musik bewirken kann: Gefühlsvertiefung und Bewußtseinserweiterung.

Zeugnis eines soliden Selbstbewußtseins sind die Worte des Weimarer Geheimen Rates von Goethe, der etwa protokollarische Unsicherheiten bezüglich der Tischordnung von vornherein ausräumte und erklärte: »Wo ich bin, ist die Mitte!«

JOHANN FRIEDRICH REICHARDT, Goethes erster musikalischer Berater (noch vor Zelter), vertonte sein Gedicht *Beherzigung*:

Allen Gewalten
Zum Trotz sich erhalten,
Nimmer sich beugen,
Kräftig sich zeigen,
Rufet die Arme
Der Götter herbei.

Derselbe Komponist vertonte 1809 auch Goethes rebellisch-stolzes Gedicht *Prometheus*, das zwei weitere Komponisten angeregt hat: HUGO WOLF (1889) und FRANZ SCHUBERT (1819). Nutzen wir die Gelegenheit zu einer Art musikhistorischem Staffettenlauf zum Thema des selbstlosen Halbgottes, der den Menschen das Feuer brachte.

Nicht nur Reichardt, Wolf und Schubert waren von dieser programmatischen Gestalt fasziniert, sondern auch LUDWIG VAN BEETHOVEN. In seiner Ballettmusik *Die Geschöpfe des Prometheus* nimmt er bereits das ebenso elementare wie durchschlagende Finalthema seiner *Eroica* vorweg. Noch vor der Sinfonie nahm er das Thema wieder auf: in den ausgedehnten *Eroica-Variationen* für Klavier. Schon dort, wie später im Finale der *Dritten Sinfonie*, stellt der Komponist zuerst den wuchtigen, in sich ruhenden Baß des Themas vor, dem die ersten der insgesamt fünfzehn Variationen gewidmet sind. Erst dann, auf diesem festen Fundament, erklingt die bekannte Melodie als Oberstimme.

Aus der ersten Weimarer Zeit von FRANZ LISZT, der dort das Amt des Hofkapellmeisters versah, stammt die äußerst dramatische sinfonische Dichtung *Prometheus*. Der Komponist selbst faßt seine Deutung der Gestalt und zugleich das Programm seiner Partitur (die auf die Enthüllung eines Herder-Denkmals zurückgeht) in den vier Stadien zusammen: »Kühnheit, Leiden, Ausharren, Erlösung«.

Ein Russe mit philosophischen Ambitionen aktualisierte den antiken Mythos auf überraschende Weise: ALEXANDER SKRJABIN. Mit *Prometheus*, einem gigantischen Orchesterpoem, wollte er »den Menschen zeigen, daß sie stark und mächtig sind«. Dem Titelhelden gemäß nannte er sein Werk im Untertitel *Le poème du feu* — »Poem des Feuers« — und fügte dem ohnehin schon ausufernden Orchester (unter anderem 8 Hörner, 5 Trompeten, Glocken, Glockenspiel, Celesta, Harfe, Orgel und Klavier sowie vierstimmiger gemischter Chor) noch ein sogenanntes Farbenklavier hinzu, das die wechselnden Akkordzentren seiner neuartigen Harmonik durch entsprechende Farbspiele in der Kuppel des Konzertsaals optisch umsetzen sollte. Die Realisierung dieser seinerzeit futuristischen Konzeption hat Skrjabin nicht mehr erlebt.

Verliebt sein – und bleiben

»Wie könnte die Liebe noch Muse sein,
ließe sie sich zwingen?«
Richard Wagner an Mathilde Wesendonck

Sie sind verliebt, der Himmel hängt voller Streichinstrumente, genauer: voller Geigen. Wenn wenigstens auch ein paar Harfen dabei wären, dann käme manchmal noch ein Sonnenstrahl durch! Aber Instrumentarium beiseite: Verliebt sein ist zu schön, als daß man es nur im Auftakt sein dürfte. Und damit sich diese trübe Prognose nicht bestätigt, wollen wir eben verliebt sein *und* bleiben.

Warum ist Verliebtheit eigentlich der schönste Zustand auf der Welt? Weil er die manifestierte Hoffnung ist, die Vision einer strahlenden Zukunft aus der Gewißheit eines liebenden und wiedergeliebten Herzens heraus. Da ist alles euphorisch, an den Himmel paßt nicht mal mehr eine Blockflöte, da sind, wie gesagt, überall Geigen – die schönsten, kostbarsten. Und da ist kein Arg, da gibt's keine Skepsis, da ist eine elementare Wucht, die aller Hindernisse spottet. Nie ist man stärker und sieghafter, als wenn man verliebt ist.

Bei manchen Komponisten drängt sich allerdings die Vermutung auf, daß sie zuweilen mehr das Gefühl des Verliebtseins geliebt haben als die jeweiligen Frauen. Denn sonst hätten sie vielleicht vorher besser hingeschaut (oder eher weggeschaut) und festgestellt, daß da einiges überhaupt nicht stimmen konnte, was sie sich in ihrer überschäumenden Phantasie vorgegaukelt hatten.

Es gibt Lieben, die nähren Künstler ein Leben lang, besonders, wenn sie tragisch verlaufen oder unerfüllbar sind. Der erhabene Nestor solcher entsagungsvollen Beziehung war kein Geringerer als Dante mit seiner Beatrice. Aber auch Petrarca mit seiner Laura gehört in diese Ahnengalerie.

Verliebt sein – und bleiben

Beide bewiesen sie höchste Anziehungskraft auf den umschwärmtesten Komponisten aller Zeiten, FRANZ LISZT. Vor allem faszinierte ihn der Bilderreichtum von Dantes »Göttlicher Komödie«. Ein originelles, grell dramatisches Werk ist seine in Weimar entstandene *Dante-Sinfonie* mit den beiden Sätzen *»Inferno«*, das alle Schrecken der Hölle potenziert, und *»Purgatorio«* – »Fegefeuer«, dessen Dimensionen dem Komponisten etwas entglitten sind (Freund Berlioz: »Streichen Sie, dann wird der Geist dichter!« Kritiker Hanslick: »Sodomitisches Spektakel«). Leider blieb der dritte Satz, das *»Paradies«*, unvollendet.

Mehr Glück hatte Liszt mit einer Klavierkomposition. Den Abschluß des II. Jahrgangs *Italien* seines klingenden Tagebuchs *Années de pèlerinage*, »Pilgerschaftsjahre«, bildet eine ausgedehnte Impression *»Nach einer Dante-Lesung«*. Diese *Dante-Sonate* schildert ohne jede Geschwätzigkeit das Inferno und die tragische Liebe der Francesca da Rimini und bezieht aus dem Spannungsfeld zwischen höllischer Qual und Liebessehnen eine auch heute noch packende Wirkung.

Der andere literarische Klassiker der platonischen Liebe, Petrarca, findet sich ebenfalls bei Liszt verewigt. Dieser unermüdliche Komponist (vom ebenso unermüdlichen Virtuosen über Jahrzehnte hinweg ganz zu schweigen) hat ja neben einer Legion originaler Klavierwerke und einer Fülle von Orchesterpartituren auch einige Lieder geschrieben, deren gelungenste er wiederum für Klavier bearbeitete. So gehen etwa seine populären *Liebesträume* auf eigene Lieder zurück (auf Texte von Uhland und Freiligrath). Nicht anders verhält es sich mit den *Petrarca-Sonetten 47, 104* und *123* aus dem II. Heft *»Italien«* jener *Années de pèlerinage*. Das erste preist mit einer sanft schwebenden Kantilene den »süßen Schmerz«, die »Wund', im Herzen glühend immerdar«:

Ich fürcht' und hoffe, glühe frostdurchdrungen ...
und halte nichts, und doch die Welt umschlungen.

Der Sänger des *Sonetts 104* in Liszts Lieblingstonart E-dur mißachtet »wie das Leben, so den Tod: Das ist mein Zustand, Herrin, ach! durch dich.« Die innere Zwiespältigkeit des Liebenden symbolisiert der originelle Harmoniker Liszt durch die extrem spannungsgeladene Dissonanz des übermäßigen Dreiklanges, der das gesamte Stück durchzieht, das im übrigen zu hinreißender Steigerung geführt wird.

Wieder sanftes Kolorit trägt das *Sonett 123* »Ich sah hinieden schon der Engel einen«, dessen Melodie von wiegenden Sexten begleitet wird.

Für platonische Liebe gilt die alte Regel: Leben und Schaffen kann sich bei einem Künstler durchaus reziprok verhalten. So war es PJOTR ILJITSCH TSCHAIKOWSKY lebenslang versagt, was er hinreißend in den Konzertsaal und auf die Bühne brachte: das Zusammenfinden zweier Liebenden nach Kampf und heftiger Auseinandersetzung mit feindlichen Mächten. Seine weit ausschwingenden Liebesthemen steigern sich von inniger Empfindung über sehnsüchtige Aufwallung bis zu orgiastischen Ausbrüchen; nachzuhören in den Sinfonischen Dichtungen *Der Sturm, Romeo und Julia* und *Francesca da Rimini* sowie den großen Pas de deux seiner Ballette *Schwanensee, Nußknacker* und *Dornröschen*.

Zu den größten Kunststücken des Lebens gehört eine dauerhafte, tragfähige Partnerschaft. Die meisten Komponisten haben nur teilweise und zeitweilig gut »funktionierende« Partnerschaften geführt. Die meisten dürften heutigen Anforderungen nicht standhalten, denn in der Regel waren die Frauen diejenigen, die zuliefern, »abpuffern« und sich anpassen mußten... Das haben die Männer meistens gar nicht bemerkt, was sie wiederum nicht hinderte, ihre Frauen von Herzen zu lieben.

Partnerschaft beginnt dort, wo auch Lasten getragen und Schatten bewältigt werden müssen. In diesem Sinne ist Kameradschaft Fundament und Resultat einer guten Beziehung zugleich.

Ein durch seine Herzlichkeit überzeugendes Bekenntnis zu einer solchen Zweisamkeit, die er selbst nie gefunden hat, komponierte LUDWIG VAN BEETHOVEN nach einem Text von K. F. Herrosee. Dieses Lied wurde zur geflügelten Melodie und ist dank seiner einfachen Begleitung (mit einer fast durchgehenden Achtel-Figur in der Mittellage des Klaviers) auch unverwüstlicher Bestandteil des häuslichen Singens: *»Ich liebe dich, so wie du mich«*. Wichtig für unseren Zusammenhang ist der Schluß der ersten Strophe:

Noch war kein Tag, wo du und ich
nicht teilten unsre Sorgen.

Auch waren sie für dich und mich
geteilt leicht zu ertragen ...

Jahre hat er um sie gekämpft – ROBERT SCHUMANN um seine Clara. Noch 1839 konnte der geniale Klaviermusikschöpfer von sich sagen, daß er Vokalkompositionen »nie für eine große Kunst gehalten« habe. Aber ein Jahr später hält er seine junge Frau im Arm, und mit einemmal bricht es aus seiner Klangphantasie wie angestaut hervor: 138 Lieder in einem einzigen Jahr. »Das Tönen und Musizieren macht mich beinahe tot jetzt; ich könnte darin untergehen. Ach Clara, was das für eine Seligkeit ist, für Gesang zu schreiben!«

Für die einzelnen Stadien dieser Liebe gibt es schöne Beispiele aus seinem Liederschaffen. Schumann, der sich aufs Warten verstand wie kein anderer und dessen Geduld auf härteste Proben gestellt wurde, konnte gut Heinrich Heines lebenslang ungestillte Sehnsucht nach der verbotenen Geliebten nachempfinden, ohne allerdings das typische Gift des Dichters musikalisch umgesetzt, wenn überhaupt begriffen zu haben. Doch im Lied *»Du bist wie eine Blume ...«* fehlt sogar der Textvorlage jeder Schatten. Heine und Schumann gehen geradezu andächtig, staunend und dankbar mit dem Glück der Liebe um. Der melodische Aufschwung bei der Zeile »betend, daß Gott dich erhalte« scheint den intensiven Wunsch nach gemeinsamer Zukunft zu unterstreichen.

... Mir ist, als ob ich die Hände
aufs Haupt dir legen sollt',
betend, daß Gott dich erhalte
so rein und schön und hold.

Ein begeistertes und begeisterndes Bekenntnis zum Partner findet sich in Schumanns Zyklus *Myrten*. Das hier enthaltene Rückert-Lied *»Widmung«* stellt die Anfangsworte

Du meine Seele, du mein Herz,
du meine Wonne, du mein Schmerz

auf breites Achtel-Arpeggieren beider Hände. Doch bei dem Wort »Schmerz« verdunkelt sich das emphatische Dur plötzlich zu Moll.

Zuletzt heißt es:

... Daß du mich liebst, macht mich mir wert,
dein Blick hat mich vor mir verklärt,
du hebst mich liebend über mich,
mein guter Geist, mein beß'res Ich!

Als Jungvermählter vertonte Schumann auch den gefühlvollen Gedichtszyklus *Frauenliebe und -leben* des Adalbert von Chamisso, der sich ohne Musik für den heutigen Leser allerdings an der Grenze des Erträglichen bewegt, anders als viele Verse dieses französischstämmigen Dichters und Naturforschers, die zu Unrecht in Vergessenheit geraten sind. Aber wie so oft in der Lied-Literatur macht eine geniale Vertonung die Qualität der Vorlage vergessen (bei Brahms geschieht dieses »Wunder« noch weit öfter). Schumanns Lied auf den Trauring als Symbol der Zusammengehörigkeit ist das wohl innigste, das je auf die vielgeschmähte Institution Ehe geschrieben wurde. Die gleichsam durch das ganze Lied gewundene Achtel-Begleitung des Klaviers scheint den Zusammenhalt, die Verkettung durch den Ring anzudeuten und sorgt für eine ungewöhnliche innere Verbundenheit.

Du Ring an meinem Finger,
mein goldenes Ringelein,
ich drücke dich fromm an die Lippen,
an das Herze mein ...

Du Ring an meinem Finger,
du hast mich erst belehrt,
hast meinem Blick erschlossen
des Lebens unendlichen, tiefen Wert.

Wenn es nicht gerade um eheliche Partnerschaft gehen muß, sondern auch um die Zusammengehörigkeit liebender Menschen gehen darf – die ja auch für jene erst die Vorbedingung liefert –, muß als Berufener unter den Komponisten FRANZ LISZT gehört werden. Während die meisten seiner originalen Liedschöpfungen nur durch seine eigenen Klavierfassungen bekannt geworden sind, konnte sich eines von ihnen selbständig zum Publikumsliebling entwickeln (Text von Oskar von Redwitz). Die gefühlvolle, aber nicht sentimentale Melodie erhielt eine für Liszt erstaunlich schlichte Begleitung.

Verliebt sein – und bleiben

> Es muß ein Wunderbares sein
> ums Lieben zweier Seelen,
> sich schließen ganz einander ein,
> sich nie ein Wort verhehlen.
> Und Freud und Leid
> und Glück und Not
> so miteinander tragen,
> vom ersten Kuß bis in den Tod
> sich nur von Liebe sagen.

Bemerkenswert und einprägsam der gleichsam »seelenvolle« Tritonusvorhalt auf das Wort »Seele«. Aber noch bemerkenswerter ist der Umstand, daß der große Liszt, der als Bearbeiter selbst der intimsten Schubertlieder zu pathetischer Steigerung auszuholen pflegt, hier dem Mysterium der Liebe ein *leises* Denkmal setzt.

Verzweiflung – Depression

»Da leuchten Sonne nicht, noch Sterne,
da tönt kein Lied, da ist kein Freund.«
Johann Mayrhofer/Franz Schubert: »Fahrt zum Hades«

Wohl jeder kennt seine »schwarzen Tage«, schon die alten Römer sprachen vom *dies ater*. Wer des öfteren von Depressionen befallen wird und öfter »abstürzt« in die berühmten schwarzen Löcher, der kann sich glücklich schätzen, wenn er einen verständnisvollen Partner hat. Aber in der *»Musikalischen Hausapotheke«* wurde wiederholt darauf hingewiesen: Wenn die schwarzen Löcher zu tief und ausweglos werden, die Depression den Menschen voll erfaßt – dann hilft kein Partner und auch keine Musik, da ist ein Therapeut gefragt. Hier aber geht es um *Stimmungen*, mit denen wir selbst fertigwerden können.

Der von Depression Befallene sollte sich am besten zurückziehen und zuerst einmal aggressive Musik hören, die erst allmählich zu sanfteren Klängen überleitet. Die Musik sollte in diesem Fall nicht im Sessel sitzend oder auf der Couch liegend gehört, sondern körperlich aktiv erlebt werden, also von bestimmten, der inneren Aggressivität entsprechenden Bewegungen begleitet sein (siehe das Kapitel »Aggression«).

Daß in depressiven Phasen eine ungebrochene heitere Musik auf Anhieb kaum akzeptiert werden dürfte, versteht sich von selbst, auch ohne Kenntnis des »Iso-Prinzips« der Musiktherapie (Gleichartigkeit zwischen Stimmung des Hörers und emotionalem Gehalt der Musik). Doch sobald sich die psychische Verfassung wieder aufgehellt hat, was durch den Einfluß der Musik recht schnell geschehen kann, wird man von allein zu Musik aus Kapiteln wie »Heiterkeit« oder »Unausgeglichenheit« übergehen.

Für das erste Stadium im Umgang mit der Niedergeschlagenheit muß es in der betreffenden Musik neben Schroffem bis Brutalem, Düsterem

Verzweiflung – Depression

bis Bedrohlichem auch dämmerige Winkel, Abgründe und verborgene Klüfte geben, wo man seinen eigenen Kummer, seine Belastungen abladen kann. Gerade Musik vermag uns zu zeigen, wie wir mit solchen Abgründen in uns fertigwerden — nämlich durch innere Ordnung und Klarheit.

Vorzüglich entspricht diesem Erfordernis eine späte Komposition FRANZ SCHUBERTS für Klavier zu vier Händen: die *f-moll-Fantasie D 940*. Sie entstammt seinem Todesjahr 1828 und ist ein Stimmungsgemälde von beklemmender Süße, packender Dramatik und erschütternder Tragik. Ein sanftes, fast zärtliches Klagemotiv eröffnet das in verkappter Viersätzigkeit angelegte Werk, das düster endet, aber durchaus Inseln des Lichtes und fast erschreckende Momente des Aufbegehrens enthält.

Besonders faszinieren noch heute, wo wir einiges gewöhnt sind, die oft völlig überraschenden harmonischen Wandlungen und chromatischen Verschiebungen, die plötzlichen Farbwechseln entsprechen. Eine kraftvolle Schlußsteigerung scheint zu bekunden, daß auch das Leiden des Menschen ein Kraftwerk ist. Mit einem schicksalshaften, dissonanten Urteilsspruch endet die Fantasie.

Den Groll des unvollkommenen, nicht zum Glück geborenen Menschen gestaltete JOHANNES BRAHMS in *Hyperions Schicksalslied,* einem packenden Werk für Chor und Orchester nach Friedrich Hölderlin:

> Ihr wandelt droben im Licht
> auf weichem Boden, selige Genien! ...
>
> Doch uns ist gegeben,
> auf keiner Stätte zu ruhn,
> es schwinden, es fallen
> die leidenden Menschen
> blindlings von einer
> Stunde zur andern,
> wie Wasser von Klippe
> zu Klippe geworfen,
> jahrlang ins Ungewisse hinab.

Dieser Weltschmerz ist zeitlos, nicht an Generationen und nicht an Stilepochen gebunden. Er ist jedem von uns eingesenkt, was freilich nicht bedeutet, daß ihn jeder wahrnehmen muß.

Wer seine depressiven Phasen oder Momente als Ausdruck persönlicher Erfolglosigkeit betrachtet, höre FRANZ SCHUBERTS »Leiermann«, das düstere Finale seiner *Winterreise* auf Verse des psychologisch subtilen Dessauer Dichters Wilhelm Müller.

... Keiner mag ihn hören, keiner sieht ihn an,
und die Hunde knurren um den alten Mann.

... Wunderlicher Alter, soll ich mit dir geh'n?
Willst zu meinen Liedern deine Leier dreh'n?

Schubert hat den Text genau verstanden, ja wörtlich genommen. Denn kaum einem anderen Komponisten ist es zu Lebzeiten so ergangen wie ihm. In den letzten Jahren (er starb mit 31!) litt er – als sei sein kläglicher Alltag nicht Plage genug – noch an einer venerischen Krankheit, der er dann auch zum Opfer fiel, lange bevor der Erfolg seiner Werke kam.

Den Übergang aus dem Zustand fatalistischer Mutlosigkeit oder bitterer Selbstironie und Selbstaufgabe vollzieht Goethe in seiner Ballade *Der Schatzgräber*, die Schubert 1815 vertonte. Aus anfänglicher Hoffnungslosigkeit wird fieberhaftes Bemühen – allerdings in der falschen Richtung, bis zuletzt die Verheißung lautet:

Trinke Mut des reinen Lebens!
Dann verstehst du die Belehrung,
Kommst, mit ängstlicher Beschwörung,
nicht zurück an diesen Ort.
Grabe hier nicht mehr vergebens:
Tages Arbeit! Abends Gäste!
Saure Wochen! Frohe Feste!
Sei dein künftig Zauberwort.

Womit auch wir wieder aus jenem dumpfen Brüten in den Zustand des Tätigseins hinübergewechselt wären.

Für dieses Übergangsstadium eignet sich gut manch inniger Satz der

Verzweiflung – Depression

Orchestermusik, sofern er gewisse Eintrübungen aufweist, wie das Larghetto aus LUDWIG VAN BEETHOVENS *Zweiter Sinfonie*. Er wirkt um so lösender und friedvoller, als ihm ein recht handfestes Allegro con brio als Kopfsatz vorausgeht. Die schlichte Liedhaftigkeit des 1. Themas suggeriert jene kindhafte Naivität, aus deren Blickwinkel Probleme ihre Bedrohung verlieren, sich die Dinge wieder zurechtrücken – außen und innen.

Zu solchen »durchwachsenen« Partituren gehört die *F-dur-Sinfonie* von ANTONÍN DVOŘÁK, gemeinhin als *Fünfte* bezeichnet (als Nr. 3 im Druck erschienen). Dvořák komponierte am liebsten und besten unter extremem Termindruck. So verwundert nicht, daß ihm für die vier ausgedehnten Sätze gerade fünf Wochen im Sommer 1875 genügten. Er widmete das neue Opus seinem Förderer Hans von Bülow. Der nannte den vierunddreißigjährigen Komponisten in seinem Dankschreiben den »nächst Brahms gottbegnadetsten Tondichter der Gegenwart« und sah in der Widmung »eine höhere Auszeichnung als irgend welches Großkreuz irgend welches Fürsten«.

Die ersten drei Sätze sind auf unterschiedliche Weise von leichten Wolken überschattet. Der erste, im Grundtenor heiter angelegt, atmet ländliche Schlichtheit und Heiterkeit (weshalb man hier, auch der Tonart wegen, mit einem Seitenblick auf Beethoven gern von Dvořáks *Pastorale* spricht), der zweite strahlt wundervolle Melancholie aus, der dritte vereint Bewegung mit einem leichten Trauerflor – alles Mischzustände, die der Depression entgegenkommen, sie aber doch schon etwas aufhellen und auflockern. Denn allmählich gewinnt die Lebensbejahung die Oberhand, und das Finale bringt schließlich den Triumph der Vitalität, wie wir es von Beethovens Sinfonien kennen – »durch Nacht zum Licht«.

Aus hoffnungsloser Zeit – man schreibt das Jahr 1941 – stammt die *Zweite Sinfonie* ARTHUR HONEGGERS. Die für Streicher und Trompete geschriebene Partitur arbeitet bewußt mit einer Fülle von »Grautönen«, da sich der Komponist bis auf das Finale (wo eine Trompete die choralartige Melodie unterstützt) ausschließlich auf das Timbre der Streicher beschränkt. Der düstere Kopfsatz wird von einer grüblerischen Einleitung eröffnet, das Adagio scheint einen Ausweg zu suchen, doch erst der 3. Satz, das Finale, dringt zu lichteren Stimmungen vor. Für Freunde herberer Klangkost empfehlenswert!

Komplexe, in sich widersprüchliche und problemgeladene Verfassungen werden in der Musik GUSTAV MAHLERS gestaltet. Geradezu sinnfällig wechseln und überschneiden sich bei ihm die widerstrebendsten Stimmungen, so etwa im Kopfsatz der *Fünften Sinfonie* (aus ihr stammt das Adagietto für Fellinis Film »Tod in Venedig«.) Der Trauermarsch ist für Mahler die Form, in der er seine kraft- und widerspruchsvollen sinfonischen Gedanken unter einem eingetrübten Himmel am besten äußern kann ...

Während er an »Figaros Hochzeit« saß, komponierte WOLFGANG AMADEUS MOZART innerhalb von zweiundzwanzig Tagen, also gleichsam beiläufig, sein *Klavierkonzert c-moll* KV 491. Alle Farben sind gedeckt, verhalten – ob im breit angelegten Kopfsatz, im Larghetto mit seiner verströmenden lyrischen Kantilene (in der Dur-Parallele der Grundtonart, in Es-dur) oder im geradezu spannenden Finale, einem Variationssatz. An dem fünf Jahre vor Mozarts Tod entstandenen Werk läßt sich gut die Vielschichtigkeit der kompositorischen Psyche ablesen, sind doch die beiden benachbarten *Klavierkonzerte* ganz gegensätzlich geartet: Mit Jahresbeginn 1785/86 schrieb Mozart das strahlende in *A-dur* (KV 488), mit Jahresende das teils heroische, teils heitere in *C-dur* (KV 503). Und dazwischen steht das – oben erwähnte – quasi »graue« in *c-moll* (KV 491). Als weniger bekanntes Mozart-Konzert hat das in *B-dur* (KV 595) einen interessanten Mittelsatz, der überraschende Eindunklungen aufweist.

Ein geradezu klassisches Fallbeispiel für Musik, die aus überwundener Depression entstanden ist und diesen Prozeß letztlich nachvollzieht, ist das weltberühmte *Zweite Klavierkonzert* von SERGEJ RACHMANINOW. Nach dem unverdienten Mißerfolg seiner *Ersten Sinfonie* verfiel der bislang von Blitzkarriere und bereits internationalen Erfolgen verwöhnte junge Pianist und Komponist in schwere Depressionen. Er schrieb kaum noch. In seinem Selbstzweifel wandte er sich an den Moskauer Psychotherapeuten Dr. Nikolai Dahl, der ihn mit Suggestion und Hypnose behandelte und ihm die Zuversicht vermittelte, daß er mit einer neuen Partitur Welterfolg haben werde. Dadurch bestärkt, machte sich Rachmaninow an die Arbeit und schuf sein berühmtestes Konzert und Werk überhaupt. Uraufgeführt wurde es im Oktober 1901 in Moskau mit dem Komponisten am Klavier.

Großartig die wogenden Klangmassen des Hauptthemas vom 1. Satz, überschwenglich das kantable Seitenthema, leidenschaftlich die Kollisionen zwischen Solisten und Orchester. Das Adagio sostenuto lebt aus der schwärmerischen Naturschau der russischen Weite, die gleichbedeutend ist mit innerer Großräumigkeit und Herzensweite. Hinzu tritt ein fast durchgehendes Rubato, jene von Chopin eingeführte romantische Vortragsweise mit leichten Temposchwankungen, die den seelischen Schwankungen nachspürt. Das Finale gestaltet der Komponist zu einer Apotheose des Willens und der Lebenskraft, hierin hörbar seinem Vorbild und Förderer Tschaikowsky folgend.

War die Depression bei Rachmaninow nur zeitweilig und exogen ausgelöst, gehörte sie bei ROBERT SCHUMANN tragischerweise zum Krankheitsbild. Seine glücklichste Zeit verlebte der junge Komponist in Leipzig: Hier hatte er endlich seine Clara heimführen dürfen, unterrichtete er an Mendelssohns neu eröffnetem Konservatorium, hatte er Freunde und seinen Stammplatz im »Kaffeebaum«, hier war er bekannt und geachtet. Als er – einem unerklärlichen Wandertrieb folgend – diese ideale Existenz aufgab und nach Dresden ging, verfiel er dort in tiefe Depressionen und fand nur noch am kompositorischen Schaffen Halt. Erstaunlicherweise entstand in dieser Phase eines der schönsten Klavierkonzerte der gesamten Musikliteratur, sein einziges – das von keiner Wolke getrübte *a-moll-Konzert*.

Es entstand aber auch, gleichsam als Pendant zu dieser lebensbejahenden Partitur, seine *Zweite Sinfonie*. Die Leipziger Uraufführung besorgte Mendelssohn in seinem letzten Lebensjahr, 1847. Schumann selbst hat geäußert, mit dieser *C-dur-Sinfonie* habe er sich gegen seine geistige und physische Schwäche wehren wollen. Hier kämpft ein genialer Geist gegen düstere Mächte und erlangt nach einem durchstrittenen Eingangssatz, einem romantisch bewegten Scherzo und einem von tiefer Melancholie durchtränkten Adagio im Finale endlich die Oberhand ...

Aus wilder Verzweiflung führt der Weg über wehmütigen Schmerz wieder ins Leben zurück: Zu den schönsten Bearbeitungen der Musikgeschichte gehört IGOR STRAWINSKYS Ballett *Der Kuß der Fee* nach Kompositionen von Tschaikowsky. Die Auftraggeberin, die russische Tänzerin und Mäzenatin Ida Rubinstein, hatte zur Bedingung gemacht, nur Kammermusik von Tschaikowsky zu bearbeiten, was die schwebende Leichtigkeit vieler Passagen erklärt. Das Resultat ist eine vollendete Mischung aus Elegie und Eleganz, überstrahlt von einer dreifachen wohligen Wehmut: dem Weltempfinden des Fin de siècle, der weichen Traurigkeit des Andersen-Märchens »Die Eiskönigin« und der Mentalität der russischen Seele. Die Fee erwählt sich einen schönen Knaben in der Wiege und versieht ihn mit ihrem Zeichen an der Stirn. Als er zum Mann heranwächst und heiratet, entreißt sie ihn seiner Braut – und dem Leben. Strawinsky sah hier eine Parabel für das Stigma, unter dem Tschaikowsky litt, schuf und starb.

Zufriedenheit

»Herr! schicke was du willst,
Ein Liebes oder Leides;
Ich bin vergnügt, daß beides
Aus deinen Händen quillt.«
Eduard Mörike/Hugo Wolf: »Gebet«

Zufriedenheit ist das Ziel des Philosophen, und den Weg zu ihr kann die Kunst bahnen. Diese Zufriedenheit ist die Wunschlosigkeit nach außen, weil man den Kosmos in sich trägt. Und um im Bild zu bleiben: Über sie kann man in diesen Kosmos auch wieder einmünden. Ob Diogenes in der Tonne, ob Eingang ins Nirwana oder verlöschende Kerze – oder das bedeutungsvolle Schweigen Kurt Tucholskys in seiner »Mona Lisa« (subtil vertont von HENRY KRTSCHIL):

> Wer viel von dieser Welt gesehen hat,
> der lächelt,
> legt die Hände auf den Bauch,
> und schweigt ...

Der Zustand der Zufriedenheit setzt sich zusammen aus Dankbarkeit, Bescheidenheit und gesättigter Neugier; er ist Ausdruck einer Lebensfreude, die loslassen, verzichten und geben kann und das Nehmen nur als *eine* mögliche Form der Lebensäußerung sieht.

Wenn Leben im Unterschied zum Tod Bewegung ist, Auslenkung von Null nach allen Seiten, nach hell und dunkel, nach unten und oben, und wenn soziales Leben auf Austausch, auf Sendung und Empfang beruht, so hängt alles von der Empfänglichkeit unserer Sinne und der Ausgewogenheit unserer Äußerungen ab. Wir Menschen sind inzwischen tatsächlich in der Lage, nicht nur uns selbst aus der Weltgeschichte zu tilgen, sondern auch zum Gegenteil: das menschenmögliche Paradies auf Erden zu errichten. Die Mittel hätten wir, wenn es nur noch neben dem Verstand auch Vernunft gäbe! Aus philosophischer Zufriedenheit heraus ist noch nie Zerstörerisches entstanden. Nutzen wir also – jeder für sich und seine nächste Umgebung – das Erbe der Großen der Kulturgeschichte, um mit uns selbst in Einklang zu kommen. Nähern wir uns dem Zustand der Zufriedenheit speziell mit den Mitteln der Tonkunst, gemäß Rilkes Wort von dem »alles überwölbenden Herzinnenraum«. Ebenso kann uns Musik helfen, innere Zerrissenheit zu überwinden und das runde, »heile« Selbst wiederzufinden.

Doch dürfen wir uns nicht mit unserer individuellen Zufriedenheit bescheiden. »Wie könnte ich glücklich sein, solange ein Mensch noch leidet?« fragte Dostojewski. Wir müssen – der Zielstellung der Musik als einer kommunikativen Kunst folgend – nach außen gehen und wirken. Dort wartet eine ganz aktuelle Aufgabe auf Musiker und Musikfreunde. Die Welt wird kleiner, enger, man rückt zusammen, ob man will oder nicht. Es wird immer lebenswichtiger, daß in das Miteinander der Völker und Menschen Harmonie einkehrt. Da kann eine Sprache, die alle verstehen, von unschätzbarem Wert sein, zumal sie reicher ist als jedes Esperanto, weil sie auch die unterbewußten Regionen des Menschen einbezieht, von ihnen ausgeht und sich an sie wendet. Hier kommt auf die Europäer eine besondere Verantwortung zu: Unsere Komponisten haben auf der Grundlage abendländischer Mehrstimmigkeit und Harmonik Kunstwerke schaffen dürfen, um die uns andere Kulturen beneiden und die sie importieren. Sollten wir da nicht mit gutem Beispiel vorangehen und zeigen, daß Musik mehr ist als ein Tummelfeld dressierten Virtuosen-Nachwuchses und mehr als das gehobene Sozial-Ambiente von Premieren und Festspielen – nämlich das denkbar beste Mittel zur Verständigung und zur Erziehung der Gefühle, der »éducation sentimentale«. Womit wir wieder beim Ausgangspunkt unserer *»Musikalischen Hausapotheke«* angelangt wären.

Eine denkbar gute Voraussetzung für Zufriedenheit ist die Dankbarkeit für angeblich Selbstverständliches oder scheinbar Geringfügiges. HUGO WOLF wählte aus der seelenvollen Lyrik Eduard Mörikes, der sich für das Stichwort Zufriedenheit als Kronzeuge anbietet, unter anderem das Gedicht *»Auch kleine Dinge können uns entzücken«* aus:

Zufriedenheit

> ... Bedenkt, wie klein ist die Olivenfrucht,
> und wird um ihre Güte doch gesucht.
> Denkt an die Rose nur, wie klein sie ist,
> und duftet doch so lieblich, wie ihr wißt.

Es gibt eine leise und doch zwingende, philosophisch geläuterte, gelassene Zufriedenheit – Souveränität. Wer anders als Mörike könnte das Gedicht »*Verborgenheit*« geschrieben haben; ich empfehle es Ihnen in der Vertonung wieder durch Hugo Wolf aus seinem rauschhaften Liederjahr 1888 (es gibt auch eine Fassung von Robert Franz).

> Laß o Welt, o laß mich sein!
> Locket nicht mit Liebesgaben,
> laßt dies Herz alleine haben
> seine Wonne, seine Pein! ...
>
> ... Oft bin ich mir kaum bewußt,
> und die helle Freude zücket
> durch die Schwere, so mich drücket,
> wonniglich in meiner Brust ...

Mit dem genießerischen Ausbruch des Sängers bei »wonniglich« und der anschließenden Wiederholung der Bitte des Dichters, man möge ihm seine eigene Zufriedenheit, ihn also zufrieden lassen – vielleicht wie Diogenes in der Tonne –, möchte ich meinen ersten Schlußwunsch verbinden: Zufriedenheit aus der Einordnung in das Weltganze. Doch es kommt noch ein zweiter Wunsch.

Musik ist die Kunst der Balance zwischen Tag und Nacht, Kraft und Schwäche, Schmerz und Freude, Leben und Tod. Weder wollte oder könnte ich Ihnen zu Beginn unserer Begegnung *nur* Heiterkeit versprechen noch ausschließlich Melancholie oder gar Verzweiflung empfehlen. Zufriedenheit strebt eine gute Mischung an. Und dieses Bekenntnis zu einer gegenwartstüchtigen Dialektik unter einer übergeordneten Regie ist mein anderer Wunsch für Sie.

> Herr! schicke was du willst,
> Ein Liebes oder Leides;

Ich bin vergnügt, daß beides
Aus deinen Händen quillt.

Wollest mit Freuden
Und wollest mit Leiden
Mich nicht überschütten!
Doch in der Mitten
Liegt holdes Bescheiden.

Mit diesem vollendet ausbalancierten Credo des schwäbischen Dichters, wiederum im »WOLFS-Gewand« – anfangs andächtig, zuletzt heiter beschwingt –, möchte sich Ihr musikalischer Hausapotheker nun endgültig von Ihnen, liebe Freundinnen und Freunde der Tonkunst, verabschieden. Zugleich mit dem herzlichen Wunsch, Sie mögen Zufriedenheit erlangen und verspüren. Nicht zuletzt mit Hilfe der Musik, die uns vereint.

Komponisten- und Werkverzeichnis mit Diskographie
Zusammengestellt von Hans Vetterlein

Die folgenden Aufnahmen wurden maßgeblich nach dem »Bielefelder Katalog« zusammengestellt; wo es sich anbot, fanden auch historische Einspielungen Berücksichtigung. In einigen wenigen Fällen waren keine Tonträger zu ermitteln. In der Regel werden nach den Werktiteln (Untertitel sind in Anführungszeichen »« gesetzt) die Interpreten der jeweiligen Aufnahme genannt; der Pfeil (⟶) verweist auf die Hersteller- oder Vertriebsfirma. Soweit nicht LP oder MC vermerkt ist, handelt es sich um eine Compact Disc (CD).

Antheil, George (1900–1959)

Ballet mécanique
　R. de Leeuw/Niederländisches Bläser-Ensbl. ⟶ Tel

Bach, Johann Sebastian (1685–1750)

Actus tragicus BWV 106 (Kantate »Gottes Zeit ist die allerbeste«)
　Gardiner/Argenta/Chance u. a./Monteverdi-Chor ⟶ DG

Brandenburgisches Konzert Nr. 5 BWV 1050
Brandenburgisches Konzert Nr. 6 BWV 1051
　Richter/Kammerorch. ⟶ Tel
　Pommer/Neues Bachisches Collegium Musicum Leipzig ⟶ Del
　Pinnock/English Concert ⟶ DG

Capriccio B-dur über die Abreise des geliebten Bruders BWV 992
　Dreyfus ⟶ DG
　Leonhardt ⟶ Ph

Choräle für Orgel BWV 599–644 (Orgelbüchlein)
　Bremsteller ⟶ Mot (LP)
　Walcha ⟶ DG
　Alain ⟶ Ar (LP)

Chromatische Fantasie und Fuge d-moll BWV 903
　Landowska ⟶ EMI
　Staier ⟶ RCA

Goldberg-Variationen BWV 988

Gould → CBS
Jaccottet → Int
Jarrett → DG/ECM

Italienisches Konzert F-dur BWV 971
    Gould → CBS
    Leonhardt → RCA

Konzert für Cembalo und Streicher Nr. 1 d-moll BWV 1052
    Pinnock/Engl. Concert → DG
    Lipatti/Beinum/Concertgebouw Orch. Amsterdam → Jec

Konzert für Violine und Orchester a-moll BWV 1041
Konzert für Violine und Orchester E-dur BWV 1052
    Beide Werke:
    Szeryng/Marriner/Academy of St. Martin-in-the-Fields → Ph
    Kuijken/La Petite Bande → RCA

Die Kunst der Fuge BWV 1080
    Scherchen/Orch. d. RTSJ Lugano → FSM
    Goebel/Musica Antiqua Köln → DG

Magnificat D-dur BWV 243
    Richter/Stader, Töpper u. a./Chor/Bach-Orch. München → DG
    Rilling/Augér, Murray u. a./Gächinger Kantorei/Bach-Colleg. Stuttgart → CBS

Mer hahn en neue Oberkeet

»Bauernkantate«: BWV 212
    Hogwood/Kirkby, Thomas/Academy of Ancient Music → Dec
    Marriner/Varady, Fischer-Dieskau/Academy of
    St. Martin-in-the-Fields → Ph

Messe h-moll BWV 232
    Klemperer/Giebel, Baker u. a./BBC Chor/ New Philh. Orch. London → EMI
    Rilling/Augér, Hamari u. a./Gächinger Kantorei/Bach-Colleg. Stuttgart → CBS (LP)

Musikalisches Opfer BWV 1079
    Goebel/Musica Antiqua Köln → DG
    Harnoncourt/Concentus Musicus Wien → Tel

Präludien und Fugen für Orgel BWV 531–552
    Alain → Ar (LP)

Tokkata und Fuge für Orgel d-moll BWV 565
    Richter → DG
    Krumbach → Tel

Tokkaten für Cembalo BWV 910–916

Gould → CBS
Rübsam → Hek

Triosonaten für Orgel BWV 525-530
Chapuis → IMS
Kraft → FSM (LP)

»Vor deinen Thron tret ich« aus: Choräle für Orgel BWV 668
Litaize → TIS
Lukas → FSM

Weihnachtsoratorium BWV 248
Richter/Janowitz, Ludwig u. a./Bach-Chor und Orch. München → DG
Gardiner/Monteverdi-Chor/Engl. Barocksolisten → DG

Das wohltemperierte Klavier Teil 1-2 BWV 846-893
Leonhardt → RCA
Gulda → Ph
Gould → CBS

Barber, Samuel (1910-1981)

Adagio für Streicher
Bernstein/Los Angeles Philh. Orch. → DG

Bartók, Béla (1881-1945)

Allegro barbaro für Klavier
Foldes → DG

Herzog Blaubarts Burg
Sawallisch/Varady, Fischer-Dieskau/Bayer. Staatsorch. München → DG
Fischer/Marton, Ramey/Chor d. Ung. Rundf./Ung. Staatsorch. → CBS

Der holzgeschnitzte Prinz
Boulez/New Yorker Phil. → CBS

Konzert für Klavier und Orchester Nr. 3
Fischer/Fricsay/Sinf. Orch. d. Bayer. Rundf. → Orf
Katchen/Kertesz/London Symph. Orch. → Con

Konzert für Orchester
Fricsay/RSO Berlin → DG
Solti/Chicago Symph. Orch. → Dec

Musik für Saiteninstrumente, Schlagzeug und Celesta
Karajan/Berliner Philh. → DG
Reiner/Chicago Symph. Orch. → RCA

Der wunderbare Mandarin
Sandor/Chor d. Ung. Staatsoper/Budapester Philh. → Hek
Abbado/Ambrosian Singers/London Symph. Orch. → DG

Beethoven, Ludwig van (1770-1827)

»Diabelli-Variationen«: Variationen für Klavier op. 120
  Backhaus ⟶ Dec
  Brendel ⟶ FSM (LP)

Egmont-Ouvertüre op. 84
  Karajan/Berliner Philh. ⟶ DG
  Kempe/Staatskapelle Dresden ⟶ Orf (LP)

»Die Ehre Gottes aus der Natur« (Gellert):
Lieder op. 48,4
  Arndt/Berliner Händelchor ⟶ DG
  Bader/Chor der St. Hedwig-Kathedrale Berlin ⟶ RCA

»Eroica-Variationen«: Variationen für Klavier op. 35
  Gilels ⟶ DG
  Richter ⟶ FSM
  Brendel ⟶ Ph

Fidelio op. 72
  Furtwängler/Mödl, Windgassen u. a./Chor d. Wiener Staatsoper/Wiener Philh. ⟶ Hek
  Klemperer/Ludwig, Vickers u. a./Chor/Philh. Orch. London ⟶ EMI (LP)

Die Geschöpfe des Prometheus op. 43 Ouvertüre
  Karajan/Berliner Philh. ⟶ DG
  Bernstein/Wiener Philh. ⟶ DG

»Heiliger Dankgesang eines Genesenen« aus: Streichquartett Nr. 15 a-moll op. 132
  Alban-Berg-Quartett ⟶ EMI (LP)
  Melos-Quartett Stuttgart ⟶ Int

»Ich denke dein, wenn durch den Hain« (Matthison)
  Schreier/Olbertz ⟶ Eterna

»Ich liebe dich, so wie du mich« (Herrosee)
  Schreier/Demus ⟶ Eterna

Konzert für Klavier und Orchester Nr. 4 G-dur op. 58
  Gieseking/Galliera/Philh. Orch. London ⟶ EMI
  Arrau/Davis/Staatskapelle Dresden ⟶ Ph

Konzert für Violine und Orchester D-dur op. 61
  Heifetz/Munch/Boston Symph. Orch. ⟶ RCA
  Kremer/Marriner/Academy of St. Martin-in-the-Fields ⟶ Ph

Leonoren-Ouvertüre Nr. 3 op. 72a
  Furtwängler/Wiener Philh. ⟶ EMI (LP)
  Böhm/Staatskapelle Dresden ⟶ DG

Missa solemnis D-dur op. 123

Beethoven

    Bernstein/Moser, Schwarz/Niederländ. Rundfunkchor/
    Concertgebouw Orch. Amsterdam ⟶ DG

»Neue Liebe, neues Leben« (Goethe): Lieder op. 75,2
    Prey/Hokanson ⟶ Den
    Schreier/Olbertz ⟶ Tel

Rondo a capriccio G-dur op. 129 (Die Wut über den verlorenen Groschen)
    Kempff ⟶ DG
    Buchbinder ⟶ EMI

Sinfonie Nr. 1 C-dur op. 21

Sinfonie Nr. 2 D-dur op. 36

Sinfonie Nr. 3 Es-dur op. 55 (Eroica)

Sinfonie Nr. 4 B-dur op. 60

Sinfonie Nr. 5 c-moll op. 67 (Schicksalssinfonie)

Sinfonie Nr. 6 F-dur op. 68 (Pastorale)

Sinfonie Nr. 7 A-dur op. 92

Sinfonie Nr. 8 F-dur op. 93

Sinfonie Nr. 9 d-moll op. 125
    Gesamtaufnahmen:
    Furtwängler/Wiener Philh. ⟶ EMI
    Leibowitz/Royal Philh. Orch. London ⟶ TIS
    Karajan/Philh. Orch. London ⟶ EMI
    Wand/Sinf. Orch. d. NDR ⟶ RCA

Sonate für Klavier Nr. 8 c-moll op. 13 (Pathétique)
    Gulda ⟶ DG
    Badura-Skoda ⟶ IMS

Sonate für Klavier Nr. 14 cis-moll op. 27,2 (Mondscheinsonate)
    Gilels ⟶ DG
    Brendel ⟶ Ph

Sonate für Klavier Nr. 23 f-moll op. 57 (Appassionata)
    Arrau ⟶ Ph
    Gulda ⟶ Ph

Sonate für Klavier Nr. 26 Es-dur op. 81a (Les Adieux)
    Gulda ⟶ Ph
    Pollini ⟶ DG

Sonate für Klavier Nr. 29 B-dur op. 106 (Große Sonate für das Hammerklavier)
    Serkin ⟶ CBS
    Gulda ⟶ Ph

Sonate für Klavier Nr. 32 c-moll op. 111
    Backhaus ⟶ FSM
    Arrau ⟶ Ph

Berg, Alban (1885-1935)

Konzert für Violine und Orchester (Dem Andenken eines Engels)
   Grumiaux/Markevitch/Concertgebouw Orch. Amsterdam ⟶ Ph
   Menuhin/Ansermet/Orch. de la Suisse Romande ⟶ Hek
   Kremer/Davis/Sinf. Orch. d. Bayer. Rundf. München ⟶ Ph

Lulu-Suite
   Maderna/Gayer/Orch. d. RAI Turin ⟶ FSM
   Rattle/Augér/City of Birmingham Symph. Orch. ⟶ EMI

Berlioz, Hector (1803-1869)

Requiem op. 5
   Munch/Schreier/Chor und Sinf. Orch. d. Bayer. Rundf.
   München ⟶ DG (MC)
   Inbal/Lewis/Chor d. NDR Hamburg, ORF-Chor/RSO Frankfurt ⟶ Den

Symphonie fantastique op. 14a
   Davis/London Symph. Orchester ⟶ Ph
   Abbado/Chicago Symph. Orch. ⟶ DG
   Munch/Orch. de Paris ⟶ EMI

Bernstein, Leonard (1918-1990)

Messe
   Bernstein/Scribner und Berkshire Boys Choirs ⟶ CBS

West Side Story
   Bernstein/Kanawa, Troyanos u. a./Chor u. Orch. ⟶ DG (LP)

Bizet, Georges (1838-1875)

Arlésienne-Suiten Nr. 1 und 2
   Karajan/Phil. Orch. London ⟶ EMI
   Markevitch/Lamoureux-Orch. Paris ⟶ Ph

Borodin, Alexander (1833-1887)

»Polowezer Tänze« aus: Fürst Igor
   Celibidache/Sinf. Orch. d. RAI Turin ⟶ TIS
   Markevitch/Niederländ. Rundfunkchor/Concertgebouw Orch.
   Amsterdam ⟶ Ph

Brahms, Johannes (1833-1897)

Akademische Festouvertüre op. 80
   Szell/Cleveland Orch. ⟶ CBS
   Knappertsbusch/Wiener Philh. ⟶ Dec

»An eine Äolsharfe« (Mörike): Lieder op. 19,5
   Fischer-Dieskau/Höll ⟶ Hek (LP)

Brahms

Shirai/Höll ⟶ Del

»Aus des Meeres tiefem, tiefem Grunde« (Müller): Vineta.
Lieder op. 42 (drei Gesänge für sechsstimmigen Chor a cappella)
   Hauschild/Rundfunkchor Leipzig ⟶ Orf
   Neumann/Kölner Kammerchor ⟶ Car (LP)

»Dämmerung senkte sich von oben« (Goethe): Lieder op. 59,1
   Giebel/Engel ⟶ Pph (LP)
   Shirai/Höll ⟶ Del

»Dein blaues Auge« (Groth): Lieder op. 59,8
   Prey/Deutsch ⟶ Int
   Norman/Barenboim ⟶ DG

»Du sprichst, daß ich mich täuschte« (Platen): Lieder op. 32,6
   Meer/Jansen ⟶ FSM

Ein deutsches Requiem op. 45
   Klemperer/Schwarzkopf, Fischer-Dieskau/Chor/Philh. Orch. London ⟶ EMI
   Karajan/Janowitz, Wächter/Wiener Singverein/Berliner Philh. ⟶ DG

»Feldeinsamkeit« (Allmers): Lieder op. 86,2
   Hotter/Moore ⟶ EMI
   Fischer-Dieskau ⟶ DG

»Heimweh II« (Groth): Lieder op. 63,8
   Fischer-Dieskau/Demus ⟶ DG
   Hotter/Moore ⟶ EMI

»Herbstgefühl« (Schack): Lieder op. 48,7
   Fischer-Dieskau/Moore ⟶ Orf

Klarinettenquintett op. 115
   Leister/Amadeus-Quartett ⟶ DG

Konzert für Klavier und Orchester Nr. 1 d-moll op. 15
   Serkin/Szell/Cleveland Orch. ⟶ CBS
   Brendel/Abbado/Berliner Philh. ⟶ Ph

Konzert für Klavier und Orchester Nr. 2 B-dur op. 83
   Horowitz/Toscanini/NBC Symph. Orch. ⟶ FSM
   Richter/Leinsdorf/Chicago Symph. Orch. ⟶ RCA

Konzert für Violine und Orchester D-dur op. 77
   Neveu/Dobrowen/Philh. Orch. London ⟶ EMI
   Menuhin/Furtwängler/Orch. d. Luzerner Festspiele ⟶ EMI
   Zehetmair/Dohnanyi/Cleveland Orch. ⟶ Tel

»Meerfahrt« (Heine): Lieder op. 96,4
   Fischer-Dieskau/Moore ⟶ Orf
   Prey/Deutsch ⟶ Int

Nänie (Schiller) op. 82
　　Haitink/Chor u. Sinf. Orch. d. Bayer. Rundf. München → Orf

Schicksalslied (Hölderlin) op. 54
　　Abbado/Ernst-Senff-Chor/Berl. Philh. → DG
　　Sawallisch/Wiener Singverein/Wiener Symph. → Ph

»Der Schmied« (Ich hör meinen Schatz, den Hammer er schwinget): Lieder (Uhland) op. 19,4
　　Norman/Barenboim → DG

Serenade Nr. 1 D-dur op. 11
　　Scharoun-Ensbl. Berlin → Ko
　　Abbado/Berliner Philh. → DG

Serenade Nr. 2 A-dur op. 16
　　Linos-Ensbl. → Ko

Sinfonie Nr. 1 c-moll op. 68
Sinfonie Nr. 3 F-dur op. 90
Sinfonie Nr. 4 e-moll op. 98
　　Gesamtaufnahmen:
　　Toscanini/Philh. Orch. London → TIS
　　Furtwängler/Berliner Philh. → DG
　　Karajan/Berliner Philh. → DG
　　Giulini/New Philh. Orch. London → EMI
　　Wand/Sinf.-Orch. d. NDR Hamburg → RCA

Sonate F-A-E für Violine und Klavier
　　Oistrach/Richter → Hek
　　Boettcher/Trede-Boettcher → Mrs

Stücke für Klavier op. 118 und op. 119
　　Badura-Skoda → IMS
　　Oppitz → RCA

»Der Tod, das ist die kühle Nacht« (Heine): Lieder op. 96,1
　　Norman/Parsons → Ph

Tragische Ouvertüre op. 81
　　Mengelberg/Concertgebouw Orch. Amsterdam → Tel
　　Toscanini/NBC Orch. → RCA
　　Abbado/Berliner Philh. → DG

Ungarische Tänze für Klavier zu 4 Händen Nr. 1-21 WoO 1
　　Klavierduo Kontarsky → DG
　　Klavierduo Labèque → Ph

Variationen op. 21,1 über ein eigenes Thema D-dur
　　Katchen → Dec
　　Oppitz → RCA

Brahms – Chatschaturjan 233

Variationen op. 21,2 über ein ungarisches Lied
   Katchen ⟶ Dec
   Oppitz ⟶ RCA

Variationen über ein Thema von Haydn op. 56a
   Knappertsbusch/Wiener Philh. ⟶ Dec
   Böhm/Wiener Philh. ⟶ DG

Variationen und Fuge über ein Thema von Robert Schumann op. 9
   Katchen ⟶ Dec
   Oppitz ⟶ RCA

Variationen über ein Thema von Paganini op. 35
   Benedetti Michelangeli ⟶ EMI
   Oppitz ⟶ RCA

Variationen und Fuge über ein Thema von Händel op. 24
   Bolet ⟶ Dec
   Katchen ⟶ Dec

Vier ernste Gesänge (Bibel-Texte)
   Ferrier/Walter/Wiener Philh. ⟶ Dec
   Fischer-Dieskau/Moore ⟶ Orf

Bruckner, Anton (1824–1896)

Sinfonie Nr. 4 Es-dur
   Furtwängler/Wiener Philh. ⟶ DG
   Klemperer/Philh. Orch. London ⟶ EMI

Sinfonie Nr. 7 E-dur
   Jochum/Staatskapelle Dresden ⟶ EMI (LP)
   Haitink/Concertgebouw Orch. Amsterdam ⟶ Ph

Sinfonie Nr. 8 c-moll
   Karajan/Berliner Philh. ⟶ EMI
   Wand/Sinf. Orch. d. NDR Hamburg ⟶ RCA

Sinfonie Nr. 9 d-moll (Dem lieben Gott)
   Schuricht/Wiener Philh. ⟶ EMI
   Giulini/Wiener Philh. ⟶ EMI

Te Deum C-dur
   Jochum/Stader, Wagner u. a./Chor d. DG
   Oper Berlin/Berliner Philh. ⟶ DG
   Karajan/Porry, Müller-Molinari u. a./Wiener Singverein/Wiener Philh. ⟶ DG

Chatschaturjan, Aram (1903–1978)

Gajaneh. Ballett-Suite
   Roshdestwensky/Leningrader Philh. ⟶ DG

Konzert für Violine und Orchester d-moll
   Oistrach/Chatschaturjan/Großes Rundf. Sinf. Orch. d. UdSSR ⟶ RCA

Tokkata es-moll
   Pescatori ⟶ FSM

Chopin, Frédéric (1810–1849)

Konzerte für Klavier und Orchester Nr. 1–2
   Rubinstein/Walter/New Yorker Philh. ⟶ FSM
   Lipatti/Ackermann/Tonhalle-Orch. Zürich ⟶ EMI (LP)
   Kissin/Kitajenko/Moskauer Philh. ⟶ Ar

Mazurken Nr. 1–59
   Ashkenazy ⟶ Dec
   Rubinstein ⟶ RCA

Nocturnes für Klavier Nr. 15–16 op. 55, 1–2
Nocturnes für Klavier Nr. 17–18 op. 62, 1–2
   Barenboim ⟶ Dec
   Horowitz ⟶ CBS
   Rubinstein ⟶ RCA

Walzer für Klavier Nr. 6–8 op. 64
   Lipatti ⟶ EMI (LP)
   Arrau ⟶ Ph
   Ashkenazy ⟶ Dec

Debussy, Claude (1862–1918)

»Claire de lune« aus: Suite bergamasque
   Bunin ⟶ DG
   Vasary ⟶ DG

Danses sacrales et profanes für Harfe und Orchester
   Michel/Martin/Ensbl. Musical Paris ⟶ FMS

Estampes L 100 für Klavier. Heft 1 und 2
   Arrau ⟶ Ph

»Ibéria« aus: Images pour orchestre
   Munch/Orch. National de France ⟶ IMS
   Abbado/London Symph. Orch. ⟶ DG

Images pour piano. Heft 1 und 2
   Arrau ⟶ Ph
   Benedetti Michelangeli ⟶ DG

L'isle joyeuse (für Klavier)
   Horowitz ⟶ CBS (LP)
   Vasary ⟶ DG

La mer. Drei sinfonische Skizzen
  Toscanini/NBC Symph. Orch. ⟶ TIS
  Boulez/New Philh. Orch. London ⟶ CBS

Nocturnes. Sinfonie für Chor und Orchester
  Abbado/Boston Symph. Orch. ⟶ DG
  Dutoit/Symph. Orch. Montreal ⟶ Dec

Préludes für Klavier. Heft 1 und 2
  Gieseking ⟶ EMI
  Benedetti Michelangeli ⟶ DG

Dukas, Paul (1865–1935)

Der Zauberlehrling. Scherzo nach Goethe
  Cantelli/New Yorker Philh. ⟶ FSM
  Maazel/Orch. National de France ⟶ CBS

Dvořák, Antonín (1841–1904)

»Du lieber Mond, so silberzart« aus: Rusalka op. 114
  Benackova/Neumann/Tschech. Philh. Prag ⟶ Ar
  Milanow (Sängerportrait) ⟶ RCA

Konzert für Violine und Orchester a-moll op. 53
  Příhoda/Müller-Kray/Sinf. Orch. d. Süddt. Rundf. ⟶ Con
  Suk/Ančerl/Tschech. Philh. Prag ⟶ Ko

Legenden op. 59
  Kubelik/Sinf. Orch. d. Bayer. Rundf. München ⟶ DG

Die Mittagshexe op. 108. Sinfonische Dichtung
  Kubelik/Sinf. Orch. d. Bayer. Rundf. München ⟶ DG

Sinfonie Nr. 3 Es-dur op. 10
  Kubelik/Berliner Philh. ⟶ DG

Sinfonie Nr. 5 F-dur op. 24 (Pastorale)
  Kubelik/Berliner Philh. ⟶ DG
  Pesek/Tschech. Philh. Prag ⟶ Vir

Sinfonie Nr. 6 D-dur op. 60
  Kubelik/Berliner Philh. ⟶ DG
  Pesek/Tschech. Philh. Prag ⟶ Vir

Sinfonie Nr. 9 e-moll op. 95 (Aus der Neuen Welt)
  Kubelik/Berliner Philh. ⟶ DG
  Talich/Tschech. Philh. Prag ⟶ DC (MC)
  Celibidache/Sinf. Orch. d. RAI Turin ⟶ TIS

Slawische Tänze Nr. 1–16
  Talich/Tschech. Philh. Prag ⟶ Ko

Kubelik/Sinf. Orch. d. Bayer. Rundf. München ⟶ DG

Die Waldtaube op. 110. Sinfonische Dichtung
Kubelik/Sinf. Orch. d. Bayer. Rundf. München ⟶ DG

Der Wassermann op. 107. Sinfonische Dichtung
Chalabala/Tschech. Philh. Prag ⟶ DC

Eisler, Hanns (1898–1962)

Sehnsucht nach der Sehnsucht (Tucholsky)
Busch/Olbertz ⟶ Aurora

Falla, Manuel de (1876–1946)

Nächte in spanischen Gärten
Larrocha/Frühbeck de Burgos/Philh. Orch. London ⟶ Dec
Garcia-Barredo/Halffter/Bundesjugendorch. ⟶ Har

Franck, César (1822–1890)

Prélude, aria et final
Bolet ⟶ Dec
Demus ⟶ FSM

Prélude, choral et fugue
Cherkassky ⟶ Ar
Bolet ⟶ Dec

Psyché. Sinfonische Dichtung
Giulini/Berliner Philh. ⟶ DG
Ashkenazy/RSO Berlin ⟶ Dec

Sinfonie d-moll
Ashkenazy/RSO Berlin ⟶ Dec
Karajan/Orch. de Paris ⟶ EMI

Gershwin, George (1898–1937)

Ein Amerikaner in Paris
Bernstein/New Yorker Philh. ⟶ CBS

Konzert für Klavier und Orchester F-dur
Pennario/Steinberg/Hollywood Bowl Symph. Orch. ⟶ EMI (LP)
Klavierduo Labèque ⟶ Ph

Rhapsody in Blue (für Klavier und Orchester)
Gershwin/Thoma/Columbia Jazz Group ⟶ CBS
Bernstein/Bernstein/Los Angeles Philh. Orch. ⟶ DG

»Summertime« aus: Porgy and Bess
Berberian/Canino ⟶ Wer

Hendricks/Klavierduo Labèque ⟶ Ph

Glinka, Michail (1804–1857)

Ruslan und Ludmilla. Ouvertüre
  Mitropoulos/New Yorker Philh. ⟶ FSM
  Fedosejew/Großes Rundf. Sinf. Orch. d. UdSSR ⟶ Ar

Gluck, Christoph Willibald (1714–1787)

»Reigen seliger Geister« aus: Orpheus und Eurydike
  Galway/Gerhardt/Nat. Philh. Orch. London ⟶ RCA

Gounod, Charles (1818–1893)

Margarete (Faust)
  Cluytens/Angeles, Gedda u. a./Chor und Orchester d. Oper Paris ⟶ EMI

Grieg, Edward (1843–1907)

Aus Holbergs Zeit. Suite op. 40
  Jansons/Oslo Philh. ⟶ DC

Konzert für Klavier und Orchester a-moll op. 16
  Lipatti/Galliera/Philh. Orch. London ⟶ EMI
  Bolet/Chailly/RSO Berlin ⟶ Dec

»Morgendämmerung« aus: Peer Gynt op. 23
  Karajan/Berliner Philh. ⟶ DG
  Beecham/Royal Philh. Orch. London ⟶ EMI

»Solvejgs Lied« aus: Peer Gynt op. 23
  Grümmer/Moore ⟶ EMI (LP)

Händel, Georg Friedrich (1685–1759)

Concerto grosso Nr. 2 F-dur op. 6 (Orchester-Konzert Nr. 13)
  Pinnock/Engl. Concert ⟶ DG
  Pommer/Neues Bachisches Collegium Musicum Leipzig ⟶ Del

Jephta
  Marriner/Kirkby, Marshall u. a./Southend Boys Chor/Academy of St. Martin-in-the-Fields ⟶ Dec
  Harnoncourt/Gale, Sima u. a./Arnold-Schönberg-Chor/Concentus musicus Wien ⟶ Tel

Haydn, Joseph (1732–1809)

Sinfonie Nr. 86 D-dur (Abschiedssinfonie)
  Marriner/Academy of St. Martin-in-the-Fields ⟶ Ph
  Kuijken/Orch. of the Age of Enlightenment ⟶ Vir

Hindemith, Paul (1895-1963)

Suite für Klavier op. 26 »1922«
   Mauser ⟶ Wer

Holst, Gustav (1874-1934)

Die Planeten op. 32
   Steinberg/New England Conservat. Chor/Boston Symph. Orch. ⟶ DG
   Karajan/Chor d. Wiener Staatsoper/Wiener Philh. ⟶ Dec

Honegger, Arthur (1892-1955)

Pacific 231
   Dutoit/Sinf. Orch. d. Bayer. Rundf. München ⟶ Tel

Sinfonie Nr. 2 für Streicher und Trompeten
   Munch/Orch. National de France ⟶ IMS

Sinfonie Nr. 3 »Liturgique«
   Ansermet/Sinf. Orch. d. Bayer. Rundf. München ⟶ Orf

Janáček, Leoš (1854-1928)

Sinfonietta für Orchester op. 60
   Ančerl/Tschech. Philh. ⟶ Ko
   Abbado/Berliner Philh. ⟶ DG

Streichquartett Nr. 2 (Intime Briefe)
   Smetana-Quartett ⟶ Den
   Hagen-Quartett ⟶ DG

Krenek, Ernst (geb. 1900)

Jonny spielt auf
   Hollreiser/Lear, Popp, Feldhoff, Stewart u. a./Akademie Chor/Orch.
   d. Wiener Volksoper ⟶ Amadeo

Krtschil, Henry (geb. 1932)

Das Lächeln der Mona Lisa (Tucholsky)
   May/Krtschil/Studio Orch. Berlin ⟶ Amiga

Laló, Edouard (1823-1892)

Sinfonie espagnole für Violine und Orchester d-moll op. 21
   Heifetz/Steinberg/RCA Symph. Orch. ⟶ RCA
   Mutter/Ozawa/Orch. National de France ⟶ EMI (LP)

Liszt, Franz (1811-1886)

Années de pèlerinage. Jahrgang 1-3

Liszt

    Arrau ⟶ Ph
    Bolet ⟶ Dec
    Brendel ⟶ Ph

Consolations
    Bolet ⟶ Dec

Dante. Sinfonie
    Masur/Arndt/Thomanerchor Leipzig/Gewandhausorch. Leipzig ⟶ EMI

Eine Faust-Sinfonie. Für Tenor, Männerchor und Orchester
    Solti/Jerusalem/Chor/Chicago Symph. Orch. ⟶ Dec
    Ferencsik/Korondy/Chor d. Ung. Volksarmee/Ung. Staatsorch. ⟶ Hek

Es muß ein Wunderbares sein (Redtwitz)
    Wunderlich/Berliner Symph. ⟶ Ar
    Prey/Hokanson ⟶ Den
    Price/Katsaris ⟶ Tel

Es war ein König in Thule S 278
    Egel/ Brini ⟶ FSM

Franziskus-Legenden Nr. 1–2
    Brendel ⟶ Ph
    Albrecht/RSO Berlin ⟶ Ko

Harmonies poétiques et religieuses
    Horowitz ⟶ EMI
    Brendel ⟶ Ph
    Katsaris ⟶ Tel

Die Ideale. Sinfonische Dichtung Nr. 12
    Masur/Gewandhausorch. Leipzig ⟶ EMI

Konzert für Klavier und Orchester Nr. 1 Es-dur
    Argerich/Abbado/London Symph. Orch. ⟶ DG
    Berman/Giulini/Wiener Symph. ⟶ DG

Konzert für Klavier und Orchester Nr. 2 A-dur
    Richter/Kondraschin/London Symph. Orch. ⟶ Ph
    Arrau/Cantelli/New Yorker Philh. ⟶ FSM

Legende von der Heiligen Cäcilia
    Sumski/Camerata Vocalis Tübingen ⟶ Att (LP)

Legende von der Heiligen Elisabeth. Oratorium
    Joo/Martin, Szalay u. a./Kinderchor/Budapester Chor/Ung. Armeechor/
    Ung. Nationalphilh. ⟶ Hek

Liebesträume op. 62. Drei Notturni für Klavier
    Bolet ⟶ Dec
    Barenboim ⟶ DG

Mendelssohn-Lied Nr. 1 »Auf Flügeln des Gesanges«. Transkription für Klavier
   Ponti ⟶ Pro

Petrarcea-Sonette Nr. 1–3
   Erb/Seidler-Winkler ⟶ Hek
   Price/Katsaris ⟶ Tel

Präludium und Fuge über B-A-C-H
   Haselböck ⟶ Orf
   Richter ⟶ Col (LP)

Prometheus. Sinfonische Dichtung
   Masur/Gewandhausorch. Leipzig ⟶ EMI
   Solti/Philh. Orch. London ⟶ Dec

Sonate für Klavier h-moll
   Arrau ⟶ Ph
   Horowitz ⟶ EMI
   Brendel ⟶ Ph
   Pollini ⟶ DG

Vergiftet sind meine Lieder (Heine)
   Shirai/Höll ⟶ Del

Von der Wiege bis zum Grabe. Sinfonische Dichtung
   Masur/Gewandhausorch. Leipzig ⟶ EMI
   Joo/Budapester Sinf. ⟶ Hek

Ljadow, Anatoli (1855–1914)

Von alten Zeiten. Ballade für Klavier/Orchester h-moll op. 21
   Gunzenhauser/Slowak. Philh. Bratislawa ⟶ Pro Mar

Loewe, Carl (1796–1869)

»Der Nöck« (Kopisch): Balladen op. 129,2
   Prey/Engel ⟶ Hek
   Quasthoff/Shetler ⟶ EMI

Mahler, Gustav (1860–1911)

»Ich bin der Welt abhanden gekommen«: Lieder von Rückert, Nr. 5
   Fischer-Dieskau/Moore ⟶ EMI
   Norman/Gage ⟶ Ph

Das Lied von der Erde
   Walter/Ferrier, Patzak/Wiener Philh. ⟶ Dec (LP)
   Klemperer/Ludwig, Wunderlich/Philh. Orch. London ⟶ EMI (LP)
   Rosbaud/Hoffmann, Melchert/Orch. d. SWF Baden-Baden ⟶ FSM

Lieder eines fahrenden Gesellen
   Zareska/Markevitch/Orch. National de France ⟶ FSM

Fischer-Dieskau/Furtwängler/Philh. Orch. London ⟶ EMI

Sinfonie Nr. 1 D-dur
Sinfonie Nr. 2 c-moll
Sinfonie Nr. 4 G-dur
Sinfonie Nr. 5 cis-moll
Sinfonie Nr. 9 D-dur
 Gesamtaufnahmen:
 Bernstein/Armstrong, Grist u. a./Chöre/New Yorker Philh./London Symph. Orch. ⟶ CBS (LP)
 Inbal/Cahill, Donath/Chöre/RSO Frankfurt ⟶ Den
 Kubelik/Sinf. Orch. d. Bayer. Rundf. München ⟶ DG
 Mengelberg/Vincent/Concertgebouw Orch. ⟶ Ph
 Walter/Wiener Philh. ⟶ EMI
 Klemperer/Schwarzkopf, Rössl-Majdan/Chor/Philh. Orch. London ⟶ EMI
 Sinopoli/Philh. Orch. London ⟶ DG

Mendelssohn Bartholdy, Felix (1809–1847)

»Auf Flügeln des Gesanges« (Heine): Lieder op. 34,2
 Berger/Raucheisen ⟶ BR (LP)
 Ameling/Jansen ⟶ Ph

Ein Sommernachtstraum. Ouvertüre op. 21
 Szell/Cleveland Orch. ⟶ CBS
 Klemperer/Concertgebouw Orch. Amsterdam ⟶ FSM

Die Hebriden op. 26. Ouvertüre
 Toscanini/NBC Symph. Orch. ⟶ FMS
 Abbado/London Symph. Orch. ⟶ DG

Konzert für Klavier und Orchester Nr. 1 g-moll op. 25
 Serkin/Ormandy/Philadelphia Orch. ⟶ CBS
 Perahia/Marriner/Academy of St. Martin-in-the-Fields ⟶ CBS

Konzert für Violine und Orchester e-moll op. 64
 Heifetz/Cantelli/New Yorker Philh. ⟶ FSM
 Stern/Ormandy/Philadelphia Orch. ⟶ CBS
 Menuhin/Furtwängler/Berliner Philh. ⟶ EMI

Sinfonie Nr. 3 a-moll op. 56 »Schottische«
Sinfonie Nr. 4 A-dur op. 90 »Italienische«
 Beide Werke:
 Toscanini/NBC Symph. Orch. ⟶ TIS
 Sawallisch/New Philh. Orch. London ⟶ Ph
 Abbado/London Symph. Orch. ⟶ Dec

Messiaen, Olivier (geb. 1908)

Le réveil des oiseaux (für Klavier und Orchester)
Loriod/Neumann/Tschech. Philh. ⟶ Candide (LP)

Turangalila-Symphonie
Y. Loriod/J. Loriod/Fromment/Sinf. Orch. RTL Luxembourg ⟶ Ko

Visions de l'Amen (für zwei Klaviere)
Rabinovitch/Argerich ⟶ EMI

Milhaud, Darius (1892–1974)

La création du monde op. 81a
Rattle/Harle/London Sinfonietta ⟶ EMI
Zedda/Kammerorch. Lausanne ⟶ Vir

Mozart, Wolfgang Amadeus (1756–1791)

Adagio c-moll und Rondo C-dur für Glasharmonika, Flöte, Oboe, Viola und Violoncello KV 617
Hoffmann, Ulrich, Hucke, Nippes, Plümacher ⟶ FSM (LP)
Nash-Ensemble ⟶ Vir

Als Luise die Briefe ihres ungetreuen Liebhabers verbrannte (Baumberg) KV 520
Mathis/Engel ⟶ TIS
Augér/Gage ⟶ CBS

Così fan tutte KV 588
Busch/Eisinger, Helletsgruber, Domgraf-Faßbaender u. a./Chor/ Glyndbourne Festival Orch. ⟶ FSM
Böhm/Janowitz, Grist, Faßbaender, Schreier, Prey u. a./Chor d. Wiener Staatsoper/Wiener Philh. ⟶ DG

Konzert für Klarinette und Orchester A-dur KV 622
Goodman/Munch/Boston Symph. Orch. ⟶ RCA
Leister/Karajan/Berliner Philh. ⟶ EMI (LP)
Klöcker/Hager/Mozarteum-Orch. ⟶ Tel

Konzert für Klavier und Orchester Nr. 20 d-moll KV 466
Serkin/Abbado/London Symph. Orch. ⟶ DG
Ashkenazy/Ashkenazy/Wiener Philh. ⟶ Dec

Konzert für Klavier und Orchester Nr. 22 Es-dur KV 482
Fischer/Barbirolli/Kammerorch. ⟶ EMI
Brendel/Marriner/Academy of St. Martin-in-the-Fields ⟶ Ph

Konzert für Klavier und Orchester Nr. 23 A-dur KV 488
Gieseking/Karajan/Philh. Orch. London ⟶ EMI
Casadesus/Szell/Columbia Symph. Orch. ⟶ CBS

Konzert für Klavier und Orchester c-moll Nr. 24 KV 491
  Haskil/Markewitch/Lamoureux Orch. Paris ⟶ Ph (LP)
  Uchida/Tate/Engl. Chamber Orch. ⟶ Ph
  Badura-Skoda/Badura-Skoda/Kammerorch. Prag ⟶ Ko

Konzert für Klavier und Orchester Nr. 25 C-dur KV 503
  Gulda/Abbado/Wiener Philh. ⟶ DG
  Barenboim/Klemperer/New Philh. Orch. London ⟶ EMI

Konzert für Klavier und Orchester Nr. 26 D-dur KV 537 »Krönungskonzert«
  Casadesus/Szell/Columbia Symph. Orch. ⟶ CBS
  Brendel/Marriner/Academy of St. Martin-in-the-Fields ⟶ Ph

Konzert für Klavier und Orchester Nr. 27 B-dur KV 595
  Schnabel/Barbirolli/London Symph. Orch. ⟶ EMI
  Gilels/Böhm/Wiener Philh. ⟶ DG
  Zacharias/Wand/Sinf. Orch. d. NDR Hamburg ⟶ EMI (LP)

Konzert für Violine und Orchester Nr. 3 G-dur KV 216
  Oistrach/Oistrach/Berliner Philh. ⟶ EMI (LP)
  Grumiaux/Davis/London Symph. Orch. ⟶ Ph
  Mutter/Karajan/Berliner Philh. ⟶ DG (LP)

Quintett für Klarinette und Streichquartett A-dur KV 581
  Meyer/Philh. Quartett Berlin ⟶ Den
  Brunner/Hagen Quartett ⟶ DG

Quintett für Klavier, Oboe, Klarinette, Horn und Fagott Es-dur KV 452
  Gulda/Bläser d. Wiener Philh. ⟶ DG (LP)
  Immerseel/Ensemble Octophoros ⟶ Acc

Requiem d-moll KV 626
  Walter/Casa, Dermota, Siepi u. a./Chor/Wiener Philh. ⟶ FSM
  Karajan/Tomawa-Sintow, Baltsa, Krenn u. a./Wiener Singverein/Wiener Philh. ⟶ DG
  Gardiner/Bonney, Otter, Blochwitz u. a./Monteverdi-Chor London/Engl. Barocksolisten ⟶ Ph (LP)

Sinfonie Nr. 40 g-moll KV 550
  Furtwängler/Wiener Philh. ⟶ EMI
  Harnoncourt/Concertgebouw. Orch. Amsterdam ⟶ Tel
  Hogwood/Academy of Ancient Music ⟶ Dec

Sinfonie Nr. 41 C-dur KV 551 »Jupiter«
  Bernstein/Wiener Philh. ⟶ DG
  Celibidache/Sinf. Orch. d. RAI Mailand ⟶ FSM
  Karajan/Berliner Philh. ⟶ DG
  Norrington/The London Classical Players ⟶ EMI

Sonate für Klavier Nr. 11 A-dur KV 331
  Horowitz ⟶ CBS
  Brendel ⟶ Ph

Die Zauberflöte KV 620
  Beecham/Beilke, Berger, Lemnitz u. a./Berliner Solistenvereinigung
  Favre/Berliner Philh. ⟶ FSM
  Karajan/Jurinac, Lipp, Seefried u. a./Wiener Singverein/Wiener
  Philh. ⟶ EMI
  Solti/Borkh, Deutekom, Prey u. a./Wiener Sängerknaben/Chor d. Wiener
  Staatsoper/Wiener Philh. ⟶ Dec (LP)

Mussorgski, Modest (1839–1881)

Bilder einer Ausstellung (für Klavier)
  Horowitz ⟶ RCA
  Richter ⟶ FSM

Eine Nacht auf dem Kahlen Berge. Sinfonische Dichtung
  Swetlanow/Sinf. Orch. d. UdSSR ⟶ DC
  Ozawa/Chicago Symph. Orch. ⟶ RCA

Flohlied aus Goethes Faust
  Borg/Werba ⟶ Ko
  Christoff/Labinsky ⟶ EMI

Lieder und Tänze des Todes Nr. 1–4
  Talvela/RSO Helsinki ⟶ DC

»Sonnenaufgang über der Moskwa« aus: Chowanschtschina (Vorspiel)
  Solti/Berliner Philh. ⟶ Dec (LP)

Ochs, Siegfried (1858–1929)

's kommt ein Vogel geflogen. Variationen über deutsche Volkslieder
  Albert/Nordwestdt. Philh. Herford ⟶ EMI (LP)

Prokofjew, Sergej (1891–1953)

Ala et Lolly. Skythische Suite für großes Orchester op. 20
  Koussewitzky/Boston Symph. Orch. ⟶ FSM
  Previn/Los Angeles Philh. Orch. ⟶ Ph

Alexander Newski. Kantate für Mezzosopran, Chor und Orchester op. 78
  Swetlanow/Ardeeva/Chor/Gr. Rundf. Sinf. Orch. d. UdSSR ⟶ Hek
  Abbado/Obraszowa/London Symph. Chor u. Orch. ⟶ DG

Konzert für Klavier und Orchester Nr. 1 Des-dur op. 10
  Richter/Kondraschin/Moskauer Philh. ⟶ RCA

Konzert für Klavier und Orchester Nr. 3 C-dur op. 26
  Gilels/Kondraschin/Moskauer Philh. ⟶ Hek
  Argerich/Abbado/Berliner Philh. ⟶ DG

Konzert für Violine und Orchester Nr. 2 g-moll op. 63
  Heifetz/Munch/Boston Symph. Orch. ⟶ RCA

Mullowa/Previn/Royal Philh. Orch. London ⟶ Ph

Romeo und Julia: »Suiten« Nr. 1–3 op. 64a, 64b, 101
Jansons/Oslo Philh. ⟶ EMI
Rostropowitsch/National Symph. Orch. Washington ⟶ DG

Sinfonie Nr. 1 D-dur op. 25 »Klassische«
Kitajenko/Moskauer Philh. ⟶ Tru
Maazel/Orch. National de France ⟶ CBS

Sinfonie Nr. 3 c-moll op. 44
Järvi/Schott. Nat. Orch. ⟶ Ko

Sinfonie Nr. 5 B-dur op. 100
Mitropoulos/New Yorker Philh. ⟶ FSM

Tokkata für Klavier d-moll op. 11
Horowitz ⟶ EMI
Argerich ⟶ FSM

Puccini, Giacomo (1858–1924)

Der Mantel (Il tabarro)
Gardelli/Tebaldi, Monaco u. a./Chor u. Orch. d. Maggio Musicale Fiorentino ⟶ Dec

Rachmaninow, Sergej (1873–1943)

»Drei russische Volkslieder für Soli, Chor und Orchester«: Lieder op. 41
Ashkenazy/Chor/Concertgebouw Orch. Amsterdam ⟶ Dec

»Die Glocken«: Lieder op. 35 (Balmont nach Poe)
Previn/Armstrong, Tear u. a./Chor/London Symph. Orch. ⟶ EMI

Konzert für Klavier und Orchester Nr. 2 c-moll op. 18
Rachmaninow/Stokowsky/Philadelphia Symph. Orch. ⟶ RCA
Kissin/Gargiew/London Symph. Orch. ⟶ RCA (LP)

Konzert für Klavier und Orchester Nr. 3 d-moll op. 30
Horowitz/Reiner/RCA Symph. Orch. ⟶ RCA
Ashkenazy/Ormandy/Philadelphia Orch. ⟶ RCA

Liturgie op. 31 »Johannes Chrysostomus«
Linke/Johannes-Damascenas-Chor Essen ⟶ Hek
Minin/Kammerchor Moskau ⟶ Hek

Rhapsodie über ein Thema von Paganini für Klavier und Orchester op. 43
Rachmaninow/Stokowsky/Philadelphia Orch. ⟶ RCA
Pletnew/Pesek/Philh. Orch. London ⟶ Vir

Sinfonie Nr. 1 d-moll op. 13
Ashkenazy/Concertgebouw Orch. Amsterdam ⟶ Dec

Sinfonie Nr. 2 e-moll op. 27
    Kitajenko/Sinf. Orch. Moskau → DC
    Mitropoulos/New Yorker Philh. → FSM

Sinfonie Nr. 3 a-moll op. 44
    Ashkenazy/Concertgebouw Orch. Amsterdam → Dec
    Maazel/Berliner Philh. → DG

Die Toteninsel op. 29. Sinfonische Dichtung
    Swetlanow/Sinf. Orch. d. UdSSR → Hek
    Previn/London Symph. Orch. → EMI

Variationen op. 42 über ein Thema von Corelli (La Folia)
    Cherkassky → Ar
    Ashkenazy → Dec

»Vocalise«: Lieder op. 34, 14
    Gallois/Krivine/Südwestdt. Kammerorch. Pforzheim → BR
    Galway/Gerhardt/National Philh. Orch. London → RCA

Ravel, Maurice (1875-1937)

Boléro
    Monteux/London Symph. Orch. → Ph
    Ravel/Lamoureux Orch. Paris → Ph
    Solti/Chicago Symph. Orch. → CBS

Daphnis und Chloe: »Suiten« Nr. 1-2
    Nowak/London Symph. Orch. → TIS
    Ansermet/Orch. de la Suisse Romande → Dec
    Boulez/Camerata Singers/New Yorker Philh. → CBS

Gaspard de la nuit
    Argerich → DG (LP)
    Pogorelich → DG

Konzert für Klavier und Orchester G-dur
    Benedetti Michelangeli/Gracis/Philh. Orch. London → EMI
    Argerich/Abbado/Sinf. Orch. d. RAI Rom → FSM

Konzert für Klavier und Orchester D-dur für die linke Hand
    Richter/Muti/Sinf. Orch. d. Stadttheaters Genua → FSM
    Larrocha/Foster/Philh. Orch. London → Dec

Ma mère l'oie
    Cluytens/Conservatoire Orch. Paris → EMI
    Martinon/Orch. de Paris → EMI

Pavane pour une infante défunte
    Entremont → CBS
    Monteux/London Symph. Orch. → Dec

Rhapsodie espagnole
  Klavierduo Kontarsky ⟶ DG
  Ansermet/Orch. de la Suisse Romande ⟶ Dec

Sonatine fis-moll
  Ravel ⟶ Int (LP)
  Haskil ⟶ FSM
  Argerich ⟶ DG (LP)

La valse
  Klavierduo Pekinel ⟶ Tel
  Maazel/Orch. National de France ⟶ CBS
  Boulez/New Yorker Philh. ⟶ CBS

Reger, Max (1873–1916)

»Die Nacht ist kommen« (Herbert): Lieder op. 138,3
  May/Cappella Vocale Nienburg ⟶ SST (LP)

»Unser lieben Frauen Traum« (Unbekannt): Lieder op. 138,4
  Eichhorn/Jugendkantorei Wetzlar ⟶ Mit (LP)

Variationen und Fuge über ein Thema von J. S. Bach op. 81
  Harden ⟶ Pro
  Serkin ⟶ CBS

Variationen und Fuge über ein Thema von W. A. Mozart op. 132
  Davis/Sinf. Orch. d. Bayer. Rundf. München ⟶ Ph

Variationen und Fuge über ein Thema von Telemann op. 134
  Bolet ⟶ Dec
  Levine ⟶ Ko (LP)

»Vier Tondichtungen nach Arnold Böcklin« (Böcklin-Suite): Suite op. 128
  Albrecht/RSO Berlin ⟶ Ko (LP)

Reichardt, Johann Friedrich (1752–1814)

Beherzigung (Goethe)
  Fischer-Dieskau

Prometheus (Goethe)
  Fischer-Dieskau/ Möll ⟶ Orf

Respighi, Ottorino (1879–1936)

Fontane di Roma (Römische Brunnen)
  Ozawa/Boston Symph. Orch. ⟶ DG

Pini di Roma (Pinien von Rom)
  Toscanini/NBC Symph. Orch. ⟶ RCA
  Karajan/Berliner Philh. ⟶ DG

Rimski-Korsakow, Nikolai (1844–1908)

Capriccio Espagnol op. 34
 Swetlanow/Sinf. Orch. d. UdSSR ⟶ Hek
 Roshdestwensky/Orch. de Paris ⟶ EMI

Das Mädchen von Pskow. Ouvertüre
 Swetlanow/Orch. d. Bolschoi-Theaters Moskau ⟶ Eterna

Die Sage von der unsichtbaren Stadt Kitesch
 Chung/RSO Saarbrücken ⟶ Ko

Rossini, Gioacchino (1792–1868)

Die diebische Elster. Ouvertüre
Die seidene Leiter. Ouvertüre
 Beide Werke:
 Serafin/Orch. d. Oper Rom ⟶ DG
 Karajan/Philh. Orch. London ⟶ EMI
 Abbado/London Symph. Orch. ⟶ DG
 Norrington/The London Classical Players ⟶ EMI

Sonaten a quattro Nr. 1–6 für Streicher
 I Solisti Italiani ⟶ Den
 I Musici ⟶ Ph

Satie, Erik (1866–1925)

Parade. Ballett
 Klavierduo Jordans-Doeselaar ⟶ Hek
 Takahashi, Planes ⟶ Den

Schoeck, Othmar (1886–1957)

»Ich bin auch in Ravenna gewesen« (Hesse): Lieder op. 24b, 9
 Loosli/Grenacher ⟶ Jec

Schönberg, Arnold (1874–1951)

Klavierquartett-Bearbeitung nach Brahms op. 25 für Orchester
 Rattle/City of Birmingham Symph. Orch. ⟶ EMI

Erwartung op. 17
 Scherchen/Pilarczyk/Nordwestdt. Philh. ⟶ Wer
 Dohnanyi/Silja/Wiener Philh. ⟶ Dec

Schostakowitsch, Dimitri (1906–1975)

Sinfonie Nr. 7 C-dur op. 60 »Leningrader«
 Kondraschin/Moskauer Philh. ⟶ Ar (LP)
 Roshdestwensky/Sinf. Orch. d. UdSSR ⟶ Ar

Sinfonie Nr. 10 e-moll op. 93
  Roshdestwensky/Sinf. Orch. d. UdSSR ⟶ Ar
  Karajan/Berliner Philh. ⟶ DG
  Für Klavier zu 4 Händen:
  Schostakowitsch, Feinberg ⟶ Hek

Schubert, Franz (1797–1828)

Auf dem Wasser zu singen (Stolberg) op. 72 D 774
  Ameling/Jansen ⟶ Ph
  Grümmer/Moore ⟶ EMI
  Pears/Britten ⟶ Dec (LP)
  Prey/Hokanson ⟶ Ph (LP)

Du bist die Ruh, der Friede mild (Rückert) op. 59,3 D 776
  Ferrier/Walter ⟶ Dec
  Fischer-Dieskau/Moore ⟶ DG, EMI
  Schumann/Alwin ⟶ EMI

Fantasie f-moll zu 4 Händen op. 103 D 940
  Badura-Skoda, Demus ⟶ IMS
  Klavierduo Pekinel ⟶ Tel

Frühlingsglaube (Uhland) op. 2,2 D 686
  Wunderlich/Giesen ⟶ DG
  Anders/Giesen ⟶ Tel
  Schumann/Reeves ⟶ EMI

Grenzen der Menschheit (Goethe) D 716
  Stamm/Grunelius ⟶ BR (LP)
  Moll/Garben ⟶ Orf (LP)

Die Hoffnung (Schiller) op. 87,2 D 637
  Lorenz/Shetler ⟶ Mag

»Horch, die Lerch' im Ätherblau«: Ständchen (Shakespeare/Reil) D 889
  Fischer-Dieskau/Moore ⟶ DG (LP)
  Prey/Hokanson ⟶ Ph (LP)
  Wunderlich/Reinhardt ⟶ Ar (LP)

Der Jüngling und der Tod (Spaun) D 546
  Fischer-Dieskau/Moore ⟶ EMI (LP)
  Shirai/Höll ⟶ Del

Die junge Nonne (Craigher) op. 43,1 D 828
  Berger/Raucheisen ⟶ BR (LP)
  Shirai/Höll ⟶ Del

Der König in Thule (Goethe) D 367
  Lorenz/Shetler ⟶Del

Lachen und Weinen (Rückert) op. 59,4 D 777

Berger/Raucheisen → BR (LP)
Ludwig/Gage → DG (LP)
Schumann/Moore → EMI

»Leise flehen meine Lieder« (Rellstab): »Ständchen« aus:
Der Schwanengesang D 957,4
   Schlusnus/Peschko → Hek (LP)
   Wunderlich/Giesen → DG

Der Musensohn (Goethe) op. 92,1 D 764
   Haefliger/Klust → Cla
   Wunderlich/Giesen → DG (LP)

Nähe des Geliebten (Goethe) op. 5,2 D 162
   Schumann/Moore → EMI
   Köth/Moore → Ar

Prometheus (Goethe) D 674
   Fischer-Dieskau/Moore → Orf (LP)
   Stamm/Grunelius → BR (LP)

Quintett D 956 C-dur für Streicher
   Juilliard-Quartet/Greenhouse → CBS
   Melos-Quartett Stuttgart/Rostropowitsch → DG
   Brandis-Quartett/Baumann → Tel

Der Schatzgräber (Goethe) D 256
   Massenkeil/Hofmann → Aul (LP)

Die schöne Müllerin op. 25 D 795 (Liederzyklus nach Wilhelm Müller)
   Wunderlich/Giesen → DG
   Fischer-Dieskau/Moore → DG
   Prey/Hokanson → Ph
   Schreier/Shetler → Bmu (LP)
   Blochwitz/Garben → DG

Schwanengesang op. posth. D 957 (Liederzyklus nach Rellstab und Heine)
   Fischer-Dieskau/Moore → EMI (LP)
   Haefliger/Dähler → Cla
   Prey/Moore → Ph
   Schreier/Schiff → Dec

»Sei mir gegrüßt, o Mai« (Kumpf) D 305
   Ameling/Johnson → Ko

Sinfonie Nr. 4 c-moll D 417 »Tragische«
   Klemperer/Concertgebouw Orch. Amsterdam → FSM
   Wand/Sinf. Orch. d. WDR Köln → RCA

Sinfonie Nr. 8 h-moll D 759 »Unvollendete«
   Furtwängler/Berl. Philh. → DG
   Wand/Sinf. Orch. d. WDR Köln → RCA

Kleiber/Wiener Philh. → DG
Norrington/London Classical Players → EMI

Sinfonie Nr. 9 C-dur D 944 »Große«
Toscanini/NBC Symph. Orch. → FSM
Kleiber/Sinf. Orch. d. WDR Köln → DG
Szell/Cleveland Orch. → CBS
Wand/Sinf. Orch. d. WDR Köln → RCA

Sonate für Klavier B-dur op. posth. D 960
Sofronitzki → Hek
Richter → Ar (LP)
Brendel → Ph (LP)
Pollini → DG

Streichquartett Nr. 14 d-moll D 810 (Der Tod und das Mädchen)
Busch-Quartett → EMI
Juilliard-Quartett → CBS
Brandis-Quartett → Orf

Der Tod und das Mädchen (Claudius) op. 7,3 D 531
Ferrier/Walter → Dec
Fischer-Dieskau/Moore → DG
Norman/Parsons → Ph (LP)

Wanderers Nachtlied (Goethe) D 224 (»Der du von dem Himmel bist«)
Fischer-Dieskau/Moore → DG
Lorenz/Shetler → Del
Prey/Moore → EMI

Wanderers Nachtlied (Goethe) D 768 (»Über allen Gipfeln ist Ruh«)
Fischer-Dieskau/Moore → DG
Haefliger/Dähler → Cla
Schreier/Olbertz → RCA

Wehmut (Collin) D 772 (»Wenn ich durch Wald und Fluren geh«)
Ameling/Jansen → Hek
Speiser/Buttrick → Jec (LP)

Die Winterreise op. 89 D 911 (Liederzyklus nach Wilhelm Müller)
Hotter/Raucheisen → Hek (LP)
Fischer-Dieskau/Moore → DG
Schreier/Richter → Ph (LP)
Schopper/Staier → RCA

Schulz, Johann Abraham Peter (1747–1800)

»Der Mond ist aufgegangen« (Claudius)
Flämig/Dresdner Kreuzchor → Eterna

Schumann, Robert (1810–1856)

»Abegg-Variationen«: Thema und Variationen op. 1 über den Namen Abegg
   Haskil ⟶ FSM
   Demus ⟶ FSM

»An den Sonnenschein« (Reinick): Lieder op. 36,4
   Schock/Eröd ⟶ Eurodisc

»Auf einer Burg« (Eichendorff): Lieder op. 39,7
   Norman/Parsons ⟶ Ph (LP)

Belsazar (Heine) op. 57
   Fischer-Dieskau/Demus ⟶ DG

Bunte Blätter op. 99
   Demus ⟶ FSM

Dichterliebe op. 48 (Liederzyklus nach Heine)
   Wunderlich/Giesen ⟶ DG
   Prey/Hokanson ⟶ Den
   Fischer-Dieskau/Brendel ⟶ Ph (LP)
   Blochwitz/Jansen ⟶ EMI

»Du bist wie eine Blume« (Heine): Myrten op. 25,24
   Seefried/Werba ⟶ DG
   Prey/Hokanson ⟶ Den

»Du meine Seele, du mein Herz« (Rückert): Myrten op. 25,1 (»Widmung«)
   Schreier/Shetler ⟶ Ar (LP)
   Prey/Hokanson ⟶ Den

Frauenliebe und -leben op. 42 (Liederzyklus nach Chamisso)
   Faßbaender/Gage ⟶ DG
   Price/Lockhart ⟶ Orf (LP)
   Ferrier/Walter ⟶ Dec

»Frühlingsfahrt« (Eichendorff): Lieder op. 45,2
   Anders/Giesen ⟶ Tel

Konzert für Klavier u. Orchester a-moll op. 54
   Lipatti/Karajan/Festival Orch. Luzern ⟶ EMI
   Benedetti Michelangeli/Mitropoulos/New Yorker Philh. ⟶ FSM
   Arrau/Dohnanyi/Concertgebouw Orch. ⟶ Ph (LP)
   Bolet/Chailly/RSO Berlin ⟶ Dec

Konzert für Violine u. Orchester d-moll
   Kuhlenkampf/Schmidt-Isserstedt/Berliner Philh. ⟶ Tel
   Kremer/Muti/Philh. Orch. London ⟶ EMI (LP)

Lieder op. 39 (Eichendorff)
   Fischer-Dieskau/Moore ⟶ Orf (LP)
   Schreier/Shetler ⟶ RCA

Prey/Hokanson → Den
Blochwitz/Jansen → EMI

Lieder op. 24 (Heine)
Prey/Hokanson → Den
Faßbaender/Gage → DG

»Die Lotosblume« (Heine): Myrten op. 25,7
Schreier/Shetler → Eurodisc

Manfred op. 115: Ouvertüre
Furtwängler/Berl. Philh. → DG
Marriner/RSO Stuttgart → Del
Sinopoli/Wiener Philh. → DG

Myrten op. 25 (Liederzyklus)
Koningsberger/Grout → Hek

Sinfonie Nr. 2 C-dur op. 61
Kubelik/Berliner Philh. → DG
Sawallisch/Staatskap. Dresden → EMI
Sinopoli/Wiener Philh. → DG

Sinfonische Etüden op. 13
Richter → FSM
Pollini → DG
Kempff → DG

Tokkata C-dur für Klavier op. 7
Horowitz → CBS
Pogorelich → DG
Richter → FSM

»Träumerei« aus: Kinderszenen op. 15
Horowitz → CBS
Kempff → DG
Arrau → Ph

»Wanderlied« (Kerner): Lieder op. 35,3
Schreier/Shetler → Ar (LP)

»Wer machte dich so krank?« (Kerner): Lieder op. 35,11
Shirai/Höll → Del

»Zwielicht« (Eichendorff): Lieder op. 39,10
Fischer-Dieskau/Sawallisch → Orf

Sibelius, Jean (1865-1957)

»Der Schwan von Tuonela« aus: Lemminkainen op. 22
Kamu/RSO Helsinki → DG
Davis/Boston Symph. Orch. → Ph

Sinfonie Nr. 6 d-moll op. 104
 Karajan/Berliner Philh. → DG
 Rattle/City of Birmingham Symph. Orch. → EMI

Sinfonie Nr. 7 C-dur op. 105
 Beecham/Royal Philh. Orch. London → EMI
 Järvi/Sinf. Orch. Gothenburg → DC

Valse triste op. 44,1
 Bernstein/New Yorker Philh. → CBS
 Helasvuo/Finlandia Sinfonietta → Hek

Skrjabin, Alexander (1872–1915)

Etüden für Klavier op. 8 Nr. 12
 Horowitz → CBS
 Dejanowa → Ar

Prélude und Nocturne für die linke Hand: Stücke für Klavier op. 9
 Neuhaus → Melodia

Prométhée. Le poème du feu op. 60
 Ashkenazy/Maazel/Philh. Orch. London → Dec

Sonate Nr. 9 für Klavier op. 68 »Schwarze Messe«
 Horowitz → CBS
 Sofronitzky → Hek

Smetana, Bedřich (1824–1884)

Streichquartett e-moll »Aus meinem Leben«
 Smetana-Quartett → Den
 Talich-Quartett → Hek
 Guarneri-Quartett → Ph

Mein Vaterland. Ein Zyklus sinfonischer Dichtungen
 Talich/Tschech. Philh. → DC
 Swarowsky/Süddt. Philh. Stuttgart → Int

Die verkaufte Braut
 Kempe/Lorengar, Merker, Wunderlich u. a./Rias-Kammerchor/Bamberger Symph. → EMI
 Kosler/Benackova, Dvorsky, Vesela u. a./Chor/Tschech. Philh. → Ko

Strauss, Richard (1864–1949)

Also sprach Zarathustra op. 30
 Kempe/Staatskap. Dresden → EMI
 Karajan/Berliner Philh. → DG
 Reiner/Chicago Symph. Orch. → Ar

Ariadne auf Naxos op. 60

Strauss

    Krauss/Berger, Ursuleac, Rosvaenge u. a./Orch. d. Reichssenders Berlin ⟶ Hek
    Karajan/Seefried, Schwarzkopf, Prey u. a./Philh. Orch. London ⟶ EMI (LP)

Aus Italien. Sinfonische Fantasie G-dur op. 16
    Muti/Berliner Philh. ⟶ Ph

Daphne op. 82
    Böhm/Güden, Streich, Wunderlich u. a./Chor d. Wiener Staatsoper/ Wiener Philh. ⟶ DG

Don Juan op. 20
    Reiner/Chicago Symph. Orch. ⟶ RCA
    Blomstedt/Staatskap. Dresden ⟶ Den

Don Quichote op. 35
    Toscanini/Feuermann, Mischakoff/NBC Symph. Orch. ⟶ TIS
    Karajan/Fournier, Cappone/Berliner Philh. ⟶ DG

Duett-Concertino für Klarinette und Fagott mit Streichorchester und Harfe
    Brunner, Turkovič/Zagrosek/Bamberger Sinf. ⟶ Ko (LP)
    Meyer, Sönstevold/Salonen/Neues Kammerorch. Stockholm ⟶ CBS

Ein Heldenleben op. 40
    Kempe/Staatskap. Dresden ⟶ EMI
    Strauss/Bayer. Staatsorch. ⟶ DG

Eine Alpensinfonie op. 64
    Strauss/Bayer. Staatsorch. ⟶ Cal
    Mehta/Berliner Philh. ⟶ CBS

Konzert für Horn und Orchester Nr. 2 Es-dur
    Schneider/Aeschbacher/Kammerorch. Lausanne ⟶ Cla

Konzert für Oboe und Kleines Orchester D-dur
    Koch/Karajan/Berliner Philh. ⟶ DG

Macbeth op. 23
    Dorati/Detroit Symph. Orch. ⟶ Dec
    Kempe/Staatskap. Dresden ⟶ EMI

Metamorphosen. Studie für 23 Solostreicher
    Karajan/Berliner Philh. ⟶ DG
    Tate/Engl. Chamber Orch. ⟶ EMI

»Morgen« (Mackay): Lieder op. 27,4
    Janowitz/Academy of London ⟶ Vir
    Augér/Gage ⟶ CBS

Salome op. 54
    Reiner/Welitsch, Manski, Thorborg u. a./Orch. d. Metropolitan Opera New York ⟶ IMS

Karajan/Behrens, Baltsa, Ochmann u. a./Wiener Philh. ⟶ EMI (LP)

Die schweigsame Frau op. 80
    Janowski/Nossek, Scovotti, Schmidt u. a./Chor der Staatsoper Dresden/
    Staatskapelle Dresden ⟶ EMI

Sinfonia domestica op. 53
    Krauss/Sinf. Orch. d. Bayer. Rundf. München ⟶ Orf
    Karajan/Berliner Philh. ⟶ EMI

Till Eulenspiegels lustige Streiche op. 28
    Strauss/Staatskap. Berlin ⟶ DG
    Krips/Wiener Symph. ⟶ Orf
    Prick/Bundesjugendorch. ⟶ Har

Tod und Verklärung op. 24
    Toscanini/NBC Symph. Orch. ⟶ RCA
    Knappertsbusch/Wiener Philh. ⟶ FSM

»Traum durch die Dämmerung« (Bierbaum): Lieder op. 29,1
    Anders/Giesen ⟶ Tel
    Prey/Sawallisch ⟶ Ph
    Norman/Parsons ⟶ Ph

Vier letzte Lieder für hohe Singstimme und Orchester
    Schwarzkopf/RSO Berlin ⟶ EMI
    Janowitz/Berliner Philh. ⟶ DG
    Price/New Philh. Orch. London ⟶ RCA

Strawinsky, Igor (1882–1971)

Ave Maria für vierstimmigen Chor a cappella
    Ickstadt/Figuralchor d. Hessischen Rundf. ⟶ Aul (LP)
    Phillips/Tallis Scholaren ⟶ Hek

Ebony Concerto für Soloklarinette und Orchester
    Goodman/Strawinsky/Columbia Jazz Group ⟶ CBS (LP)
    Collins/Rattle/London Sinfonietta ⟶ EMI

Der Feuervogel
    Strawinsky/Columbia Symph. Orch. ⟶ CBS
    Boulez/New Yorker Philh. ⟶ CBS

Die Geschichte vom Soldaten
    Markevitch/Cocteau, Ustinow u. a./Solisten-Ensbl. ⟶ Ph

Der Kuß der Fee
    Järvi/Schott. National Orch. ⟶ Ko (LP)

Les Noces
    Bernstein/Mory, Parker u. a./Chor/Engl. Bach Festival Percussion
    Ensbl. ⟶ DG

Orpheus
: Lubbock/Orch. St. John's Smith Square ⟶ Ko (LP)

Pater noster
: Lieberman/Russ. Chor New York ⟶ FSM
Schmidt/Niederrhein. Chorgemeinschaft ⟶ Ko (LP)

Persephone
: Strawinsky/Zorina/Westminster Chor/New York Philh. Orch. ⟶ Col
Fricsay/Hoppe, Krebs/Chor d. St. Hedwig-Kathedrale/Rias Kammerchor, Knabenchor/RSO Orch. Berlin ⟶ Candide

Petruschka
: Strawinsky/Columbia Symph. Orch. ⟶ CBS
Rattle/City of Birmingham Orch. ⟶ EMI

Psalmen-Sinfonie
: Strawinsky/Toronto Festival Singers/CBS Symph. Orch. ⟶ CBS
Bernstein/Westminster Chor/London Symph. Orch. ⟶ CBS

Pulcinella
: Boulez/Murray, Estes/Ensbl. Intercontemporain ⟶ Tel
Abbado/Berganza, Davies, Shirley-Quirk/London Symph. Orch. ⟶ DG

Ragtime für elf Instrumente
: Strawinsky/Columbia Chamber Orch. ⟶ CBS
Boston Symph. Chamber Players ⟶ Ko (LP)

Sacre du printemps
: Strawinsky/Columbia Symph. Orch. ⟶ CBS
Solti/Chicago Symph. Orch. ⟶ Dec
Abbado/London Symph. Orch. ⟶ DG

Scherzo à la russe für Orchester
: Strawinsky/Columbia Symph. Orch. ⟶ CBS
Rattle/City of Birmingham Symph. Orch. ⟶ EMI

Szymanowski, Karol (1882–1937)

Konzert für Violine und Orchester Nr. 1 op. 35
: Wilkomirska/Rowicki/Nationalphilh. Warschau ⟶ DC
Edinger/Penderecki/RSO Kattowitz ⟶ Tho

»Roxanas Lied« aus: König Roger op. 46
: Zagorzanka/Stryia/Poln. Staatsphilh. Kattowitz ⟶ Pro

Sinfonie Nr. 3 op. 27: »Das Lied der Nacht«
: Stryia/Ochman/Chor/Poln. Staatsphil. Kattowitz ⟶ Pro
Bugaj/Gadulanka/Berliner Cappella/Filh. Pomorska ⟶ Pph (LP)

»Der Traum des Königs« aus: König Roger op. 46
: Gesamtaufnahme: Mierzejewski/Hiolski, Rumowska, Nikodem u. a./Chor u. Orch. d. Staatsoper Warschau ⟶ Muza

Tschaikowsky, Pjotr Iljitsch (1840-1893)

Dornröschen. Ballett-Suite op. 66a
    Bonynge/National Philh. Orch. London ⟶ Dec
    Previn/London Symph. Orch. ⟶ EMI

Eugen Onegin op. 24
    Rostropowitsch/Wischnewskaja, Atlantow u. a./Chor/Orch. d. Bolschoi-Theaters Moskau ⟶ Hek
    Solti/Kubiak, Reynolds, Weikl u. a./John Alldis Chor/Covent Garden Orch. ⟶ Dec

Francesca da Rimini. Orchesterfantasie op. 32
    Barbirolli/New. Philh. Orch. London ⟶ EMI
    Masur/Gewandhausorch. Leipzig ⟶ Tel

Konzert für Klavier und Orchester Nr. 1 b-moll op. 23
    Horowitz/Toscanini/NBC Symph. Orch. ⟶ RCA
    Gilels/Mehta/New Yorker Philh. ⟶ EMI
    Pogorelich/Abbado/London Symph. Orch. ⟶ DG

Konzert für Violine und Orchester D-dur op. 35
    Heifetz/Reiner/Chicago Symph. Orch. ⟶ RCA
    Oistrach/Roshdestwensky/Moskauer Philh. ⟶ RCA
    Mutter/Karajan/Wiener Philh. ⟶ DG (LP)

Manfred op. 58 h-moll. Sinfonie nach Byron
    Toscanini/NBC Symph. Orch. ⟶ TIS
    Maazel/Wiener Philh. ⟶ Dec

»Nur wer die Sehnsucht kennt« (Goethe): Lieder op. 6,6
    Archipowa/Bogilawa ⟶ Trü
    Ameling/Jansen ⟶ Ph
    Burchuladze/Iwanowa ⟶ Dec

Der Nußknacker. Ballett-Suite op. 71a
    Ormandy/Philadelphia Orch. ⟶ CBS
    Rostropowitsch/Berliner Philh. ⟶ DG (LP)

Ouvertüre 1812 op. 49
    Buketoff/Chöre von St. Ambrose/New Philh. Orch. London ⟶ RCA
    Markewitsch/Concertgebouw Orch. Amsterdam ⟶ Ph

Romanze op. 5 f-moll für Klavier
    Richter ⟶ Ar
    Pletnew ⟶ Tru

Romeo und Julia. Fantasie-Ouvertüre nach Shakespeare
    Celibidache/Sinf.-Orch. d. RAI Turin ⟶ TIS
    Sinopoli/Philh. Orch. London ⟶ DG
    Previn/Los Angeles Symph. Orch. ⟶ Ph

Tschaikowsky – Verdi

Der Schwanensee. Ballett-Suite op. 20
  Karajan/Berliner Philh. ⟶ DG
  Roshdestwensky/Gr. Rundf.-Sinf. Orch. d. UdSSR ⟶ Ar (LP)

Sérénade mélancolique op. 26
  Heifetz/Kammerorch. ⟶ RCA
  Midori/Slatkin/London Symph. Orch. ⟶ Ph

Sinfonie Nr. 1 g-moll op. 13 »Winterträume«
  Fedossejew/Gr. Rundf.-Sinf. Orch. d. UdSSR ⟶ Ar
  Karajan/Berliner Philh. ⟶ DG

Sinfonie Nr. 2 c-moll op. 17
  Abbado/New Philh. Orch. London ⟶ DG
  Jansons/Oslo Philh. ⟶ Ko

Sinfonie Nr. 4 f-moll op. 36
  Mrawinsky/Leningrader Philh. ⟶ DG
  Ozawa/Berliner Philh. ⟶ DG

Sinfonie Nr. 5 e-moll op. 64
  Mrawinsky/Leningrader Philh. ⟶ DG
  Solti/Chicago Symph. Orch. ⟶ CBS

Sinfonie NR. 6 h-moll op. 74 »Pathétique«
  Toscanini/NBC Symph. Orch. ⟶ IMS
  Mrawinsky/Leningrader Philh. ⟶ DG
  Celibidache/Sinf. Orch. d. RAI Turin ⟶ TIS

Der Sturm. Orchesterfantasie op. 18
  Abbado/Chicago Symph. Orch. ⟶ CBS

Vaughan Williams, Ralph (1872–1958)

Sinfonie Nr. 2 »London Symphony«
  Previn/London Symph. Orch. ⟶ RCA

Verdi, Giuseppe (1813–1901)

Aida
  Perlea/Milanow, Björling, Warren u. a./Chor u. Orch. d. Oper Rom ⟶ RCA
  Muti/Caballé, Domingo, Cossotto u. a./Covent Garden Chor/New Philh. Orch. London ⟶ EMI (LP)

Falstaff
  Karajan/Moffo, Schwarzkopf, Gobbi u. a./Chor/Philh. Orch. London ⟶ EMI (LP)
  Bernstein/Sciutti, Resnick, Fischer-Dieskau u. a./Chor d. Wiener Staatsoper/Wiener Philh. ⟶ CBS

Othello

Serafin/Rysanek, Vickers, Gobbi u. a./Chor u. Orch. d. Oper
Rom ⟶ RCA
Karajan/Tebaldi, Monaco, Krause u. a./Chor d. Wiener Staatsoper/
Wiener Philh. ⟶ Dec (LP)

Quattro pezzi sacri
Fricsay/Chor d. St. Hedwigs-Kathedrale Berlin/Rias-Kammerchor/
RSO Berlin ⟶ DG
Giulini/Baker/Chor/Philh. Orch. London ⟶ EMI

Requiem
Giulini/Schwarzkopf, Ludwig, Gedda, Ghiaurov/Chor/Philh. Orch.
London ⟶ EMI (LP)
Abbado/Scotto, Horne, Pavarotti, Ghiaurov/Chor d. RAI Mailand/
Sinf. Orch. d. RAI Rom ⟶ FSM

Streichquartett e-moll
Vermeer-Quartett ⟶ Tel

Vivaldi, Antonio (1678–1741)

Concerti grossi
Aufnahmen u. a. mit:
I Musici ⟶ Ph
I Solisti Napoli ⟶ Ph
Academy of Ancient Music ⟶ Dec
Academy of St. Martin-in-the-Fields ⟶ Dec

Wagner, Richard (1813–1883)

Lohengrin
Kempe/Grümmer, Ludwig, Fischer-Dieskau, Thomas u. a./Chor d. Wiener
Staatsoper/Wiener Philh. ⟶ EMI
Karajan/Tomowa-Sintow, Kollo, Nimsgern, Ridderbusch u. a./Chor d. Dt.
Oper Berlin/Berliner Philh. ⟶ EMI (LP)

Die Meistersinger von Nürnberg
Keilberth/Watson, Thomas, Metternich, Hoppe u. a./Chor d. Bayer.
Staatsoper/Lehrergesangverein/Bayer. Staatsorch. ⟶ RCA
Karajan/Malaniuk, Schwarzkopf, Hopf, Stolze u. a./Chor u. Orch. d.
Bayreuther Festspiele ⟶ EMI

Parsifal
Knappertsbusch/Dalis, London, Thomas, Hotter u. a./Chor u. Orch. d.
Bayreuther Festspiele ⟶ Ph
Solti/Hansmann, Kanawa, Fischer-Dieskau, Frick u. a./Wiener Sänger-
knaben/Chor d. Wiener Staatsoper/Wiener Philh. ⟶ Dec (LP)

Der Ring des Nibelungen
Gesamtaufnahmen:
Furtwängler ⟶ EMI

Böhm → Ph
Karajan → DG
Solti → Dec
Janowski → RCA

»Schmerzen« aus: Wesendonck-Lieder
Flagstad/Knappertsbusch/Wiener Philh. → Dec
Norman/Davis/London Symph. Orch. → Ph
Meier/Barenboim/Orch. de Paris → Tel
Flagstad/Walter → FSM

Tristan und Isolde: »Vorspiel« und »Isoldes Liebestod«
Nilsson/Knappertsbusch/Wiener Philh. → Dec
Norman/Tennstedt/London Philh. Orch. → EMI (LP)

Die Walküre: »Feuerzauber« und »Wotans Abschied«
Karajan/Berliner Philh. → DG
Solti/Wiener Philh. → Dec

Weill, Kurt (1900–1950)

Aufstieg und Fall der Stadt Mahagonny
Brückner-Rüggeberg/Lenya/SFB-Orch. → CBS (LP)
Latham-Koenig/Schlemm, Silja, Lehrberger u. a./Pro-Musica-Ensbl. d. Musikhochschule Köln/Orch. d. WDR Köln → Del (LP)

Die Dreigroschenoper
Brückner-Rüggeberg/Lenya, Trenk-Trebitsch, Neuss, Hesterberg u. a./ Günther-Arndt-Chor/SFB-Chor u. SFB-Orch. → CBS (LP)
Ausschnitte: MacKeben/Gerron, Helmke, Lenya, Trenk-Trebitsch, Ponto/ Chor/Lewis-Ruth-Band → Tel (LP)

»Suite für Orchester« (Kleine Dreigroschenmusik) aus: Die Dreigroschenoper
Atherton/London Sinfonietta → DG

Wolf, Hugo (1860–1903)

»Anakreons Grab«: Lieder von Goethe
Ameling/Jansen → Hek
Fischer-Dieskau/Barenboim → DG

»Auch kleine Dinge können uns entzücken«: Lieder von Mörike
Seefried/Werba → Orf
Schwarzkopf/Moore → EMI

»Aus meinen großen Schmerzen«: Lieder von Heine
Fischer-Dieskau/Höll → Cla (LP)

»Ein Stündlein wohl vor Tage«: Lieder von Mörike
Seefried/Werba → DG

»Denk es, o Seele«: Lieder von Mörike

Fischer-Dieskau/Moore ⟶ EMI
Seefried/Werba ⟶ Ph

»Der Feuerreiter«: Lieder von Mörike
Fischer-Dieskau/Moore ⟶ Orf (LP)

»Der Freund« (Wer auf den Wogen schliefe): Lieder von Eichendorff
Loibl/Shetler ⟶ FSM
Rootering/Lechler ⟶ Cal

»Fußreise«: Lieder von Mörike
Fischer-Dieskau/Moore ⟶ Orf (LP)

»Gebet«: Lieder von Mörike
Fischer-Dieskau/Moore ⟶ EMI
Bär/Parsons ⟶ EMI

»Der Genesene an die Hoffnung«: Lieder von Mörike
Fischer-Dieskau/Moore ⟶ Orf (LP)

»Gesang Weylas«: Lieder von Mörike
Fischer-Dieskau/Moore ⟶ EMI
Otter/Gothoni ⟶ DG

»Grenzen der Menschheit«: Lieder von Goethe
Hüsch/van Boos ⟶ EMI (LP)

»Im Frühling«: Lieder von Mörike
Seefried/Werba ⟶ Pol
Fischer-Dieskau/Moore ⟶ Orf (LP)

»In der Frühe« (Kein Schlaf noch kühlt das Auge mir): Lieder von Mörike
Fischer-Dieskau/Moore ⟶ EMI
Seefried/Werba ⟶ DG

»Mignon« (Kennst du das Land, wo die Zitronen blühn): Lieder von Goethe
Augér/Gage ⟶ CBS
Schwarzkopf/Moore ⟶ EMI
Ameling/Jansen ⟶ Hek

»Morgenstimmung«: Lieder von Reinick
Kraus/Keller ⟶ Car

»Der Musikant«: Lieder von Eichendorff
Fischer-Dieskau/Sawallisch ⟶ Orf (LP)

»Nachtzauber«: Lieder von Eichendorff
Fischer-Dieskau/Sawallisch ⟶ Orf (LP)
Loibl/Shetler ⟶ FSM

»Prometheus«: Lieder von Goethe
Fischer-Dieskau/Moore ⟶ EMI

»Um Mitternacht«: Lieder von Mörike
Fischer-Dieskau/Moore ⟶ EMI

»Verborgenheit«: Lieder von Mörike
Fischer-Dieskau/Moore ⟶ EMI
Seefried/Werba ⟶ DG
Bär/Parsons ⟶ EMI (LP)

»Das verlassene Mägdlein«: Lieder von Mörike
Hallstein/Werba ⟶ Hek (MC)
Seefried/Werba ⟶ DG

Zelter, Carl Friedrich (1758–1832)

Der König in Thule (Goethe)

SACHBÜCHER AKTUELLER MEDIZIN
in Balacron mit Goldprägung und cellophaniertem, farbigem Schutzumschlag

CHRONOBIOLOGIE – DIE INNERE UHR IHRES KÖRPERS
Von Susan Perry und Jim Dawson

Tickt Ihre innere Uhr richtig? Müssen Sie topfit sein? Spitzenleistungen erbringen? Dann müssen Sie Ihre innere Uhr kennen, Ihren inneren Schrittmacher. Dieses Buch der medizinischen Disziplin der Chronobiologie (nicht zu verwechseln mit Biorhythmik) zeigt Ihnen, wie Sie Ihren Rhythmus entdecken und systematisch nützen können. Tests und Tabellen machen es Ihnen leicht. Nur im Einklang mit der inneren Uhr Ihres Körpers können Sie Spitzenleistungen vollbringen und topfit sein. 272 Seiten, Tests und Tabellen, geb., ISBN 3-7205-1591-5.

DAS GROSSE HANDBUCH DER HOMÖOPATHIE
EIN RATGEBER FÜR DIE GANZE FAMILIE
Von Eric Meyer (Hrsg.)

Die Homöopathie erlebt heute eine Renaissance ohnegleichen, weil sie auf besondere Weise den Erfordernissen der Gesunderhaltung gerecht wird. Homöopathische Mittel sind billig und belasten den Körper nicht durch nachteilige Nebenwirkungen. Sie mobilisieren die körpereigenen Abwehrmechanismen und Selbstheilungskräfte. Die Homöopathie gestattet mit geringen Risiken und hohen Erfolgschancen die Selbstbehandlung und trägt zu einer zeitgemäßen Ökologie in der Medizin bei. Dieses umfassende enzyklopädische Kompendium eines Expertenteams macht Sie mit 350 Krankheitsbildern bekannt. Sie schlagen wie in einem Lexikon nach und erfahren nach neuesten Erkenntnissen die möglichen Ursachen und die zur Heilbehandlung geeigneten Mittel. 320 Seiten, geb., ISBN 3-7205-1567-2.

ÜBERLISTEN SIE DIE ZAHL IHRER JAHRE!
JUGEND AUS DER APOTHEKE UND ANDEREN QUELLEN
DER GESUNDHEIT
Von Dr. med. Margarete Raida

Es gibt eine Fülle von pflanzlichen, homöopathischen und chemischen Substanzen, altbewährten Hausmitteln und neuentwickelten Regenerationstherapeutika, die wahre Wunder wirken. Man muß jedoch wissen, was wie wirkt und warum das so ist, wer was benötigt und wo man es erhält. Die klinikerfahrene Ärztin berät Sie zuverlässig und erläutert bewährte und auch neueste Verjüngungsmethoden und Regenerationskuren, die dazu beitragen, auf natürlichem Wege die Vitalkraft und Lebensqualität wiederherzustellen, zu erhalten und zu steigern. 192 Seiten, geb., ISBN 3-7205-1569-9.

DIESE FASZINIERENDEN BÜCHER ERHALTEN SIE IM BUCHHANDEL

Ein umfangreiches, farbiges Bücher-Magazin mit sämtlichen Titeln unseres auf Medizin, angewandte Psychologie und Esoterik spezialisierten Verlagsprogramms können Sie gratis anfordern bei

ARISTON VERLAG · GENF/MÜNCHEN
CH-1211 GENF 6 · POSTFACH 176 · TEL. 022/786 18 10 · FAX 022/786 18 95
D-8000 MÜNCHEN 70 · BOSCHETSRIEDER STRASSE 12 · TEL. 089/724 10 34